国家自然科学基金、教育部新世纪优秀人才支持计划、文化部"
四川大学商学院出版基金研究成果

U0503421

中国创意管理前沿研究系列
China Creative Management Frontier Research Series

# 文化经济学
## ——理论前沿与中国实践

Cultural Economics
—Theoretical Frontier and Evidence from China

杨永忠　林明华　编著

经济管理出版社
ECONOMY & MANAGEMENT PUBLISHING HOUSE

**图书在版编目（CIP）数据**

文化经济学：理论前沿与中国实践/杨永忠，林明华编著 . —北京：经济管理出版社，2015.8

（中国创意管理前沿研究系列）

ISBN 978-7-5096-3850-7

Ⅰ.①文…　Ⅱ.①杨…②林…　Ⅲ.①文化经济学　Ⅳ.①G05

中国版本图书馆 CIP 数据核字（2015）第 147413 号

组稿编辑：郭丽娟

责任编辑：梁植睿

责任印制：黄章平

责任校对：雨　千

出版发行：经济管理出版社

　　　　　（北京市海淀区北蜂窝 8 号中雅大厦 A 座 11 层　100038）

网　　　址：www.E-mp.com.cn

电　　　话：（010）51915602

印　　　刷：北京九州迅驰传媒文化有限公司

经　　　销：新华书店

开　　　本：720mm×1000mm/16

印　　　张：20.5

字　　　数：315 千字

版　　　次：2015 年 8 月第 1 版　2015 年 8 月第 1 次印刷

书　　　号：ISBN 978-7-5096-3850-7

定　　　价：58.00 元

# 创意管理推动文明进程

## （代总序）

徐玖平

　　文明是人类的属性，人类是创意的产物。人类在认识世界和改造世界的过程中逐步开化、不断进化，产生文明、形成创意。人类在创意中诞生——类人猿首先想到了造石器，然后才动手把石器造出来，石器的创造和运用使类人猿变成了人；也在创意中发展——创意孕育文化、孵化科技，驱动着历史车轮飞速旋转，为人类文明进步提供了不竭的思想源泉。创意是破旧立新的创造与继往开来的意识，文明的进程从某种程度上说就是创意的过程，形成、实践和完成创意的过程就是对创意的组织——创意管理。可以说，创意来源于人类发展需要，创意管理又推动着人类文明进程。

## 一、创意经济

　　创意经济是 21 世纪的经济形态，是人类文明和产业经济发展到一定阶段的产物。正如英国学者克里斯·比尔顿（Chris Bilton）所说："产业的创意化和创意的产业化，使奠基于文化和创意而非物质实体的创意经济已经站在进入新产业时代的门槛上。"

### （一）超越性需求催生创意产业

　　人类的需求可分为匮乏性需求和超越性需求两类。前者是对衣食住行等基本物质消费的需求，后者则很大程度上是精神文化层面的需求。随着文明进程和社会进步，匮乏性需求和超越性需求比例不断改变。人类的超越性需求越来越多，供需矛盾日益显著。要化解矛盾，一方面要创造新产品，是"质"的需求，需要创意和创意管理，关注产品设计和产品设计的管理；另一方面要创造足够多的新产品，是"量"的需求，也需要创意和创意管理，关注生产工艺和工艺流程的管理。

以企业为例，要想赢得顾客手中的货币投票，在市场竞争中生存下来并实现长久的发展，就必须根据顾客日益增长的超越性需求提供保质足量的新产品。为了满足顾客这一需求，企业需要在组织生产的过程中自主创新，而创新的发生依靠良好的创意——创意是企业创新的养料。在超越性需求启发下，企业凭借创意生产出来的产品具有二重性：无形精神文化属性和有形物质功能属性。精神文化是产品中凝结的思想、情感和技巧，是千百年来社会发展的精神积淀，其中潜流着人类完善自身的情感和在冥冥之中摆脱物质束缚的苦苦追求。物质功能是产品中能够被人们的感官所直接感知的、精神内容赖以存在的物质载体和信号系统。精神文化要转变为产品，必须与一定的物质载体相结合，表现为某种物化的成果，这就形成了我们通常所说的创意产品。创意产品中的物质功能可以通过规模化进行生产，从而形成创意产业；创意产品中的精神内容在生产和交换中可以被分解、组合、扩散和转移，并被注入传统产业和普通物质产品中，形成纯创意产品向泛创意产品的转化，从而形成创意产业链。产业链不断延伸和扩展形成的集聚效应，使创意产业不断深化，并带动相关产业发展。这一创意产品生产、创意产业链伸展、创意产业发展过程都需要创意管理。

还有一类特殊的创意产品，如戏曲、舞蹈、话剧、杂技等舞台演出，具有一般创意产品所没有的特性。一是与物质形式的创意产品相比，演出是一个过程而不是最终的结果，不可能事先对实物进行全面细致的鉴别评价然后决定是否购买；二是与其他非物质形态的创意产品相比，舞台艺术每一场演出都是表演者艺术生产和艺术再创作的过程，不能像影视艺术品可通过拍摄成胶片、光盘后多次无差别放映；三是表演者艺术生产过程也是观众消费观赏的过程，即文艺演出的生产过程和消费过程是同步的，不是先生产后消费；四是演出具有很强的时效性，由于场地限制且消费群体也有限，因此演出经营者必须在有限的时间和空间范围内实现经营目标；五是演出经营者只能拥有其版权和经营权，消费者只能得到现场观赏权，经营者和消费者都无法得到所有权。这些特征使得舞台演出这种创意产品及其形成的创意产业的管理有很强的特殊性，需要特别研究。

**（二）商业文明进程激发创意产业**

商品的价值具有丰富的内涵，从商业文明进程史来看，依次经历了经济价值、技术价值和文化价值多个阶段。在工业化时代，强调资本、土地、设备等要素的投入，产业结构的重心是大规模、高投入的制造业。企业通常通过机器设备，采用大规模生产的方式进行批量生产，以获得更多的商品价值，此时企业获得的商品价值主要表现为经济价值。随着信息技术的不断提高，商业文明进入信息化时代，以知识为中心、以人为本，产业结构的重心变为经济效益高、增长质量好的信息产业，此时企业获得的商品价值突出表现为技术价值。随着商业文明的持续发展，信息技术给顾客带来的效用也在不断地降低，商品的经济价值和技术价值出现一种边际价值递减的趋势。鉴于此，越来越多的企业开始调整发展战略，转向对商品文化价值的追逐，文化价值迅速崛起，成为企业增长和经济发展新的动力源。对于企业来说，此时获得的商品价值突出表现为文化价值。由于商品文化价值的挖掘为企业创造财富提供了新契机，由此，越来越多的企业开始向文化领域转型。

文化转型的核心是创意，而由创意到创意产业则具有历史必然性。商业文明进程史表明，创意产业是一个国家商业文明发展到一定阶段的产物。从国际经验来看，当人均 GDP 超过 1000 美元后，社会经济便进入一个新的发展阶段，商业文明向发展型和享受型升级，并因此激发创意产业的形成和发展。

创意产业这一概念率先由英国正式提出。英国是曾被称为"日不落帝国"的老牌资本主义国家，但随着美国的崛起，其国际地位不断下降。在即将进入新千年之际，英国政府苦寻英国下一个世纪的竞争力和增长点。和美国相比，文化是英国最大的优势，但是如果仅仅就文化做文化，无法体现比较优势。而要把文化利用、开发出来，则需要创意，用创意产业革新文化产业，以创意产业引领其他产业发展，进而带动英国再次振兴。于是 1997 年，时任英国首相托尼·布莱尔（Tony Blair）组建了创意产业工作组（Creative Industry Task Force），并于次年发布《创意产业路径文件》（Creative Industries Mapping Documents），报告中首次提出"创意产业"（Creative Industries）的概念，并明确指明创意产业将会成为英国经济规模最大、增长最快的部分，预计将会提供140万个就业岗位，产生大约600亿英镑的经济附加值以及5%的国民生产总值。英国提出创意产业以后，在全球引发了极大的反响，美国、日本、加拿大等发达国家先后发现它的价值，并不断地赶超。

近十年，我国创意经济持续升温，创意产业逐渐形成，并不断取得新的态势。2004年5月第七届北京科博会、中国太平洋学会、中国企业文化促进会、中国电子视像行业协会等机构共同发起"创意中国行动"成果展览，成立创意中国产业联盟，旗帜鲜明地提出"从中国制造到中国创造"理念，标志着中国创意产业最早的自觉行为，这一年可以称为创意产业"起跑年"；经过两年热身的过程，2006年发布的《国家"十一五"时期文化发展规划纲要》，首次将"创意产业"写入其中，创意产业得到了前所未有的关注，因此可被称为"关注年"；2008年北京奥运会，可谓是将中国形象呈现给世界的"展示年"，更是中国创意产业的"形象年"；2010年上海世博会，在世界性的经济文化盛会上，中国的创意产业呈现出累累硕果，形成真正的"成果年"；2011年初，我国把"推动文化产业成为国民经济支柱性产业"列入《国家"十二五"规划纲要》中，很多城市纷纷制定创意产业发展战略，并把它作为城市未来的支柱产业进行培育，这一年则称为中国创意产业"腾跃年"。

**（三）创意产业核心是文化创意产业**

按英国政府的定义，创意产业是指"源自个人创意、技巧及才华，通过知识产权开发和运用，具有创造财富及就业潜力的产业"，包括软件开发、艺术设计、出版、广告、电影、电视、音乐、表演艺术等部门。由此，创意产业具有三大特色：一是在生产过程中需要运用某种形式的"创意"；二是该产业活动象征意义的产生一般与沟通有关；三是产品至少有可能是某种形式的"智能财产权"。

由上可见，创意产业的核心构成是文化创意产业（Cultural Creative Industries），包括动漫、音像、传媒、视觉艺术等。文化创意产业彰显了文化的经济属性，迎合了经济与文化一体化的全球趋势，其基本原理就是通过发现、挖掘和延伸文化的经济价值，发挥文化产业在促进国民经济增长和就业增加中的作用。可见，文化创意产业就是要将抽象的文化直接转化为具有高度经济价值的"精致产业"。换言之，就是将知识的原创性与变化性融入具有丰富内涵的文化之中，使它与经济结合起来，发挥出产业的功能。

文化创意产业是一种在经济全球化背景下产生的以创造力为核心的新兴产业，强调一种主体文化或文化因素，依靠个人或团队，通过创意和产业化的方式开发、营销知识产权的行业。显然，文化创意产业是一种使知识与智能创造价值的过程。这一过程生产的丰富多样的文化创意产品能在很大程度上满足当今人类的超越性需求。因此，可以说，文化创意产业是人类文明进程的推动性产业。

相比较于传统农业产业和工业产业，文化创意产业有其独特性，具体表现在和经济、技术、社会、空间和组织的相融合。第一，文化与经济的融合。文化创意虽然根植于文化，但更重要的是一种经济活动，要求按经济规律进行文化生产，实现财富的增长。第二，文化与技术的融合。文化创意本质上是一种创造性经济和知识型经济，其生产过程需要文化和新技术结合运用。第三，文化与社会的融合。由于消费者的文化身份特征、价格的社会网络特征和空间的体验特征，决定了文化创意离不开消费者与消费者间、消费者与生产者间以及消费者与各种中介组织间的社会交往活动。第四，文化与空间的融合。文化创意空间应充分考虑原文化设施、废弃的工业厂房，通过这些文化的延续性载体，借助政府的空间发展机制和经济政策引导，促进旧的空间有机注入和展现现代文化创意元素，实现文化与废旧空间的混合再生。第五，文化与组织的融合。文化的创意过程也是文化、艺术、经济、技术等在知识上合成和创新的过程。因此，在文化产业向文化创意产业转化中，需要使文化专家、艺术家、企业家、技术专家、各种中介组织、具有创造活力的消费者建立广泛而紧密的联系，形成富有创造性的组织网络。

当前，文化创意产业在社会生活和国民经济中的地位迅速上升，已经成为许多国家重要的支柱产业和新的经济增长点。中国有着悠久的文明历程和丰富的传统文化，公众的超越性文化需求非常旺盛，为文化创意产业的发展提供了有利条件。与此同时，文化创意产业的发展能够催化资本、技术、人员等生产要素加速流动与重新组合，渗透并提升传统产业，有利于推动我国产业结构的优化调整，有利于提高中国的文化"软实力"，有利于提高就业率，为中国梦的实现带来重要契机。

然而，在生产经营中，目前我国大多数企业往往将更多的精力投入技术研发或工艺改进中，而对文化创意的重视和投入却相对薄弱，更不用说创意管理。我国企业若要取得长期的竞争优势并立足不败之地，急需从文化创意着手做好创意管理，即在生产经营中激发文化创意，建立起一套有效的创意管理机制。在借鉴其他国家创意管理模式的基础上，结合中国创意产业发展的特点，构建中国特色创意管理模式，这将对促进我国创意产业的可持续发展具有重要意义。

## 二、创意管理

在创意经济时代，创意是经济增长和社会进步的内在源动力，而创意管理则是文化产业化和产业文化化的强劲驱动力。生产创意产品、壮大创意产业的核心就是创意管理。因此，掌握和实践"创意管理"，对于发展创意经济、推动文明进程意义重大。

### （一）创意管理的时代背景

21 世纪是创意经济和创意管理的世纪，伴随社会进步和文明进程，人的属性、企业的属性、政府的属性正在悄然却深刻地发生着变化。这种属性变化对创意管理提出了新的更高要求。

从人的属性来看，在机器工业的驱动和市场经济的影响下，工业革命至 20 世纪期间，人通常被理解和塑造为抽象的经济人，极大地忽略了人的其他属性，包括最为重要的崇尚个性自由、追求美好生活、以精神文化需求为基础的"文化人"的属性。这里的"文化人"，不是狭义上的文化工作者、艺术工作者，而是每一个普通的个体。在 21 世纪创意时代背景下，人的文化属性被时代唤醒、被网络放大，人人都是文化人，个个都是艺术家。作为人的多元属性的"文化人"的凸显，体现出有限理性下消费日趋不确定的效用多元回归，反映出匮乏性经济需求已经成为人们偏好的次要方面，而超越性文化需求则成为偏好的主要方面。在这种背景下的创意管理需要深入研究消费者的心理偏好，产品设计应考虑用文化效用替代和弥补经济效用，从而实现消费者综合效用的最大化。比如，当需要用5000元购买一款手机新产品时，其单纯的经济效用常会使我们充满迟疑或困惑，但是如果这款手机产品注入个性化的表达和特殊文化元素而具有文化效用时，消费者的个人综合效用得以提升，产品的购买需求必然增大。

就企业的属性而言，企业不只是生硬地、冰冷地追求利润最大化的经济主体，更是生动地、温暖地追求个性和创造美好生活的文化主体。企业与文化结合的意识正日益明显，氛围正日益浓郁，程度正日益加深。举例而言，今天妇孺皆知的苹果企业就不单纯只是一家制造企业、一家科技企业，它更是一家文化企业，它是文化与科技融合的典范，展现了制造业文化化的必然趋势。而中国具有代表性的两家企业：万达集团在经历了住宅地产、商业地产后，正向文化地产进军，这也正是为什么万达广场开一家火一家的重要原因；阿里巴巴2013年在令业内人士倍感惊讶地宣告组建音乐事业部后，2014年又巨资控股香港上市公司"文化中国"，由此进入影视行业，一幅围绕数字娱乐铺开的文化版图正在悄然绘制。试看今日之中国，一种"家家都是文化企业"的发展气势已是"山雨欲来风满楼"。

企业强调文化治理、追求成为文化企业，也凸显出有限理性下生产日趋不确定的价值多元回归。也就是说，在日趋激烈的市场竞争下，产品的经济价值日趋不确定，因此生产者可以增加和丰富产品的多元价值，特别是文化价值，以满足消费者日益凸显的多元价值的消费需求，从而提高产品生产价值的确定性。此时，企业创意管理的核心就是通过集成管理生产出产品的美学、精神、象征、历史、社会和真实价值，实现产品文化价值的涌现，从而在文化化的市场环境下提升企业的整体价值，实现持续发展。

随着人的属性、企业的属性变化，政府的属性也在发生着变化。其变化的一个重要取向就是从GDP驱动下的单纯经济型政府转向民生驱动下的经济—文化型政府。为使市场在资源配置中起决定性作用，政府须承担为市场"守夜"的职责。何为"夜"？"夜"的核心或基点就是民生。何为"守"？"守"的背后蕴含的就是文化。政府在创意管理中扮演协调和培育的角色，一方面是协调市场中的文化人和文化企业，另一方面是大力培育以超越性需求为主体的文化市场。

### （二）创意管理的基本内涵

在创意经济时代，创意管理是从管理学和企业管理的角度对创意经济发生变化的一种微观洞察和分析，它也是一门正在迅速成长、充满勃勃生机的新兴学科。

对创意管理的基本认识包括"新奇性"和"商业性"两个维度。产生一个想法，得出一个结论，需要具有新奇性。新奇性不仅是指个人创意的新奇性，更强调该创意在整个人类发展现阶段的新奇性、推动社会进步的新奇性。商业性是指一件创意产品只有投入市场，实现其商业价值，才能成为创意商品。新奇性是对产品设计和工艺的创意管理，商业性是对产品宣传和营销的创意管理，两者的结合即构成了创意管理的基本属性。创意管理的核心则是通过管理实现文化创意的商业化，即不仅做文化，也还要考虑技术和经济，实现文化与技术、文化与经济的融合，由文化价值、经济价值和技术价值共同构成和涌现出商品的创意价值。

按照管理的具体内容，创意管理可分为创意主体管理、创意来源管理、创意生产链管理和创意文化管理。创意主体管理是指对创意个体的知识培训、思维开发及工作动机的管理。创意来源管理是指管理者有意识地搜索和利用组织内部和组织外部创意的来源，其中，组织内部是指组织内部各个部门，组织外部是指客户、竞争对手、供应商及其他相关者。创意生产链管理是指对创意的产生、创意产品化及创意商品化阶段进行有效管理。创意文化管理是指建立一种有创意的企业文化，并对之施行管理，一方面要求企业领导者具备创新的素质，并且在对员工培训过程中传递创意文化；另一方面通过内部刊物、活动等方式建立有效的文化传播网。

从创意管理方式而言，创意不仅需要静态管理，更强调动态管理。创意管理不是企业埋头苦思创意、闭门造就创意产品，而是要根据市场需求变化和企业资源稀缺性开发创意，并对创意进行系统化的评估和筛选，以便将企业稀缺的资源集中在商业可能性最大、能给企业带来最大收益的具有新奇特征的开发项目上。

从创意管理目标而言，在创意生产链的不同阶段，企业的创意管理目标各异。在创意产生阶段，创意管理的目标是通过激励机制形成更多创意，并通过控制机制挑选出优秀的创意。在创意产品化阶段，创意管理的目标一方面是将创意以产品的形式实体化，并且在实体化的过程中严格控制生产流程，以保证创意在产品中完整体现；另一方面是在创意产品化的过程中，采用商业秘密、知识产权等方式对创意进行保护，以免创意被竞争对手获取，失去市场竞争优势。在创意商品化阶段，创意管理的目标包括：销售创意产品以赚取利润；以优良的营销手段和售后服务建立或加强自有品牌，并通过售后服务、市场调查等方式为企业再次开发创意新产品做准备。

**（三）创意管理的理论基础**

早期对创意的研究是从文化、社会层面展开的。随着人类社会的发展以及匮乏性需求与超越性需求比例的转换，文化艺术市场已不再是属于少数人的消费产品，而成为更广泛消费群体的精神文化需要。如今，创意研究从早期的文化和社会领域，发展到以创意产业为代表的经济领域，并在管理领域展现出蓬勃生机。创意管理的理论基础包括效用理论、偏好理论、价值理论、技术创新理论、企业家理论等经济学和管理学理论。

创意产品与其他产品最显著的差异，在于它具有鲜明的文化效用。恰恰是这种效用，消费者才会发自内心地喜欢它，这个产品才有市场，企业才能得到发展。文化效用是消费者从文化的消费中获得的需求满足程度的一个度量，根据西方学者的研究，它包括审美效用、历史效用、象征效用、社会效用、精神效用和真实效用六个维度。

对文化效用的理解离不开对消费者偏好的认识。创意商品的消费者偏好不同于一般商品：首先，偏好累积、时间依赖的个体取代了简化了的、与时间无关的效用最大化消费者。其次，个人偏好既受到任何从外部环境来看较为重要的文化标准或文化准则的影响，又受到内部形成的某种一贯的文化价值尺度的影响。最后，文化消费可以理解为一个过程，该过程既有助于满足现状，又有助于积累引导未来消费的知识和经验。

文化效用是消费者内心的一种感受，但是，对于企业来说，却要把消费者这种感受或者说效用、偏好，转化成有意义、有价值的购买欲望。当企业把消费者的文化效用和价值偏好实现了之后，就产生了文化价值。产品的文化价值强调的是一种文化创新和价值创造的意义，一种对消费者超越性需求的满足。文化后现代主义时期，以和谐和规范作为核心文化价值的传统理念，被重塑为一种扩展的、变动的、混合的价值解释。创意产品价值的特殊性就体现在它挖掘和彰显了产品的文化价值。例如，Apple 公司改变了人们的工作方式，Amazon 公司改变了人们的购物方式，Facebook 改变了人们的沟通方式，这些改变的背后实际上都是文化理念的重构和文化价值的再造，这种全新的文化价值伴随动态创意管理在创意时代不断满足人们对文化创意的超越性需求，其品牌价值也越来越受到人们的认可，反过来也造就了闻名于世的创意企业。

要实现效用、偏好、价值，则离不开技术创新，即文化与技术的有机融合。创意管理是以文化为导向的创意创造，要实现这一创造导向，需要技术创新的支持：一方面，技术创新改变了经济领域中各类要素的相对价格，使人们的偏好结构发生了变化，也重新缔造了产品的价值结构，这为文化创意的涌现性生成和大规模产出提供了经济条件；另一方面，技术创新推动了信息成本的持续降低，特别是加速了互联网的发展，这为文化创意产业的蓬勃发展提供了社会基础。此外，恰恰是最近50年风起云涌的技术创新，为文化创意的产品化和产业化提供了技术条件，如数字音乐、在线游戏，这在传统的文化产业时代是难以想象和不能企及的。

无论是创意还是创新，其实现都离不开企业家，特别是创意时代的文化企业家。根据西方学者和我国学者的近期研究，文化企业家是文化变迁的代理人，他们通过组织和融合文化、金融、社会和人力资本，使创意文化与产业经济实现无缝衔接，艺术家的梦想与企业家的冒险得到创新结合，在获取个人收益的同时，有力地推进文化产业发展和国民经济增长。正是由于文化企业家的上述特殊性，其企业家的行为动机复杂而多元：在关注经济激励的同时也考虑非经济激励的作用；既有经济价值的必然追求，也有文化价值的内在诉求。经济偏好和文化偏好的冲突和平衡，成为观察文化企业家行为的一个独特视角。

### (四) 创意管理的实践方法

要实现创意管理，需对创意主体、创意来源、创意生产链以及创意文化等创意管理的要素进行计划、组织、领导、控制、创新。

　　企业创意管理可从两个角度实践。一是创意管理对象或内容角度，实践方法可分为创意知识管理、创意人才管理、创意战略管理等。创意知识管理是指提供符合当今经济社会发展需要，能为大众广泛接受的创意理念，使人们能获得精神和心理享受的内容；创意人才管理是指对企业创意人力资源方面的管理，对于创意人才的管理是衡量一个企业创意管理能力的重要标志之一；创意战略管理是指企业发展讲求计划性、前瞻性和科学性，并且因此制定一个完善而科学的创意发展规划或战略。二是创意价值实现流程的角度，实践方法主要有创意漏斗理论、阶段—关卡系统、创意过程管理技术和创意指数理论模型等，其中具有代表性的是创意漏斗理论和阶段—关卡系统。在创意漏斗理论中，创意管理的实践方法是企业合理组织内外相关要素，激励全员创新，产生大量创意，再对创意的市场机会进行甄别，形成清晰的产品概念和合理的开发计划，最终将创意产品投入市场，使创意商品化，实现其价值。在阶段—关卡系统中，创意管理的实践方法是从创意的产生一直到创意实现商品化的过程中，运用一连串交替的阶段与关卡控制所有的活动，尽可能淘汰不够好的构想，以便让优秀的创意尽快上市。

　　产品创意管理的过程则包括选择文化资源、进行内容创意、制造创意产品、完成产品呈现、市场推广产品。例如，羌族的文化有它的特色，羌族的图腾叫羊图腾，它就是文化资源。利用羊图腾这一文化资源，进行羌灯的内容创意，再通过特殊工艺完成羌灯的生产，最后作为民族工艺品拿到市场推广。通过这样的过程，创意管理就实现了由无形的文化创意到有形商品的转变，创意神话就这样诞生了。

## 三、创意丛书

　　创意经济是知识经济时代一种全新的经济形态，创意管理则是这个创意时代里洞悉创意文化演变、推进创意经济发展的一柄利器，也是加速文明进程、推动社会进步的一种强催化剂。中国是有着五千年悠久历史的文明古国，是东方文明的杰出代表。从中国视角研究个性化的创意管理理论与方法，打造文艺复兴的中国梦，对推动世界文明进程具有共性意义。基于此，创意管理系列丛书力图打造成为开启中国创意管理变革之门的一把钥匙。

（一）丛书架构

本丛书主要从管理学视角，围绕文化资源、内容创意、产品生产、市场推广、消费者等各个价值链环节，探讨文化创意的发生与发展规律，探寻文化与技术、经济的融合机理，探求文化的制造化与制造的文化化路径，为促进"中国制造"向"中国创造"转变提供理论支持。具体的著作研究主要是基于中国文化的背景，对创意产品管理展开分类的系统研究。这里面既有针对一般的创意产品，探寻其开发机理、生产模式、营销方式与消费者参与等；也有选择具体的创意产品，如数字音乐、工艺品、电影电视等，探讨其产品的特殊性和创意的实现路径。其中，生产和消费过程同步的舞台演出类创意产品由于其诸多特殊性，其创意管理也将是重点研究对象。

同时，也从满足消费者日益增长的超越性需求角度，开展创意管理"质"的研究和"量"的研究。"质"的研究主要是针对消费者个性化、变化中的文化需求，从创意思维的培养、创意产品的设计、创意消费的迎合等方面开展创意管理研究；"量"的研究主要针对消费者普遍化、增长中的文化需求，从创意理念的提出、创意工艺的优化、创意市场的培育等方面开展创意管理研究。

（二）理论贡献

在我国，随着创意产业的迅速发展，创意管理的实践早已开展，且取得一定的成果，但学术界没有从理论上对其进行系统归纳和梳理。缺少理论支撑和指导的实践将难以取得更大进步，并可能影响创意产业的健康持续发展。此外，现有的国内外关于文化创意的理论研究，大多从宏观的政策层面或中观的产业层面进行分析，缺乏微观的管理角度分析。如果说创意经济是不可阻挡的时代潮流，那么创意管理则是各类弄潮儿搏击浪潮的源动力和驱动力。因此，对创意管理进行全面、系统的研究迫在眉睫且意义重大。

创意管理系列丛书基于国内外相关研究成果，从微观管理视角，将理论分析与实证分析相结合、一般分析与案例分析相结合、管理学分析与跨学科分析相结合，详细分析和探究文化创意管理价值链，包括文化资源、内容创意、产品生产、市场推广、消费者在内的各个环节，系统整体构筑创意管理的理论体系，将填补我国创意管理系统研究的空白，对推动我国文化创意产业的长远发展有着重要的理论指导意义。

### （三）实践价值

我国有着丰富而灿烂的文化资源，毫无疑问是文化资源的大国。但从今天占全球文化市场的份额而言，中国还绝不是文化资源的强国。在创意经济时代，从文化大国到文化强国的转变，必须以文化创意和创意管理为内生动力。

创意管理研究系列丛书从微观的企业角度，分析和研究文化，特别是中国传统文化在创意经济中的表现形式和活动特征，探索和总结创意管理的一般规律和有益经验，以中国特色的创意管理，将有力地推动"中国制造"向"中国创造"转型，可以更大限度地体现商品的文化价值，更大范围地延长创意产品的文化价值链，更大幅度地满足人的经济、技术、文化等综合效用和个性偏好，更大程度地满足人民群众的超越性需求，为创意时代推动社会进步和文明进程做出积极贡献。

实践是检验真理的唯一标准。要实现上述目的，必须依赖脚踏实地、持之以恒的创意和创意管理实践，特别是中国文化企业家的笃实践行——文化企业家独特而充满激情地将艺术家的梦想与企业家的冒险以创造的方式结合起来，并在创意企业的经营和创意产业的发展中实践，必将迎来我国创意管理辉煌的明天。

2014 年 7 月于四川大学

感谢

    Throsby 教授

    Towse 教授

    给予的启迪与激励

# 前　言

作为《中国创意管理前沿研究系列》丛书的第二本，《文化经济学》一书具有基础性的意义。它从现代经济学的视角出发，对文化经济的系列问题，通过微观到宏观，特别是微观层面的详细探讨，构建起新兴的创意管理学科的经济学基础。

全书共由九章组成，沿着理论基础、专题分析、失灵问题和案例研究的基本脉络，逐一展开。其中，理论基础由第一章和第二章构成。第一章主要探讨了理论基础中的一般性问题，内容主要涉及消费、生产、产品市场、文化产品的定价以及劳动力市场等问题。之所以将它们界定为一般性问题，是因为它们构成了现代经济学最一般、最经典的内容。但是，在文化经济学范畴，对这些一般性问题的回答，并不完全等同于现代经济学。事实上，本章的一般性分析正是文化经济领域理论与实践的总结和升华，它们除具有一般经济领域的共性外，也具有鲜明的、与众不同的文化属性。

第二章则针对理论基础中的特殊性问题展开分析，主要内容包括文化遗产、文化创意、文化资本、文化企业家、超级明星效应以及版权等。这些问题是文化经济领域的独特现象，是文化经济与其他经济具有显著差异的地方，也是文化经济学富有魅力和令人着迷的标签。对这些特殊性问题的研究，无疑将有助于对后面的文化经济各个专题和各个细分行业的进一步理解和深入洞察。

专题分析由第三章到第七章构成。其中，前面四章主要按照产业或产品类别进行分类研究，后面的第七章则主要按照区域或地理特征进行分析。

1

第三章的讨论主题是表演艺术，在简要概述了表演艺术的类型、主要特征、价值以及表演艺术的重要活动场所——剧院后，讨论了表演艺术的生产以及表演艺术的定价，最后对表演艺术的组织与管理进行了分析。第四章讨论视觉艺术，侧重探讨艺术品、工艺品、影视产品等，在此基础上，对展现视觉艺术的特殊场所——博物馆进行了分析。第五章探讨传媒业，在对传媒业进行概述后，研究主要围绕出版业、电视业以及广播业三个经典的传媒业类型逐一展开。第六章是文化的数字化。考虑到数字化技术对文化经济越来越深远的影响，这种影响通过融入传统文化产业进而催生出新的文化产品，本章重点探讨了数字音乐、数字出版、数字娱乐以及虚拟博物馆四个方面的内容。第七章是文化的地理。从区域的视角来看，在探讨艺术的"毁灭"问题后，从创意区的形成与可持续发展、创意区与地方发展这两方面进行了讨论。

第八章回到了一般分析，集中关注了文化经济领域具有共性的市场失灵和社会失灵问题。本章逐一讨论了文化经济实践领域中的公共政策、规制、私人支持和公共治理等现象，关注了文化领域在失灵状态下的相关利益主体的行为、特征，以及可能的解决方法。

第九章是案例研究。主要关注中国文化经济领域实践过程中的相关案例，从中可以洞察中国文化经济发展跳动的脉搏，反观到理论层面进行思考。

综观全书，本书具有以下三个方面的显著特点或创新：

第一，基于现代经济学视角的分析。在由微观经济学和宏观经济学两个分支共同构成的现代经济学体系中，本书以微观经济学作为最基本的切入点，既包括稀缺、偏好、效用、需求、供给等经典的现代经济学内容的讨论，又包括产权理论、激励理论、博弈理论、公共治理理论等不断发展的现代经济学内容的分析，同时，也涵盖了现代经济学有关图像模型和数学模型等一系列强有力的分析工具的应用。

第二，基于国际文化经济学发展的分析。文化经济学作为经济学的一个年轻的分支学科，其奠基之作被西方学者公认为是鲍莫尔和鲍文于1966年出版的《表演艺术：经济困境》一书。该书提出了著名的"成本困境"（Baumol's Cost Disease）问题，即表演艺术的生产力落后于全社会的生产力增长，从而导致表演艺术的单位产出成本的持续上升。沿着表演艺术和文化经济领域是否存在"成本困境"，西方经济学家展开了30余年且时至今日仍在进行的争论和讨论，在争论和讨论中文化经济学得以发展并逐步成为一个独立的经济学分支学科。本书吸取了文化经济学最新的前沿理论，参考了Throsby、Towse、Heilbrun等国际一流的文化经济学家的研究成果和编著手册。

第三，基于中国文化经济实践的观察。除全书各个部分的理论分析中涉及的中国文化经济实践外，本书特别集中一章，从作者深入的调查研究中选取了相关的案例，呈现给读者。这些案例通过一手的访谈和现场的资料收集，真实和生动地反映了中国文化经济的实践足迹，为我们更好地理解文化经济的理论问题提供了现实参考。同时，这些实践提供的写照，也为未来的从文化经济到文化管理的理论创新提供了思考的空间。

杨永忠

2015年5月于四川大学

# Preface

Cultural Economics has fundamental significance as the second book of *China Creative Management Frontier Research Series*. This book explores deeply a series of problems in cultural economy ranging from micro to macro, especially in the micro level, and then it builds up the economic theory foundation for burgeoning creative management from the perspective of modern economics.

The book consists of nine chapters, subsequently discussing the basic context of the theoretical basis, thematic analysis, market failure and case study. Thereinto, the theoretical basis is composed of Chapter 1 and Chapter 2. The first chapter mainly discusses the generic problem of the theoretical basis, which involves consumption, production, product market, culture product pricing, and the labor market, etc.. The reason why defines them as a generic problem is that they constitute the most general and classic content in modern economics. However, in cultural economics, the answers to these general questions are not always the same in modern economics. Actually the general analysis in this chapter is the very summary and sublimation of theories and practices in cultural economics, and besides general commonness in the economic field, they also have distinct and unique cultural attributes.

Chapter 2 analyzes the special issues of the theoretical basis, including cultural heritage, cultural creativity, cultural capital, culture entrepreneur, super star effect and copyright, etc.. And these issues are the unique phenomena in the field of cultural economy, significant differences between cultural economy and other economy, and also the charming and fascinating label of cultural economics. There is no doubt that the focal on these special problems will contribute to make further understanding and insight of the following research on each subject and segmented industry.

Thematic analysis consists of the third chapter to the seventh chapter. Thereinto, the former four chapters mainly study according to the classification of the industry or product category, while the seventh chapter mainly analyzes according to the regional or geographical characteristics.

Chapter 3 discusses the performing arts. After a brief overview on the types, main characteristics, value of performing arts as well as the theatres which are the important performing places for performing arts, it explains its production and pricing and finally analyzes the organization and management of the performing arts. Chapter 4 discusses the visual arts, focusing on the artwork, the craft, and the film & television products. On this basis, it analyzes museums which are the special location of displaying visual arts. Chapter 5 explores the media industry. After the overview of the media industry, the research mainly focuses on the publishing industry, television and broadcasting media. The digitization of cultures will be discussed in Chapter 6. Considering that the digital technology has a more and more profound impact on cultural economy, and this impact contributes to produce new cultural products when integrating into the traditional culture industry, this chapter probes into the following four aspects: the digital music, the digital publishing, the digital entertainment and the virtual museum. Chapter 7 discusses the culture geography. From the regional perspective, it explores two aspects consisting of the formation and sustainable development of the creative zone and local development after studying "destruction" dilemma of arts.

In Chapter 8, we go back to discuss the general issues, focusing on market failure which are the common problem existing in the cultural economy. This chapter discusses public policy, regulation, private and public management in the field of the cultural and economic practice, and then it pays attention to the behavior and characteristics of related interest subjects in the condition of market failure, as well as the possible solutions in the cultural field.

The last chapter is a case study. It mainly focuses on the related cases in the practice process of China cultural economy field, gains an insight into China cultural economy development, and finally reflects on the theoretical thinking.

Throughout the book, it has three aspects with the marked characteristics or innovations as follows:

First, it analyzes based on the modern economics perspective. From the perspective of microeconomics which is one part of modern economics system, we discuss not only the classic issues including scarce, preferences, utility, demand and supply in modern economics, but also the developing issues including the property rights theory, incentive theory, game theory, and public administration theory. Furthermore, it contains a series of powerful analytical tools—related image model and mathematical model and their application in modern economics.

Second, the analysis is based on the development of international cultural economics. As a new-emerging branch of economics, the western scholars Baumol and Bowen lay a foundation for cultural economics by the well-recognized book *Performing Arts-The Economic Dilemma* published in 1966. The book puts forward the famous Cost Dilemma ( Baumol's Cost Diseases) , that is, productivity of the performing arts lags behind the productivity growth all over the society, so it results in the continuing rise of production costs per unit. Along with the argument on whether "cost dilemma" existing in the performing arts and cultural economy field, the western economists have debated on this topic for more than 30 years and meanwhile cultural economics develops and evolves into one independent discipline belonged to economics. This book learns from the latest frontier theory of cultural economics, and takes the findings or manual of David Throsby, Ruth Towse, James Heilbrun and other international first - class cultural economists for reference.

Third, it is based on the practice of China cultural economy. In addition to the theoretical analysis involving China cultural economic practice in the book, this chapter focuses especially on China cultural economy, selects and presents some related cases of the authors' investigation to the readers. These cases reflect the footprint of China cultural economic practice truly and vividly, which will provide practical reference for us to have a better understanding on the theoretical problems in the cultural economy. Moreover, these practices give further consideration of the theory innovation from cultural economy to culture management in the future.

Yongzhong Yang
May 2015 at Sichuan University

# 目　录

# 第一章　理论基础：一般性分析

子曰：“知之者不如好之者，好之者不如乐之者。”

《论语》雍也篇第二十

本章主要围绕消费、生产、产品市场、产品定价以及劳动力市场等现代经济学领域中的基础性分析一一展开。之所以将它们界定为一般性分析，是因为它们构成了现代经济学最一般、最经典的内容。但是，在文化经济学范畴，对这些基础性问题的回答，并不完全等同于现代经济学。①事实上，本章的一般性分析正是文化经济领域理论与实践的总结和升华，它们除具有一般经济领域的共性外，更具有鲜明的、与众不同的文化个性。②

## 第一节　消　费

本节主要从消费偏好、文化效用、购买动机以及跨国消费这四个方面对文化经济领域中的消费问题进行阐述。

---

① 关于现代经济学或现代主流经济学的理解，参见［美］保罗·萨缪尔森、威廉·诺德豪斯：《经济学》（第十六版），萧琛主译，华夏出版社，1999 年。

② 有关文化经济的特征分析，我国学者程恩富（1993）、胡惠林等（2003）先后进行了相关探讨。他们的研究为国内文化经济学者的进一步探索奠定了基础。有兴趣的读者可以进一步参阅程恩富：《文化经济学》，中国经济出版社，1993 年；胡惠林、李康化：《文化经济学》，上海文艺出版社，2003 年。

# 一、消费偏好

## （一）消费上瘾与消费资本

除商品本身的价格外，消费者的偏好是影响商品需求最重要的因素之一。对于文化产品而言，消费者的偏好有其特殊性。

一般地，消费者对文化产品有消费上瘾效应，这一论断部分得到了佐证。学者史密斯（Smith，1998）通过调查艺术品的消费情况，发现人们在对大多数的艺术品的消费上存在这种效用。事实上，这一观点可以追溯到新古典学派创始人马歇尔（Marshall）的相关论述。1891 年，马歇尔曾描述了人们对音乐的消费行为，他发现，如果人们越喜欢听某类音乐，他将越喜欢这种音乐。

对于一般商品而言，随着商品消费数量的增加，其边际效用将呈现下降趋势。但对于文化产品而言，其边际效用会随着欣赏文化产品的能力提升而增加，是过去消费的函数。也就是说，消费者在消费文化产品特别是艺术品时具有一种学习效应。这种学习效应使得消费者在消费过程中不断积累一种促进艺术品消费的资本，即消费资本。消费资本可以进一步划分成个人资本以及社会资本两类（Becker，1996）。其中，个人资本与其自身过去的消费以及其他相关的个人经验有关；社会资本则表现为地位相当的消费者或其他相关人员对个人效应的影响，但这种影响有限并受制于人们生活的社会环境。

## （二）消费偏好的影响因素

影响文化产品消费偏好的因素有个人特征、家庭教育和评论等。

年龄等个人特征是影响文化产品偏好的一个因素。比如，Prieto-Rodriguez 和 Fernandez-Blanco（2000）经过实证后发现，年龄对流行音乐消费产生了消极和非线性影响。另外，职业也会影响消费者对文化产品的偏好。例如，从事音乐行业的消费者对音乐类型没有特殊的偏好，呈现多样性偏好的特点，而普通听众却选择性地收听某些音乐。

家庭教育对消费者偏好的形成有极大关联性。有研究者发现，父母对不同艺术品的不同态度将极大地影响未成年人对艺术品的喜好程度。

与真实客观的综述不同，评论是评论人所持有的价值判断，对文化产品的评论会影响消费者的偏好，进而影响其消费效用。原因在于大多数人对诸如音乐、绘画等文化产品缺乏必要的专业知识，对这些产品的消费具有一定的盲从性，因此极易受到文化产品评论的影响。正面评论，如Tony奖明显对纽约百老汇戏剧产生了积极影响。但是，并非所有正面评论都会产生正面影响，如果正面评论所传达的信息与潜在受众的偏好不一致时，这类评论反而会导致负面影响。

**（三）消费偏好的研究方法**

在文化经济领域，关于消费偏好研究的方法，较常采用的是条件价值评价（Conditional Value，CV）。

CV是主要用于评估非市场产品（比如公共产品）的个人价值贡献或者市场产品价格不能揭示的非市场价值（比如外部性）的方法。[①] CV方法最早应用于环境经济学的研究中，20世纪80年代之后，CV方法开始广泛应用于文化经济领域。原因在于，具有公共产品特征的文化产品，无法用市场价格来准确衡量其价值，所以改用CV方法可以间接评估其价值。比如有些学者将CV方法用于研究文化产品的社会偏好和利他主义行为，其研究对象涵盖了历史遗产如历史建筑、文物，以及遗迹等考古场所。

问卷设计是CV研究的关键步骤。调查问卷的主要内容包括：介绍部分，包含了观点性的问题以便明确被访者对总体文化物品或服务的看法和行为表现；评价部分，有关调查目标的具体文化物品或服务的WTP的关键性问题；特征部分，有关被访者的社会人口统计学特征的问题（年龄、性别、职业、收入水平、教育水平等），以便研究者分析需求价格弹性和需求收入弹性的可能的决定因素。

CV方法的主要优势在于：一是它有可能涵盖评估对象的完全经济价

---

① 条件价值评估法基本上是通过调查或者试验的方法，对人口抽样样本直接询问，得知他们对于非市场物品或价值的质量和数量增加的支付意愿（WTP）或者忍受质量和数量减少的接受意愿（WTA），从而度量非市场物品、服务和价值的个人需求。一般包括确定测量目标、选择合适的抽样样本、调查问卷的设计与执行三个关键方面。其中调查问卷设计及其中的引导问题格式是最关键的方面，详见 Noonan，D. S.. Contingent Valuation and Cultural Resources：A meta-annalytic Review of the literature ［J］. Journal of Cultural Economics，2003，27（3-4）：159-176.

值的所有组成部分，即一项商品或服务的使用和非使用价值；二是灵活性特点，它允许在缺少数据的情况下分析新的政策选项。其缺点主要涉及CV评估的有效性和可靠性问题。例如，怎样设计调查问卷才能更好地达成调查目标；在调查过程中如何准确把握调查者的意图；等等。

## 二、文化效用

### （一）文化效用及其构成

效用是用来刻画消费者从所消费商品中获得满足的程度，效用与消费者对某种商品的个人偏好呈正相关。我们把这种消费者从所消费的文化商品中获得精神上的满足程度称为文化效用。文化效用的高低取决于个人对文化产品内含的文化价值[①]的偏好。在 Throsby（2001）和杨永忠（2013）研究的基础上，我们将文化效用进一步细分为美学效用、精神效用、社会效用、历史效用、象征效用以及真实效用这六个维度。

第一，美学效用。美学效用是由于消费者从文化商品中获得美的享受而引致的。文化商品所具有的美感、和谐、外形以及其他美学特征能够让消费者产生愉悦，特别是这种美学特征与消费者个人偏好相吻合时更是如此。此外，诸如风格、时尚、品位等其他美学要素也会影响消费者的美学效用。

第二，精神效用。在宗教语境中，有些特定的文化商品对于各类不同的亚文化群体的成员有着特殊的文化意义；或者从世俗角度来说，文化商品所内嵌的是全人类所共有的精神价值，能够促进理解，启迪人们的智慧，从而使消费者获得精神效用。

第三，社会效用。文化商品有助于人们理解所处社会的本质，使消费者形成身份和地位的意识，进而产生社会效用。

第四，历史效用。文化商品特别是艺术品一般反映创作时代的生活状况，这些文化商品可以通过提供与过去的连续性以启迪当下，从而产生历史效用。

---

① 有关文化价值的相关分析详见第二章文化创意中的相关内容。

第五，象征效用。文化商品如艺术品是象征意义的储备库和传递者。这些文化商品所具有的象征意义既包括了艺术品本身所传递的意义本质，也包括了消费者对艺术品的解读意义，使得消费者从中获得象征效用。

第六，真实效用。文化商品如是原创品而非仿制品，该文化商品本身就能够反映其原创性特征，使得消费者能够从消费中获得对文化商品真实的享受从而产生真实效用。

### （二）文化效用的悖论

根据基数效用理论，文化效用可分为总文化效用和边际文化效用。

总文化效用是指消费者在一定时间内从一定数量的文化商品的消费者中所获得的总满足程度。假设消费者对一种文化商品的消费数量为 Q，则总文化效用函数为：

$$TU(Q) = \varphi(Q)$$

边际效用是指消费者在一定时间内增加一单位文化商品的消费所得到的效用量的增量。边际效用的表达式为：

$$MU = \frac{\Delta TU}{\Delta Q}$$

式中 Δ 表示变化量。

一般商品的消费满足边际效用递减规律，这一规律认为，当消费者消费越来越多的这种商品时，所得到的总效用虽然在增加，但其增加速度减缓，如图 1-1 所示。[①] 但文化商品的消费上瘾使得文化效用与经典经济学的效用理论存在某种程度背离，如图 1-2 所示。图 1-2（a）表示某消费者消费某文化商品的总效用，它是一条向下凹的曲线，随着消费数量的增加，消费者所获取的总效用在增加，而且增加幅度越来越大。图 1-2（b）表示某消费者消费某文化商品的边际效用，它随着消费量的增加而增加，意味着新增加的该文化商品给消费者带来的效用增量大于上一个文化商品的效用增量，即边际效用递增。这是因为消费者累积的关于该文化商品的知识和信息越多，消费者从中获得的文化效用也在增加。

---

① ［美］保罗·萨缪尔森、威廉·诺德豪斯：《微观经济学》（第16版），萧琛主译，华夏出版社，1999年，第64-65页。

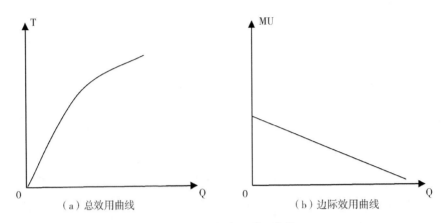

图 1-1　一般商品效用曲线

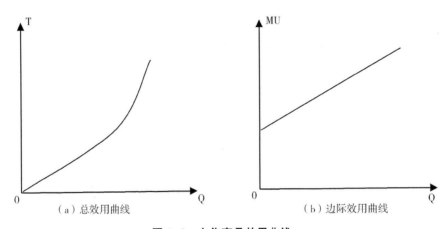

图 1-2　文化商品效用曲线

## 三、购买动机

购买动机是直接驱使消费者实施购买活动的一种内部动力，反映了消费者心理、精神和情感上的需求。文化产品市场中购买者的动机可分为以下三类（Velthuis，2005）：

第一，纯消费动机。这里的纯消费动机指购买者购买文化产品仅仅是为了满足自己的兴趣和爱好。这种动机的出现主要是因为文化产品特别是艺术品本身具有天然的艺术美感，有一定的美学价值，消费者能够从中获得美的享受。比如，有些人在装饰房屋时喜欢挂几幅风景画、水彩画。

第二，投资或投机的需求动机。[①] 有的文化产品特别是艺术品像股票等投资产品一样具有增值空间，通过交易能够为所有者带来物质利益。因此购买者把文化产品作为一种资产类别而购买它。但一般来说，艺术品虽然有的时候胜过如股票、债券等传统资产，但其短期和长期的平均投资回报率通常更低且交易充满不确定性。原因在于，决定艺术品主要价值的文化价值源于购买者的主观判断，不像一般商品的价值一样取决于劳动者的简单劳动时间。因此，相对于金融资产，艺术品的吸引力相对不足。然而由于其与金融资产的弱相关性，艺术品有助于投资者实现传统资产组合的多样化。

第三，身份认同动机。有些文化产品具有体现所有者社会地位的作用，可以为所有者提供一张通向其向往的社会圈子的入场券。因此，为了体现自己的身份，获得圈内的认同，购买者将乐于购买和消费这类艺术品和文化服务。比如，在电影《窈窕绅士》中，上流社会的绅士标准就是欣赏艺术，包括用放大镜看经典的绘画、听意大利歌剧等。

需要注意的是，虽然我们可以从原理上对购买动机进行分解，但绝大多数购买者购买文化产品时往往是这三个动机混杂在一起，最终交互影响购买者的购买行为。

## 四、跨国消费

### （一）跨国消费及其影响因素

文化商品内嵌特定的文化元素，文化元素具有属地特征。当该文化商品的消费活动发生在非属地时，文化商品的消费就是跨地消费，特别是跨国消费。例如，国外消费者购买中国文化元素的文化商品。

跨国消费的影响因素可分为文化距离和非文化距离两大类。[②] 下面将

---

① Frey, B. S. and Eichenberger, R.. On the Return of Art Investment Return Analyses [J]. Journal of Cultural Economics, 1995, 19: 207-220.

② 我们认为，文化距离与非文化距离的划分可以更好地反映文化商品的特点。.

逐一进行阐述。

1. 文化距离

文化距离是指两国或地区之间文化的接近性程度。两国之间文化越接近，意味着文化距离越小，或者说文化折扣越低。由于一国或地区的文化产品是该地区文化符号的外在表现，文化产品的价值受文化价值的影响，文化价值的评判受购买者的主观判断影响，而每个消费者都身受居住地文化的浸染，因此，消费者所处的文化距离必然影响他们对文化产品文化价值的判断。一般来说，如果两国之间文化距离越大，那么消费者可能更加不认同文化产品的文化价值，从而降低其对文化产品的购买意愿，最终影响文化产品的跨国消费。例如，有学者发现，具有共同语言的国家，其艺术品贸易量将增加4倍（Schulze，2002）。

除通用语言或共同边界可以用来作为衡量文化距离的指标外，也可以参照 Kogut 和 Singh（1988）提出的文化差异公式来测量文化距离（林明华、杨永忠，2014）。

文化距离的计算公式为：

$$CD_{ij} = \frac{1}{5} \sum_{k=1}^{5} (C_{jh} - C_{ih})^2 / V_h$$

其中，$CD_{ij}$ 表示 i 国与 j 国的文化距离，$C_{jh}$ 表示 j 国第 h 个文化维度的得分值，$C_{ih}$ 表示 i 国第 h 个文化维度的得分值，$V_h$ 表示第 h 个文化维度得分值的方差。

文化维度最先由吉尔特·霍夫斯泰德等（Hofstede 等，2011）提出。他在 20 世纪 60 年代末开创性地提出了分析国家文化的四个维度，用于说明国家文化之间的差异性。之后，针对亚洲文化发展，霍夫斯泰德父子提出了第五个维度，这样，描述国家之间文化差异的文化维度共有五个，即权力距离、个体主义—集体主义、阳刚气质—阴柔气质、不确定性规避、短期导向—长期导向。[①]

（1）权力距离。权力距离反映的是不同国家的人们对于"怎样对待人与人之间的不平等"这一基本问题的回答。权力距离的名称源于荷兰

---

① 关于这五个文化维度的详细论述，参见［荷］吉尔特·霍夫斯泰德、格特·扬·霍夫斯泰德：《文化与组织》，李原、孙健敏译，中国人民大学出版社，2011 年。

心理学家毛克·米尔德（Mauk Mulder）的研究，指的是上下级之间的情感距离。权力距离指数的变化范围在 0~100 之间，指数值越低说明权力距离越低。

权力距离指数的高低反映了一个国家中人们之间的依赖程度。一般来说，在低权力距离的国家中，下级对上级、晚辈对长辈的依赖性较小，他们更喜欢协商方式；在高权力距离的国家中，下级对上级、晚辈对长辈有相当大的依赖性。

（2）个体主义—集体主义。个体主义是指人与人之间松散联系的社会：人们只照顾自己及其核心家庭。相反，集体主义是指这样的社会：人们从出生起就融入强大而紧密的内群体当中，这个群体为人们提供终身的保护以换取人们对于该群体的忠诚。个体主义与集体主义用个体主义指数表示，指数的分值高表示该国属于个体主义社会，指数分值低表示该国属于集体主义社会。总的来说，集体主义是世界的主流。实证结果表明，权力距离指数得分高的国家，在个体主义指数上得分比较低。个体主义—集体主义会影响人们的消费倾向。如较高个体主义国家的人们更愿意购买财产保险和人寿保险，更喜欢 DIY。

（3）阳刚气质—阴柔气质。当情绪性的性别角色存在明显不同时，即男性被认为是果断的、坚韧的、重视物质成就的；女性被认为是谦虚的、温柔的、重视生活质量的，这样的社会被称为阳刚气质的社会。当情绪的性别角色互相重叠时，即男性和女性都被认为应该谦虚、温柔和关注生活质量时，这样的社会被称为阴柔气质的社会。

在国家层面上，阳刚气质—阴柔气质的差异常常容易和个体主义—集体主义的差异相混淆。事实上，这两个维度是相互独立的。不同气质的国家中，消费者购物行为存在显著的差异性。

在阳刚气质的文化中，消费者更常购买彰显身份的物品；阴柔气质的文化中人们更愿意花更多的钱购买家庭用品。阳刚气质的读者更关注数据和事实，而阴柔气质的读者则对事实背后的故事感兴趣。

（4）不确定性规避。不确定性规避是某种文化中的成员在面对不确定的或未知的情况时感到威胁的程度。这种感觉经常通过紧张感和对可预测性的需求表现出来。不确定性规避不同于风险规避，不应该混为一谈。

风险是特定事件可能发生的概率，而不确定性一般并不会和概率联系在一起。规避不确定性并不会导致降低风险，而是尽量减少不确定性。不确定性规避对消费者行为会产生显著的影响。强不确定性规避的消费者喜欢纯净的东西，比如，他更喜欢喝瓶装水而不是自来水。

在规避不确定性的文化中，顾客更不容易接受新产品和新信息，更喜欢专家的推荐，更偏好选择风险更小的投资产品，支付账单时也比较迟缓。

（5）长期导向—短期导向。长期导向意味着培育和鼓励以追求未来回报为导向的品德，尤其是坚韧和节俭；短期导向则培育和鼓励关于过去和当前的品德，尤其是尊重传统，维护面子，以及履行社会义务。

2. 非文化距离

非文化距离主要包括资源禀赋、地理距离、居民收入水平及贸易壁垒等。这些因素通过影响跨国贸易进而影响跨国消费。

（1）资源禀赋。根据比较优势理论，跨国贸易应建立在本国的比较优势资源之上，出口具有比较优势的文化产品，进口相对不具优势的文化产品。这样才能从跨国贸易中获取最大化利益。比如，非洲等欠发达国家和地区由于拥有大量的制作手工艺产品的工匠，这些工匠制作的手工艺产品蕴含本地特有的文化元素，是其他地区难以模仿的。因此，这类手工艺产品在跨国贸易时占据优势，应以出口这类文化产品为主。

（2）地理距离。地理距离是指国家和地区的主要贸易区之间的距离。两地区之间地理距离越长，意味着运输费用越高，产品面临的不确定性风险也将增加。因此，在其他条件不变的情况下，地理距离越大，本国的出口产品更不具有优势，他国的进口产品也同样更不具有优势。

（3）居民收入水平。国际经验表明，一国人均 GDP 在 1000~3000 美元之间，属于文化消费活跃阶段；3000 美元以上，是文化消费大幅提高阶段。因此，一般来说，随着居民收入水平的提高，人们的可支配收入也将提高，这样人们将从追求物质产品的消费为主转变成追求精神产品的消费为主；人们更加关注产品中的文化价值，而不是产品的使用价值。因此，随着居民收入水平的提高，作为一种满足消费者精神方面需求的文化产品将愈加受到消费者的青睐。

（4）贸易壁垒。贸易壁垒是影响文化产品国际贸易的重要因素。对于两个语言相同或相近的国家，为了保护本国的文化产品，文化产品竞争力弱的国家常常采取文化例外原则限制其他国家的进口。比如，加拿大根据文化例外原则阻碍美国好莱坞影片的进口。处于同一贸易集团的国家和地区，可能由于贸易壁垒相对较低，其文化产品的贸易更加频繁。

**（二）跨国消费与文化多样性**

2005 年 10 月在第 33 届联合国教科文组织大会上通过的《保护和促进文化表现形式多样性公约》中正式提出了"文化多样性"概念。"文化多样性"被定义为各群体和社会借以表现其文化的多种不同形式。文化多样性不仅体现在人类文化遗产通过丰富多彩的文化表现形式来表达、弘扬和传承的多种方式，也体现在借助各种方式和技术进行的艺术创造、生产、传播、销售和消费的多种方式。

自由贸易对国家文化的影响是不平衡的，它使得弱小国家逐渐失去其文化特性，最终导致文化多样性的消亡。并且，贸易一体化也会使得同一国家不同地区之间的文化更加趋同，主要原因是个体之间互动性增强，促使不同文化之间相互融合，进而形成统一的文化。

# 第二节 生 产

本节在论述文化与文化资源的概念、分类、特征以及文化资源认同之后，对文化生产和生产决策的相关问题进行阐述，随后讨论文化企业的生产成本与成本疾病，最后分析生产过程中的技术效率与技术变迁。

## 一、文化与文化资源

### （一）文化

文化的界定并不容易。"文化"一词广泛应用于我们的日常生活和学习之中，但它没有一个人们公认的、权威的定义。正如美国人类学家罗伯特·博罗夫斯基（Robert Borofsky）指出，将文化进行定义"无异于试图将风儿关入笼中"。也就是说，我们很难把握文化的本质。

"文化"一词内涵丰富，英文"Culture"源于拉丁语 Cultura，最初是指耕耘土地。到 16 世纪，这一词演化为对心灵和智力的培养。从 19 世纪初开始，"文化"这一术语的含义变得更加宽泛，指的是整体上的智力文化进步和精神文明发展。随后，这种人本主义对"文化"的解释又被更加无所不包的概念所取代。

英国人类学家泰勒（1871）从精神层面较早地在《原始文化》一书中提出，"文化或文明，就其广泛的民族学意义来讲，是包括全部的知识、信仰、艺术、道德、法律、风俗以及作为社会成员的人所掌握和接受的任何其他的才能和习惯的复合体"。这一经典定义对后来的文化研究产生了深刻的影响。英国功能学派人类学者马凌诺斯（1944）在《文化论》一书中指出，文化包括了一套工具和风俗——人体的和心灵的习惯，它们都直接或间接地满足了人类的需要，并进一步将文化分为三个层次，即器物层次、组织层次和精神层次。英国文化理论家 Williams（1981）在《文化》一书中从传播角度，将文化界定为"意义表达的实践"。White（1959）从符号学角度提出，文化依赖符号，符号的产生才使得文化得以存在，符号的使用才可能使文化不朽。也就是说，符号是文化的载体和表现形式。Throsby（2001）从两个层面对"文化"的含义进行了梳理，即在人类学和社会学框架下，"文化"一词是用来描述某一群体所共有或共享的态度、信仰、传统、习俗、价值观和惯例。

随着文化经济活动的日益显现，一些学者开始关注"文化"在经济领域的实践。Dowling（1997）指出，文化经济活动中的文化是一个能带来经济效益、提高人民生活质量的包含各种元素的广义概念，其内涵不仅包括诸如歌剧、舞蹈、艺术等所谓的精英文化，还包括大众文化，如消费行为。赫斯蒙德夫（2007）认为，如果把文化定义成"社会秩序得以传播、再造、体验以及探索的一个必要（虽然并非唯一）的表意系统"（Williams，1981）更贴切"文化产业"。Scott（2000）、Santagata（2000）将文化看作是一种资本，认为它以观念价值的形式蕴含在实物或服务的使用价值之中，甚至比使用价值更能决定产品的价值。作为某一群体的共同价值观，文化可以强化群体认同。因此，实物或服务中的文化将极大地影响消费者对该实物或服务的价值的主观评价。

**（二）文化资源**

1. 文化资源的概念

文化资源内涵众说纷纭，国内一些学者进行了较多研究并先后对文化资源进行了界定。[①] 较有代表性的，如周正刚（2004）认为，文化资源是各种文化客观现象的总和，能够形成文化实力，可供主体开发和利用，既包含历史所积累的文化遗产库存，也包含现代社会所创造的文化信息和文化形式库，以及作为文化活动实施与手段的文化载体库等。吴圣刚（2005）指出，文化资源是满足人类生存发展需要的精神要素，以一切文化产品和精神现象为指向。吕庆华（2006）认为，文化资源是人类资源，是人类通过劳动所创造和形成的物质成果及其转化。何颇（2007）认为，文化资源既包含历史上人类所积聚的文化财富，也包括现代的文化信息，是人类在改造世界过程中所凝结的物质、精神的成果及活动介体，能满足人的需要，具有地域性、民族性和多样性等特征。丹增（2008）指出，人类发展进程中所创造的一切含有文化意味的文明成果以及承载着一定文化意义的活动、物质、事件以及名人、名城等，都可以认为是某种形式的文化资源。严荔（2010）从文化资源产业化角度提出，文化资源是指人们从事文化生产活动时所利用的、具有文化要素特征和内涵的各类资源。林明华和杨永忠（2014）从创意企业产品开发角度，提出"文化资源"[②]是具有文化内涵并能够为创意企业所利用的各种资源。

2. 文化资源的分类

文化资源分类目前并无统一标准。较为常见的分类有：从文化的存在形式上，把文化资源分为有形文化资源和无形文化资源。从历史性角度分为文化历史资源和文化现实资源。[③] 从可持续发展上，文化资源可划分为

---

① 本小节相关内容参见林明华、杨永忠：《创意产品开发模式：以文化创意助推中国创造》，经济管理出版社，2014年，第13-14页、第47-49页。

② 高书生（2014）认为，我国文化资源主要聚集在两个地方：一是公共文化机构，包括图书馆、美术馆、博物馆、纪念馆、文化馆以及档案馆等；二是文化生产部门，包括广播电台电视台、电影制片厂、书报刊出版社以及唱片公司等。将这些文化资源进行系统整理，并实现数字化、再碎片化、标签化，就可以形成"中华文化素材库"。

③ 关于文化现实资源，一些艺术家提出：凡能表达当代文化水准与科技的、能够佐证这个时代的一个物证，都可以称其为新文物，即今天的东西也是文物。

可再生文化资源和不可再生文化资源。从物质性角度来看，文化资源可分为物质文化资源和精神文化资源。从统计角度来看，文化资源分为可度量的文化资源和不可度量的文化资源。根据文化资源的开发频率，文化资源可分为充分开发的文化资源、一般开发的文化资源和开发不够的文化资源三种类型。根据成因、形态和作用的分类，文化资源可分成四类：一是自然文化资源，指土地、矿物、水资源等；二是传统文化资源，指历史、民族、民俗、文物等；三是智力文化资源，指人的智力、智慧和创造性等；四是资本和信息文化资源，指的是文化设备、工艺、信息网络和技术应用等。

### 3. 文化资源的特征

综合吴圣刚（2002）等学者的研究，相对于自然资源，文化资源主要有以下几个特征：

第一，无形性。大多数文化资源是以理念、精神等观念形态存在，人们能感知、认识、理解它，甚至可以通过语言表达它，但很难说出其形状、大小、颜色等物理形态。即便这样，人们还是感受到它的存在，感受到它对人们行为的影响，人们也可以对不同的文化资源进行主观评价，如认可、反对、厌恶抑或喜欢某一文化资源。

第二，传承性。任何一个民族的文化都是该民族历史的积累，体现着该民族的特性，而这种特性是通过长期的文化创造反映出来的。一般而言，一个民族的文化大都经过从初创到发展并逐渐形成自己的特质，最终基本形成有自己民族特色的文化形态。这其中存在着一个继承、发展、创新的问题。一个民族的文化是这个民族共同智慧的结晶，是一代又一代人传承下来的。无论是发展也好，创新也好，都不能丢掉历史，舍弃传统，而是要在学习、吸收、掌握传统精髓的前提下发展和创新；否则文化可能成为无源之水、无本之木，最终成为不伦不类的东西。

第三，稳定性。文化资源作为客观存在，是一种观念形态的东西，是经过长期的历史积淀而形成的，是包括民族精神、民族心理、民族发展历程的观念形态，深深地刻印在一个民族的精神世界，一旦形成，具有相当的稳定性。特别是一个民族文化的精髓部分，更具有稳定性。文化资源的稳定性还表现为，文化资源本身常常体现为一种文化传统，人们可以丰富它、发展它，甚至对传统进行创新。

第四，地域性。绝大多数文化资源存在于某一特定的地理区域范围内，这个区域之外的人们可能根本不知道这种文化资源的存在。文化资源的地域性阻碍了文化资源影响力的扩大。不过随着人们交往日益密切，活动范围不断扩大，有的文化资源不断突破原来的地域范围，其他地区的人们也将逐渐了解、熟悉这种文化资源。

第五，共享性。和自然资源相比，文化资源也存在产权归属，然而文化资源虽然有产权归属，但产权拥有者并不一定对这一资源完全独占独享。任何文化资源，一经产生既是民族的，更是世界的、全人类的共同资源、共同财富。特别是信息时代，文化的共享水平得到了极大的提高。例如，美国好莱坞利用我国的历史文化资源《花木兰》、自然文化资源"大熊猫"成功打造了动画大片，为其创造了丰厚的利润。

**4. 文化资源的认同**

"认同"一词主要应用于心理学和社会学领域。在心理学领域中，弗洛伊德最早提出"认同"并认为，认同是指个人与他人、群体或准备模仿的人物在感情、心理上趋同的过程，是个体与他人有情感联系的最早表现形式。[①] 心理学辞典里，"认同"是指一种情感、态度乃至认识的移入过程。

在社会学领域，Theodorson（1969）认为，认同是一种同化与内化的社会心理过程，它是将他人或群体的价值、标准、期望与社会角色内化于个人的行为和自我概念之中。吉登斯（1998）认为，"一般说来，认同与人们对他们是谁以及什么对他们有意义的理解有关。这些理解的形成与先于其他意义来源的某些属性有关。认同的一些主要来源包括性别、性别倾向、国籍或民族以及社会阶级"。美国社会学家科尔曼（1990）在其《社会理论的基础》一书中提出了七类认同：对直接亲属的认同、对国家的认同、对雇主的认同、对主人的认同、对势力强大的征服者的认同、对社区的认同、法人行动者对其他行动者的认同。

从以上可以看出，在心理学和社会学领域，认同更主要的是强调人与

---

① 关于认同概念的研究可参见 ［奥］西格蒙德·弗洛伊德：《弗洛伊德文集》（第四、第六卷），车文博译，长春出版社，2004 年。

人之间的社会关系，是个人对他人或群体某些方面的承认并接受。经济学家对认同关注较早的要数 Sen（1985），他将认同视为影响目标实现的一个因素，但并没有把认同纳入效用函数或具体的经济模型。较为系统地把认同与经济学结合起来的是 Akerlof 和 Kranton（2000）的工作。他们把认同引入效用函数，其基本原理也是依据社会差异：人们被分成不同的类型，而不同的类型则对应不同的行为规范。选择成为某个类型的人意味着认同这一类型所对应的行为规范，其行为若违背了这种规范会产生一定的负效用。人们的总效用是这种"负效应"与类型本身带给人的认同效用之和。沿着这一框架，Akerlof 和 Kranton 将认同全面纳入组织经济学的分析视角。在委托代理的框架下，他们系统分析了认同如何影响人们的激励。

本书中，文化资源认同特指个人或群体基于效用而对文化资源的承认并接受。由于文化产品源自文化资源，其文化元素透过文化产品表现出来，若某人对嵌入文化产品的文化资源认同感较低，那么这一文化产品的价值将大打折扣；反之亦然。

文化资源认同是个人对文化资源的主观评判，它主要受以下几个方面的影响：

第一，文化偏好。不同的个体因为效用的差异而具有内在的文化偏好，这种文化偏好将深刻影响个体对文化资源的评价，进而影响个体的文化资源认同感。

第二，文化背景。不同的个体间其文化背景存在一定的差异，这种文化差异会影响消费者对文化资源的认同感。比如在一个充满开放、自由主义文化氛围中成长的个体，对其他事物往往将采取更加开放、包容的态度，这种态度影响他们对文化资源的认同。

第三，文化资源美誉度。一般地，文化资源的美誉度越高，个体对该文化资源的认同也越高。特别是当某文化资源在某一特定亚文化群体具有更高的评价时，其他个体为了融入这一群体也将增加其对这种文化资源的认同。

第四，权威人士评价。权威人士评价往往会对个人产生较深远的影响，特别是权威人士的声誉越高，其评价的影响则更深。当权威人士对某文化资源做出较高评价时，个体将越倾向认同该文化资源；反之亦然。

## 二、文化生产与生产决策

### （一）文化生产

文化生产主要从文化企业生产要素、生产函数以及生产方式三个方面展开讨论。

#### 1. 生产要素

生产要素是生产的投入，是生产产品和劳务所投入的各种资源总称。经典微观经济学中将生产要素划分为以下几个大类：土地、劳动、资本、技术和企业家才能。其中，土地不仅包括土地本身，还包括地表的森林、江河湖海以及地下的矿藏等各种资源。劳动是指劳动者在生产中所付出的体力和脑力的活动，是人类专属的一种特殊能力。资本是指人类生产出来又用于生产的物质资料，主要包括厂房、机器设备、运输工具等。技术或技术进步指生产物品的过程与劳务过程的改进，旧产品的革新或新产品的发明。企业家才能是指企业家运用其他生产要素组织生产、进行技术创新和承担经营风险的能力，可以把它看作是职业化的从事高级管理的劳动。

现代西方经济学的生产要素主要是针对制造业企业。根据文化企业生产的特点，文化企业的生产要素投入主要包括资本、技术和劳动，并有其特殊性。具体而言：

资本不仅包括一般意义上的资本物品，还包括一种特殊的投入资本即文化资本。文化资本是一种资本化的文化资源，是文化企业研发新文化产品的核心资源。文化资本将在本书第二章中进一步阐述。

技术是制造文化产品的支撑手段。文化与技术的融合越来越高，文化企业通过不同的技术类型可以生产出不同的产品类型，丰富文化产品市场，满足消费者不同的消费需求。同时，技术进步也使得文化企业的生产效率得以提高。

文化企业中的劳动由三类劳动者的劳动有机组成。这三类劳动者是指一般劳动者、创意阶层、文化企业家。其中，一般劳动者主要包括文化产品价值创造过程中的辅助人员，如人事部、财务部等部门的工作人员。创意阶层是文化企业最核心的劳动者，这部分人负责创造文化创意（本书

第二章将重点阐述文化创意），或者他们本身就是文化产品的生产者，如艺术家。需要特别注意的是，一般消费者也可能是文化企业的创意人员。文化企业家则是管理文化企业的高级人才，理想的文化企业家不仅有企业家的精明头脑，同时也拥有艺术家的梦想（有关文化企业家的研究详见第二章相关内容）。

从文化企业生产要素组合来看，文化企业最重要的特征是"轻资本"而"重人才"。"轻资本"主要是指，相对于制造业企业而言，文化企业的资产结构中固定资产比重偏低；"重人才"主要是指文化企业的核心竞争力是创意阶层，创意人员的数量和质量左右这个企业的发展。

2. 生产函数

文化企业生产过程中需要投入一定的生产要素，如劳动、资本等。生产出来的文化产品数量取决于投入生产要素数量的多少以及它们的组合方式。我们将在一定技术条件下生产要素投入与最终产出的关系用生产函数来描述。

假设生产某文化产品需要投入 m 种生产要素，用 $X_1$，$X_2$，…，$X_m$ 表示。Q 表示在一定技术条件下的最终产出，则文化企业的生产函数为：

$$Q = f(X_1, X_2, \cdots, X_m)$$

为简化起见，我们假设文化企业只投入两种生产要素，即劳动 L 和资本 K，则文化企业的生产函数可简写为：

$$Q = f(L, K)$$

一般而言，企业投入要素 L 和 K 之间存在替代性。文化企业也存在类似情况但又有所差异。具体而言，文化企业一般劳动者的劳动与资本之间的替代性关系与一般企业相一致。比如，企业家可以投入一定的资本引入先进生产线来替代部分人的一般劳动者劳动。但创意人员劳动与资本之间在某种程度上则不存在替代关系。例如，生产手工艺品的文化企业通过购买现代化生产设备来替代手工艺人编织手工艺品就行不通，因为产品的本质发生了改变。

3. 生产方式

规模经济指在一定科技水平下，企业生产能力的扩大使其长期平均成本呈下降趋势。一般来说，博物馆存在生产上的规模经济（Jackson，

1988；Paulus，1993）。比如美国、法国、芬兰等国家的博物馆存在规模经济已经得到证实。同样，现场表演艺术在生产上也表现出系统的规模经济。以演出周期或演出季度作为衡量规模的指标时，产出的单位成本将随着产出的增加而降低。原因在于，随着演出场次的增加，任何作品或任何既定常备剧目的固定成本会被更多的表演节目分摊。但表演艺术机构有时会表现为递减的规模经济（Gapinski，1979），原因在于这些艺术机构存在过度使用艺术家和资本要素。

范围经济是指企业同时生产两种产品的成本低于分别生产这两种产品的成本。范围经济存在的主要原因在于部分不变的固定生产要素存在生产上的通用性以及生产投入品的互补性。比如一家电视台既可以放映电影也可以放映电视剧，其单位收益上的成本要低于只放映电影的电影院。

无疑，文化产品的工业化生产极大地丰富了消费者的选择，提高了整个社会的生产效率，但这种生产方式也受到来自法兰克福学派的西奥多·阿多诺（Theodor Adorno）和马克思·霍克海默（Max Horkheirmer）等学者的批判。在他们看来，文化等同于艺术，等同于人类创意的独特而卓越的形态。文化产品若按照标准化、齐一化和程序化的生产方式生产出来，那么内含在文化产品中的文化会失去扮演对生活的其余部分进行批判的角色。因此，文化工业化扼杀了文化产品本身所具有的独创性和独特个性，文化产品所标注的"个性化"只不过是用于倾销文化商品的伎俩。阿多诺和霍克海默对文化工业化的批判是对前工业时期文化生产的怀旧和依恋。与之相反，文化产业社会学家则对阿多诺和霍克海默的文化悲观主义持反对意见，如伯纳德·米亚基（Benard Miège）认为在文化生产中引入工业化和新技术，虽然导致了商品化趋势，但同时也带来了新趋势和创新。在赫斯蒙德夫（2007）看来，文化商品化的演变更加复杂，充满了矛盾性。

**（二）生产决策**

根据文化产业的企业家特点，我们在 Throsby（2001）的艺术家模型框架①下详细描述他们对工作时间的分配决策。

---

① Throsby, D.. Economics and Culture ［M］. Cambridge：Cambridge University Press, 2001, 116-118.

假设企业家能够从事商业导向的文化工作或非商业导向的文化工作，两种工作都能产生经济价值和文化价值，但是前者主要产生经济价值，后者主要产生文化价值。企业家还可能承担只产生经济价值的非文化工作。企业家的效用函数是经济价值和文化价值的加权函数，决策变量是分配给商业性文化工作、非商业性文化工作和非文化工作的时间，这些工作时间的总和受到可利用工作时间的限制。

简单地看，企业家收入可由经营收入和非经营收入（比如政府补贴、私人捐款等）两部分组成。经营收入是产生经济价值的函数，非经营收入是外生的。存在一个最小收入约束，用来维持企业家生存并满足其一定的发展需求。所有变量都是在既定的时期内度量的。令：

$V_c$＝文化价值水平，$V_e$＝经济价值水平，$L_{ax}$＝商业导向的文化工作时间，$L_{ay}$＝非商业导向的文化工作时间，$L_n$＝非文化工作时间，$H$＝扣除一定的闲暇时间后的可用工作时间，$Y$＝总收入，$Y_u$＝非劳动收入，$Y_z$＝劳动收入，$Y^*$＝必需的最低收入。

那么企业家的决策问题是：

$$MaxU = (\omega V_c, (1-\omega)V_e)$$

其中：

$$V_c = V_c(L_{ax}, L_{ay}) \tag{1-1}$$

$$V_e = V_e(L_{ax}, L_{ax}, L_n) \tag{1-2}$$

并且，

$$\partial V_c / \partial L_{ax} < \partial V_c / \partial L_{ay}$$

$$\partial V_e / \partial L_n > \partial V_e / \partial L_{ax} > \partial V_e / \partial V L_{ay}$$

约束条件是，

$$L_{ax} + L_{ay} + L_n = H$$

并且，

$$Y \geqslant Y^*$$

其中：

$$Y = Y_u + Y_z(V_e)$$

并且，

$$\partial Y_z / \partial V_e > 0$$

在 $\omega=1$（企业家只关心文化价值生产）和 $\omega=0$（只关心经济价值的生产）的极端情况下，均衡条件是式（1-1）和式（1-2）的边际产出分别相等。可以得到推论，当 $\omega=1$ 时，均衡点产生于 $L_n=H$；当 $\omega=0$ 时，均衡点产生于 $L_{ay}=H$；在中间情形即（$0<\omega<1$）时，结果取决于所假设的函数形式。

从这个模型可以看出，企业家自身偏好和经济与文化价值的工作时间回报方式（$V_e$ 和 $V_c$ 函数的结构）影响着企业家对工作时间的分配决策。对文化价值更加偏好的企业家会倾向于从事更多的文化价值单位时间回报率高的工作（比如商业导向和非商业导向的文化工作）。同时，在既定的偏好下，当单位时间经济回报率上升，企业家也会将更多的时间分配到文化价值单位时间回报率高的工作中。

## 三、生产成本与成本疾病

### （一）文化企业的生产成本

文化企业的生产必然涉及生产成本，因此有必要对成本相关的概念进行阐述。

文化企业的生产首先涉及机会成本。在经典的经济学教科书中，机会成本是指当把一定的经济资源用于生产某种产品时所放弃的用相同的资源生产另一些产品所获取的最大收益。文化企业生产同样面临机会成本的问题，比如，表演艺术公司演出自创性剧目的机会成本是其演出经典剧目所获取的票房收入。

其次，经济学中的生产成本概念也适用文化企业。受技术因素的影响，文化企业的生产过程中可以分为短期和长期。短期生产是指部分生产要素不可改变的生产，长期生产是指全部生产要素均可以发生改变的生产。

在短期生产中，文化企业的生产成本有固定成本和可变成本之分。固定成本是指短期内不会随着产出水平的变化而发生改变的成本。它包括生产设备和厂房的成本、长期的工资合同、软件费用、保险费用等。这些成本随企业规模而变化，一旦文化企业的规模固定下来了，这些成本在短期内不会发生变化。可变成本是指，短期内随产出水平的变化而变化的成本。如临时员工工资、临时场地和器材设备等租金。

因此，短期生产中，文化企业的总生产成本（TC）为总固定成本（TFC）和总可变成本（TVC）之和。平均成本则是总成本与同一时期内的产出水平（Q）之比。

在文化企业生产决策过程中，还有一个不可或缺的概念就是边际成本（MC）。边际成本是指增加一单位产出所引发的成本增加量。由于固定成本在短期内不会随着产出量的变化而变化，因此边际成本等于总可变成本的增加量。公式表示如下：

$$MC = \frac{\Delta TVC}{\Delta Q}$$

式中 $\Delta$ 表示变化量。

文化企业进行生产决策时，有必要对本企业的成本变化规律有明确的把握，才能做出更好的决策以获取更多经济利益。一般而言，文化企业生产过程中存在高固定成本以及低边际成本的特点。高固定成本是指文化企业生产文化产品之前要投入相对较多的资金，形成了较高的沉没成本；一旦文化产品生产出来，其后，每生产单个文化产品的成本较低。一个显著的例子就是，电影制片商生产制作电影母版要花费大量的资金和劳动投入，这部分投入对该影片而言是固定成本，是沉没成本；之后拷贝电影母版的成本则比较低。

**（二）成本疾病**

对成本疾病的关注始于 1966 年威廉·J. 鲍莫尔和威廉·G. 鲍文在《表演艺术：经济困境》一文中对表演艺术生产的研究。他们发现，表演艺术在面对不可避免的单位成本上升时将产生财政问题，从而使表演艺术面临着成本压力。后来的学者将这一现象称为"鲍莫尔的成本疾病"。

经济学家认为，生产力提高的原因包括人均资本增加、技术的改进、劳动力技能的提升、更有效的管理以及产出增加而形成的规模经济等。文化生产的成本疾病是由于其生产效率落后于整个社会生产效率而引起的。

下面以现场表演艺术为例对成本疾病产生的原因进行分析。

现场表演艺术也存在技术进步——例如，发展的电子控制已经彻底地改变了舞台照明；空调不仅大大地增强了观众的舒适度，而且方便了长季节和更灵活的安排，但是这些改进并不是现场表演艺术的核心工作。鲍莫尔等认为，与其他行业特别是传统行业不同，机械、设备和技术在现场表演艺术的生产过程中显得并不重要。现场表演艺术的产出就是表演者的劳动，比如歌手唱歌，舞者跳舞，钢琴师弹奏，这显然很难增加每小时产出，即难以提高现场表演艺术的生产力，但随时间的推移现场表演艺术的劳动成本却在上升（因为从长期看社会劳动生产力呈增长趋势进而各行各业的工资将上升，表演艺术的工资也应提高，否则很难雇用到适合的表演者），这必然造成现场表演艺术的每单位产出的成本上升。也就是说，相对于整体经济，现场表演艺术不可避免要发生"生产力落后"的"疾病"。

　　需要说明的是，规模经济在一定程度上缓解了文化生产的成本疾病。有些文化产品或服务在生产上表现出系统的规模经济。例如，表演艺术的演出周期在某个区间内，产出的单位成本随着产出的增加而降低（海尔布伦和格雷，2007）。这是因为，随着演出场次增加，任何一个作品的固定成本会被更多的表演场次分摊。随着个人平均收入的增加，演出季度也会延长，由其导致的单位成本的减少有助于抵消由表演艺术生产力滞后而引起的成本递增的影响。因此，表演艺术的成本疾病在一定程度上得到缓解。

## 四、技术效率与技术变迁

### （一）技术效率

　　1957 年，英国经济学家法约尔（Richard Farrell）首次提出了"技术效率"这一概念。他从投入角度出发，认为技术效率是指在相同的产出下生产单元理想的最小可能性投入与实际投入的比率。美国经济学家勒宾森（Harvey Leibenstein）则从产出角度出发，认为技术效率是指在相同的投入下生产单元实际产出与理想的最大可能性产出的比率。这两种定义本质上是相同的，即技术效率是生产的实际值与最优值（最大产出或最小成本）的比较。因此，经济意义上的技术效率实则是指投入与产出的关系。通俗地说，技术效率就是既定投入下实现产出的最大化或者既定的产出下实现投入最小化。

研究人员通常采用数据包络分析法（DEA）研究技术效率问题。下面简要介绍一下该方法。

数据包络分析法是一种线性规划方法，是美国著名运筹学家 A. Charnes 和 W. W. Cooper 在 1978 年提出的。数据包络分析法没有限定效率前沿的形状，不要求对基本的生产函数做出明确的定义，效率前沿是通过连接所有观测点形成的分段曲线组合，得到一个凸性的生产可能性集合。前沿观测值的集合作为效率前沿将所有的观测值包含在其中，其效率值最高，其他的决策单元及其线性组合在投入既定的情况下不能生产出更多的产出，也不能以更少的投入量生产出既定的产出量。

DEA 领域的研究吸引了众多的学者，其基本模型 $C^2R$ 和 $C^2GS^2$ 得到不断扩充和完善。其中 $C^2R$ 模型是研究多个输入特别是多个输出的决策单元（Decision Making Unit，DMU），同时为规模有效和技术有效的十分理想的方法。$C^2GS^2$ 模型则是一种评价相对技术有效性的方法。

设有 n 个决策单元 $DMU_j$，$j=1, 2, \cdots, n$。$X_j = (x_{1j}, x_{2j}, \cdots, x_{mj})^T$ 为 $DMU_j$ 的输入；$Y_j = (y_{1j}, y_{2j}, \cdots, y_{sj})^T$ 为 $DMU_j$ 的输出。$S^-$ 是与投入相对应的松弛变量组成的向量，$S^+$ 是与产出相对应的剩余变量组成的向量。评价第 $j_0$ 个决策单元相对有效性的基于非阿基米德无穷小 $\varepsilon$ 的 $C^2R$ 模型为：

$$\min \left[ \theta - \varepsilon (\hat{e}^T S^- + e^T S^+) \right]$$

$$s.\ t. \begin{cases} \sum_{j=1}^{n} X_j \lambda_j + S^- = \theta X \\ \sum_{j=1}^{n} Y_j \lambda_j - S^+ = Y \\ \lambda_j \geq 0 \\ \hat{e} = (1, 1, \cdots, 1)^T \in R_m, \ e = (1, 1, \cdots, 1)^T \in R_s \end{cases}$$

其最优解 $\theta^*$ 为 $DMU_{j_0}$ 的总体效率的有效情况；$C^2GS^2$ 模型在上述模型中加入一个约束条件：$\sum_{j=1}^{n} \lambda_j = 1$，其最优解 $\delta^*$ 评价 $DMU_{j_0}$ 的技术效率情况；设 $S^*$ 为规模效率，则：$S^* = \dfrac{\theta^*}{\delta^*}$，两者结合可得如下结论：

（1）当 $\theta^*$（$\delta^*$，$S^*$）= 1，且 $S^- = S^+ = 0$ 时，则 $DMU_{j_0}$ 为 DEA 总体（技术、规模）有效；

（2）当 $\theta^*$（$\delta^*$，$S^*$）= 1，且 $S^- \neq 0$，$S^+ \neq 0$ 时，则 $DMU_{j_0}$ 为 DEA 弱有效；

（3）当 $\theta^*$（$\delta^*$，$S^*$）< 1 时，则 $DMU_{j_0}$ 为非 DEA 有效。

数据包络分析法的主要不足之处是这种方法通常假定不存在随机误差，也就是假定：①在构建效率前沿时不存在测量误差；②决策单元的效率稳定，不存在某一观测期的效率暂时性地优于其他时期；③不存在因会计规则引起的计算投入/产出与经济投入/产出的偏离导致的误差。

在具体的应用中，Ek（1991）开创了这一应用，通过使用数据包络分析法（DEA）估算了瑞典剧院的技术效率。类似地，Paulus（1995）验证了法国博物馆的技术效率，Mairesse（1997）估算了比利时博物馆的效率。所有这些应用都发现在文化机构中存在着大量的技术无效率。

### （二）技术变迁

传统经济理论忽视了技术变迁在经济发展中的作用。自奥地利经济学家熊彼特在其《经济发展理论》一书中首次提出创新的基本理念以来，创新和技术变迁才逐渐引起世人的关注。由于文化生产越来越和技术紧密联系，因此技术变迁对文化企业的影响更甚。

数字化技术指的是运用 0 和 1 两位数字编码，通过电子计算机、光缆、通信卫星等设备来表达、传输和处理所有信息的技术。[①] 20 世纪 70 年代末至 80 年代初，数字化对文化产业产生了更具实质性的影响，特别是对文化生产产生了最直接的影响。一是数字化为文化产品的生产提供了更丰富的创作素材。如音乐产业中所使用的取样器能够从其他光盘和周围的大千世界中刻录各种声音，如鸟叫、水滴声等，这样歌曲创作者可以创作和积累自己的声音库，进而音乐制作不再受到传统乐器等技术工具甚至常人能力的限制（Durant，1990）。二是数字技术降低了文化产品生产以及再生产的成本。比如，在出版行业，桌面出版（Desktop Publishing，DTP）

---

① 一些主要的数字化技术如调制、压缩、前向纠错、包交换等详细阐述参见 Henten，A. and Tadayoni，R. . Digitalization［C］. In Ruth Towse（ed.），A Handbook of Cultural Economics（Second Edition）［A］. Cheltenham：Edward Elgar，2011：190-200.

软件包出现之前，人们虽然可以在计算机上用文字处理软件撰写文稿，或用表格或绘图软件制作图像和图表，但却无法在计算机平台上将三者融于一体。桌面出版的出现，从根本上改变这一状况，它可以将文字、表格、图形、图像混合于一个直观的环境中进行编排，版面的设计、修改和出版物的组织变得更方便、快捷，进而极大地节约了出版企业的成本。三是数字技术会引发版权问题。数字技术使得音乐、电影等文化产品很容易就可以从网络上非法免费下载。然而，如果只是自己观看而不用于商业用途是否构成侵权，这一直是人们争论的焦点。四是数字技术模糊了生产者和消费者的界限。比如，音乐爱好者可以采用 Cool Edit 等音频软件录制歌曲，然后通过互联网提供给其他消费者，供其在线收听或者下载。

# 第三节　产品市场

本节主要围绕产品市场的基本特征、一级市场和二级市场、双边市场、市场信息不对称问题逐一展开。其中产品市场的基本特征内容主要涉及产品的市场结构以及市场组织相关问题；一级市场和二级市场主要是在讨论其定义以及功能之后，侧重讲拍卖市场；双边市场主要从双边市场类型、市场结构以及企业行为方面进行探讨；市场信息不对称问题主要涉及缓解这一问题的主要措施如第三方评论以及奖项等。

## 一、基本特征

### （一）市场结构

市场类型的划分依据主要有四点：一是市场上厂商的数目；二是厂商生产产品的差异程度；三是单个厂商对市场价格的控制程度；四是厂商进入或退出一个行业的难易程度。这样，微观经济学中的市场可划分为完全竞争市场、垄断竞争市场、寡头市场和完全垄断市场四个类型。

不同的文化产品其市场类型有所不同，如艺术品（Fine Art）市场具有完全垄断市场的特征。理论上讲，艺术品市场可能不会被看成是一个单一市场，而是作为一个大型垄断性市场；或者从一个兴趣单一的买家角度来看是一个垄断市场（Moulin，1967）。除了因为缺乏同质的艺术品外，艺术品市场偏离完全竞争市场还在于：一是具有一定的交易成本；二是艺术品缺乏流动性；三是市场透明性低。由于艺术品市场充满信息不完全，因此艺术品市场接近"柠檬"市场。同时，与金融市场相比，艺术品市场还体现了以下市场特征（Baumol，1986）：一是金融市场上存在大量的可替代性的同质产品，但艺术品市场上产品的替代性几乎为零。二是艺术品市场是卖方垄断，而金融市场是接近完全竞争市场，理论上讲，拥有证券或股票的个人可以单独采取行动。三是金融市场的买卖行为可以相继发生，但单个艺术品的买卖相隔时间难以确定。四是艺术品的持有成本和交易成本相对较高，风险更大，但交易税率更具优势。五是与金融市场不一样，艺术品的价格取决于买家对艺术品的主观感受，波动性较大。

有些文化产品市场属于寡头市场。这类市场以出版市场为代表。有些文化产品市场接近完全竞争市场，这类市场以艺术复制品为代表。特别是对于那些出于装饰需要的艺术复制品，具有较高的替代性，具有典型的完全竞争市场特征（Gibbon 和 Heather，1987）。

### （二）市场组织

从组织的经营目标来看，文化产品市场组织可分为营利性组织和非营利性组织两大类（克兰，2012）。

营利性组织以满足可预测的文化产品市场需求为出发点，以盈利为目标。它们不是追求作品的原创性，而是在于是否能够迅速而有效地批量生产出文化产品。比如，工艺品生产企业会根据消费者市场的需求不断调整自己的工艺品，使用新的材料，甚至仿制其他企业的产品。营利性组织在文化产品市场组织中占据主导地位。

非营利性组织主要包括歌剧公司、交响乐团、剧院以及博物馆等。这类市场组织的目标在于保存现有的艺术和种族传统，而不是创造新传统。非营利性组织具有以下特征：首先，非营利性组织的创新动力不足。非营利性组织如歌剧公司和交响乐团经常固定演出标准曲目，因为艺术创新往往面临巨额的成本投入以及极有可能疏远已有的观众而增加经营风险。因此，管理者往往倾向于通过固定节目吸引和满足观众而不是提供新产品

（DiMaggio 和 Stenberg，1985）。其次，官僚化日趋严重。随着这些组织变得比较陈旧，地位更加确立和庞大，它们往往变得更加官僚，有着类似韦伯式的科层制观念。再次，管理者有较高的专业素养。非营利性组织的管理者往往本身是这个领域的专业人士，具有较深的专业造诣。为了提高组织效率，他们也往往会依靠正式会计制度和标准化程序。最后，资助是非营利性组织最重要的收入来源。精英阶层、社会团体、政府机构以及企业是非营利性组织的主要资助者。政府机构和企业的资助比重具有增加的趋势，它们往往要求这些组织提高标准，敦促这些组织吸引更多的受众，从而影响这些组织的生产。比如，这些组织偏爱那些经典的、不那么晦涩的作品。

## 二、一级市场和二级市场

### （一）定义

与股票市场一样，艺术品市场也可以划分为一级市场和二级市场。其中，一级市场主要指画廊、艺术博览会（包括艺术家自售和经纪人销售等）等构成的市场。在这一市场上，购买者从艺术家那里直接购买艺术品，或者通过代理或合作机制发掘艺术家，直接推介给藏家购买。二级市场是拍卖行通过征集的方式将那些已销售出去的书画作品收集起来，经过筛选后组织艺术品再次销售，主要销售形式是拍卖行举办的拍卖会。

### （二）功能

在一级市场中，艺术家通过出售艺术品获得收入，维护了艺术家的创作动力，对推动艺术品进一步发展起到重要作用。绝大多数艺术家是通过一级市场实现自己作品的价值的。然而，如果艺术家的作品首次在一级市场上销售，专业评论家很难估算这一作品的价值。因此，招标被认为是一级市场上艺术品定价的首选方式。

二级市场是艺术市场的"晴雨表"和"温度计"，在艺术市场中占据最重要的地位。二级市场的市场形势将影响艺术品市场的走向和起落。首先，二级市场是艺术品市场的泄洪口，二级市场的存在盘活了艺术品市场，有效地促进了艺术品的再次交易，加快了艺术品的流通，降低了艺术品作为投资资产的风险。在二级市场上，艺术品的再流通有效地刺激了买家购买新的艺术品的欲望。其次，二级市场是艺术品价值的衡量器。艺术品拍卖市场对艺术品有一定的选择标准，这样就可以淘汰那些艺术成就不高的艺术作品。通过二级市场，时间和公众的检验成为衡量艺术品价值的工具，其准确性更高。再次，二级市场对艺术品的价值具有强大的宣传功效。由于艺术品的拍卖是公开进行的，如果艺术品拍得好，对艺术品来说无疑是一种成功的广告宣传，有助于推动艺术品价格的提升。

### （三）拍卖：一种评估艺术品价值的方法

艺术作品通过众多方式销售出去，包括画商与顾客之间的直接交易方式，公开喊价的拍卖方式甚至偶然采取密封式的拍卖方式。然而，最为常见的用于艺术品估值的标准程序是英式拍卖（Ashenfelter 和 Graddy，2011）。

英式拍卖是最普通的一种拍卖方式，其形式是：在拍卖过程中，拍卖标的物的竞价按照竞价阶梯由低至高、依次递增，当到达拍卖截止时间时，出价最高者成为竞买的赢家（由竞买人变成买受人）。拍卖前，卖家可设定保留价，如果最高的竞价低于保留价，卖家有权不出售此拍卖品。当然，卖家亦可不设定保留价，此时，一旦到达拍卖截止时间，最高竞价者将成为买受人。

理论上讲，在最优拍卖模型①中，如果拍卖人要设置保留价，其保留价应该比最高估价的竞买人能接受的价格略高。其原因在于，在英式拍卖中，拍卖委托人仅能得到与第二高估价相当的价格。通过设置保留价，委托人有机会获取出价最高的两个竞买人之间的部分价差以交换不能售出拍卖品的风险。

搜寻模型（Mortensen，1970）解释了卖方为什么要设置保留价：卖方可能希望在拍卖会上提供不止一次拍卖品，或者甚至私下出售给经销商，这已成为卖方的另一种选择。理论上，如果竞买人的价值评估是相互联系的，那么由于设置了保留价而使得拍卖品没有成交将有助于拍卖人在下次

---

① Riley, J. C. and Samuelson, W. F.. Optimal Auctions [J]. American Economics Review, 1981, 71: 381-392.

拍卖这件拍卖品时获得更高的价值。但实践可能并非如此，即下次拍卖价可能低于上次拍卖价。最突出的例子之一就是，1998 年，Ashenfelter 在研究酒类拍卖时发现酒类产品具有"价格下滑异象"（Declining-price Anomaly）。除此之外，绘画作品的拍卖也存在价格下滑异象（Beggs 和 Graddy，1997）。

　　拍卖有助于解决拍卖品信息不对称问题。特别是对于艺术品而言，买方属于信息劣势方，拍卖方式有助于解决买方面临的难题。原因在于，拍卖师一般会提供在售拍卖品的真实信息。原则上，拍卖师代表卖方的利益，但是一旦交易成功，拍卖行一般会获得买卖双方所支付的补贴。例如，拍卖师将会获得按拍卖品销售价的百分比计算的补贴，即买家补贴。大多数拍卖行的买家补贴是拍卖品销售价的 10%～25%。因此，公开信息有利于拍卖师，因为信息的公开有助于消除艺术品质量的不确定性，进而使出价低的竞买人更积极，同时对其他竞买人的出价施加压力，推动着成交价的提升。

　　一般来说，拍卖行是诚实的。拍卖师的高估价和低估价之平均与实际的卖价高度相关。并且，与享乐（Hedonic）价格模型[①]相比，拍卖师的价格估算方法是一个更好的价格预报器（Abowd 和 Ashenfelter，1988）。尽管存在高估或低估，人们还是相信拍卖师的价格估算是公正的。当然，不能排除为了增加收入，拍卖师故意高估诸如经典绘画等艺术品的价格。

## 三、双边市场

### （一）双边市场概述

　　双边市场可以追溯至 1833 年美国"便士报纸"运动。简单地说，双边市场是一个为买卖双方提供便利的、需要收取一定费用的交易平台。Rochet 和 Tirole（2004）从价格结构非中性的角度对双边市场的定义得到了学术界的广泛认可。他们提出，在某一平台中，若每次交互向买卖双方索要的价格分别为 $a^b$ 和 $a^s$，假设平台的交易量 V 只与总价格水平 $a = a^b + a^s$

---

　　① 享乐价格模型是处理异质产品（如住宅）差异特征与产品价格之间关系所经常采用的模型，其一般形式为商品的价格 $P = f(Z_1, Z_2, \cdots, Z_n)$，其中 Z 表示商品的属性。

有关，即对总价格水平在买卖双方之间的分配是不敏感的，那么这个双边之间交互的市场为单边的；相反，假设 a 保持不变，V 随着 $a^b$ 而变化，那么这个市场是双边的。

另一个较有影响的定义是由 Armstrong（2004）提出的，他从交叉网络外部性对双边市场进行了定义：有很多市场涉及两组用户，这些用户通过中介或平台进行交易或交互，一组用户从平台获得收益取决于使用平台服务的另一组用户的数量，这样的市场称之为"双边市场"。这一定义考虑了一边用户的价格受另一边用户需求的影响，体现了双边用户的相互需求、相互依赖特征。

双边市场成立必须满足三个条件（Evans 和 Schmalensee，2005）：一是存在两类不同类型的用户；二是两类用户间存在交互作用，且一类用户从与另一类用户的交互中获得收益；三是存在某中介促使交互发生。

或者说，双边市场具有以下三个重要的特征（Hagiu，2004）：一是存在两类用户；二是存在间接的网络外部性，即一类用户的效用函数与另一类用户有关；三是某类用户不能将网络效用完全内部化。

**（二）双边市场的类型**

借鉴 Evans 等（2005）对双边市场的划分，文化产业双边市场主要有以下三种类型：市场创造型、受众创造型和需求协调型。

第一类是市场创造型。这类市场是促成双方"交易"的市场，交易双方通过这个市场能够寻找到合适的交易对象。比如，图书交易网、中国动漫交易网等，用户在这些平台注册后可以自由发布或查询信息，它们为用户之间提供自由交易的平台。

第二类是受众创造型。这类平台主要发挥受众制造者的作用，即把成组的购买者与成组的销售商匹配起来。大多数媒体产业都属于这一类市场，比如黄页目录、电视、报纸和门户网站。其特点是，平台通过提供"内容"（新闻、评论、节目等）来吸引"眼球"（读者、观众），进而通过读者、观众来吸引广告客户。在这一领域，学者们常常会提及"负外部性"，即认为消费者是不喜欢广告的，在内容中引入广告对消费者效用有负面影响。

第三类是需求协调型。在这种类型的双边市场中，双边中的买方要使用卖方的产品，必须通过平台（比如一定的软件或硬件操作系统）来实现。最具代表性的例子是视频游戏，视频游戏平台的双边用户是游戏玩家和游戏开发商，游戏玩家通过游戏平台能够体验最新制作的游戏，而游戏开发商则通过游戏平台出售游戏获取利润。

（三）市场结构的衡量

我们可以用市场集中度和进入壁垒来衡量文化产业双边市场的市场结构。

市场集中度是衡量市场结构的重要指标之一，可用文化产业内市场份额最大的前几家企业的份额之和与该产业内所有企业市场份额之和的比值来表示。不同性质的双边市场的平台功能和规模存在差异，体现出的市场集中度也不一样。相对而言，市场创造型的文化产业双边市场由于投资成本不高，其市场集中度较低，竞争程度较高。

进入壁垒是指阻止新文化企业进入该产业的不利因素或障碍。这一指标主要是通过考察在位企业和潜在进入企业之间的竞争关系，来反映市场中潜在的竞争强度。比如，游戏平台等文化产业具备很高的技术要求，存在较高的进入壁垒，该文化产业呈现出"垄断"或"寡头垄断"的市场结构特征。

## 四、市场信息不对称问题

由三位美国经济学家——斯蒂格利茨、阿克尔洛夫和斯彭斯提出的信息经济学认为，信息不对称将造成市场交易双方的利益失衡，将影响市场配置资源的效率，以及社会的公平、公正。这一现象的典型表现是委托代理问题，包括逆向选择和道德风险。由于文化产品市场的特殊性，市场信息不对称广泛存在于文化产品特别是艺术品市场之中。文化产品市场的信息不对称问题的存在为质量低劣甚至假冒的文化产品提供了生存空间。这在一定程度上使得消费者难以把握文化产品的品质，挫伤消费者购买文化产品的积极性。缓解文化产品市场不对称问题的方法主要有第三方评论和奖项等。

## （一）第三方评论

在文化产品市场，信息的获取往往要承担较大的费用或者即使投入一定的精力也难以收集到有关方面的信息。亲朋好友、有经验的购买者抑或专业人士均具有积累象征资本的冲动——这类资本除了能够为所有者带来无形的精神上的满足如赢得尊重、获得更高社会地位外，甚至可以带来有形的经济利益。因此，从长期看，受这种冲动而做出的评论显然具有一定的可信性（林明华和杨永忠，2013）。显然，评论将构成信息不对称的文化产品市场中的消费者评判文化产品质量的重要依据。

下面从博弈论①视角探讨为什么文化产品市场中的第三方评论是具有可信性的。假设：①文化产品市场上有评论家 A 和 B，且他们都是合乎理性的人。②评论家的预期收益取决于消费者对其评论真实性的认可程度。简化考虑，假设当评论家的评论为不真实时其预期收益为 0，当评论为真实时其预期收益为 1。对预期收益的判断与以往评论的认可有关。③评论家有两种决策：评论真实和评论不真实。则评论家 A 和 B 的预期收益矩阵如图 1-3 所示，图中，若评论家 A 发表真实的评论，理性的评论家 B 可以发表真实的也可发表不真实的评论，但比较二者的收益，评论家 B 也将发表真实的评论；若评论家 A 发表不真实评论时，理性的评论家 B

|  | 评论家A | |
|---|---|---|
|  | 真实 | 不真实 |
| 评论家B　真实 | （1，1） | （0，1） |
| 评论家B　不真实 | （1，0） | （0，0） |

**图 1-3　评论家预期收益矩阵**

---

① 从 1994 年诺贝尔经济学奖授予三位博弈论专家开始，共有七届的诺贝尔经济学奖与博弈论的研究有关。如今博弈论已经成为现代经济学的标准分析工具之一。参见［美］阿维纳什·K. 迪克西特、苏姗·斯克丝：《策略博弈》（第二版），蒲勇健、姚东旻译，中国人民大学出版社，2009 年。

也会进行真实的评论，因为这样才能获得收益 1。由此，对评论家 B 而言，不管评论家 A 的评论是否真实，其最佳决策是发表真实的评论以获取收益 1。同理，不管评论家 B 的评论是否真实，评论家 A 也会发表真实的评论。因此，从中可以看出，在满足以上条件下，文化产品市场中的评论家的评论是可信的。

若文化生产是循环的，评论将可以通过提供信息和形成口味影响市场规模（Cameron，1995）。也就是说，虽然有些文化产品市场开始独立于评论，但其发展会受到评论的影响。对于从事评论活动并从中获取利益的所谓评论家而言，由于其口味不同，其对文化产品的评论也存在差异性。特别是，如果市场上的口味标准偏低，这势必使文化产品市场上出现"格莱欣法则"（Gresham's Law）。也就是说，最低的口味标准将驱逐更具价值的文化产品，从而降低整个文化产品市场的质量。显然，凭着评论家自己的口味定义的质量存在问题。从这方面看，如果利益相关者通过对评论加以限制从而影响市场口味，那么消费者将要承担由于评论而买到"柠檬"的风险。

评论到底对文化产品本身产生多大的影响？有的研究表明，负面评论可以毁掉一件文化产品，而正面评论却并不见得使文化产品获得成功。例如，有学者研究发现，百老汇的正面评论对其戏剧观众到场率可能有负面作用（Hirshcman 和 Pieros，1985）。原因在于，理性的观众认为正面评论揭示的是精英主义偏好，这一评论背离了他们的偏好进而产生了抵触情绪。

## （二）奖项

奖项是评论结果的表现之一，它是文化产业中最为突出的竞争符号，几乎所有的文化产业都有各自的奖项，并且这些奖项往往会引起大量公众和业内人士的关注，因此，除直接获得收益外，奖项这一荣誉的乘数效应更为文化产品利益相关者带来极大的间接收益。

对普通消费者而言，文化产品是一种信用品，因此消费者有必要寻找一种能够衡量文化产品质量的替代标准。一般地，奖项的评审具有严格程序，并且影响力越大的奖项越具有权威性，显然，奖项是一种实用的、可靠的信息。

奖项的利益相关者包括奖项的设立者、奖项的评审团以及奖项的获胜者。更多的研究人员往往关注奖项对获胜者的影响。研究人员普遍认为，获胜者从中可以获得以下利益：一是直接收益。一般地，获奖者可以获得一笔奖金、有价值的奖杯、非常明确的标识（如一等奖、二等奖等）或者某种特权等。二是间接收益。奖项是产品品质的信号，由于获奖的文化产品往往是行业内同类产品的佼佼者，显然，对于专业知识缺乏的普通消费者而言，奖项显然是解读文化产品的可靠信息流，必然有助于提高文化产品的价值。奖项还能够阻止文化产品的竞争性模仿，这是因为奖项往往能够吸引众多人们的眼光，进而促使模仿者被迅速揭发。可见，奖项是创作人员或团队的声誉证书，能够在"赢者通吃"的文化产品市场中助获胜者一臂之力。

# 第四节　文化产品的定价

本节在论述文化产品定价的影响因素之后，阐述文化产品的定价方法，最后探讨文化产品的定价策略。

## 一、文化产品定价的影响因素

影响文化产品定价的因素是多方面的，主要包括企业定价目标、文化产品成本、市场竞争的激烈程度、购买者特有偏好、政府政策法规等。

### （一）企业定价目标

和一般企业一样，文化企业制定价格也要考虑目标市场战略以及市场定位。文化企业的定价目标主要有：

生存目标。在文化企业产量过剩或者面临市场激烈竞争时，文化企业将以维持企业生存为首要目标，这样，文化企业就不能将产品的价格定得过高，只需要销售收入能够弥补部分固定成本以及可变成本即可。

市场占有率最大化。文化企业若要在短时间内迅速占领市场，获得市场的控制权，那么企业需要将价格定在可变成本之上。

产品品质最优。在此目标指导下，企业将为消费者提供高品质的文化产品和服务，进而可能引起成本的上升，这必然要求企业提高文化产品的价格。

社会效益和经济效益兼顾。文化企业将注重文化产品带来的社会效益，与仅注重经济效益的企业相比，这类企业文化产品的价格会定得更低。

### （二）文化产品成本

通常情况下，成本是文化企业制定价格的底线。如果文化企业将文化产品的价格一直定在只能弥补成本甚至低于成本，那么文化企业就不能够扩大生产，长期下去容易导致企业破产。

### （三）市场竞争的激烈程度

市场竞争会影响产品的定价。若文化产品市场的竞争者数量少，替代产品不多，文化企业可以将文化产品的价格定高一些。举一个极端的例子，若文化企业是市场垄断者，那么，理论上它可以将价格定得远超过成本，从而攫取高额的垄断利润。

### （四）购买者特有偏好

文化产品的价值受购买者主观评价的影响。若购买者越认同文化产品所映射的文化时，文化企业显然可以将文化产品价格定得更高一些；反之亦然。因此，购买者特有偏好与文化产品价格存在正向关系。

### （五）政府政策法规

文化企业的定价同样需要考虑政府相关的政策法规。由于一些文化产品和服务具有公共产品性质，文化企业的定价会受到政府相关部门的价格规制的约束。

## 二、文化产品定价的方法

文化产品价格的高低受多种因素的影响和制约。在实践中，其定价方法主要有以下几种：[①]

---

① 一般产品定价的很多方法同样也可用于指导文化产品定价，关于一般产品的定价方法可参见［美］罗杰·A.凯林等：《市场营销》，董伊人等译，世界图书出版公司，2012年；以及［美］菲利普·科特勒：《营销管理》（第14版），王永贵等译，中国人民大学出版社，2012年。

### （一）感知价值导向定价法

感知价值导向定价法是根据购买者对文化产品的价值感知制定价格。感知价值定价法的关键在于企业能够准确识别购买者对该文化产品的价值估算进而确定文化产品价值。

若企业过度估算文化产品的感知价值，则势必会将文化产品价格定得过高，此时如果价格大于感知价值，消费者将难以接受从而不发生购买行为；过低地估计感知价值则会定出偏低的价格，此时如果价格远低于感知价值，则会影响文化产品在消费者心目中的形象。

### （二）声望导向定价法

对文化产品特别是限量文化产品，文化企业可以根据文化产品的制作者或参与者在业内的声望来制定相应的价格。比如，国际知名演员参演可以制定更高的票价。声望导向定价法的关键，在于文化企业能否准确判断文化产品创作者在目标消费者中的影响力。

### （三）竞争导向定价法

竞争导向定价法是文化企业以行业的平均现行价格水平为基准确定文化产品的价格。比如，工艺品生产企业如果很难估算成本、计划与同行和平相处或难以了解竞争者的反应时可采取这种定价方法。

### （四）成本导向定价法

成本导向定价法是以文化产品成本为基础，综合考虑其他因素之后进一步确定文化产品的价格。主要包括两类：一是成本加成定价法，即按照文化产品单位成本加上一定比例的加成后制定文化产品的销售价格。二是目标定价法，即根据估计的总销售额或者产量来制定价格。

## 三、文化产品定价策略

常见的文化产品定价策略主要包括歧视性定价策略、捆绑定价策略、关联定价策略、质量差别定价策略以及其他定价策略等。①

---

① 本部分内容主要参照 Rushton，M.．Pricing the Arts［C］. In Ruth Towse（ed.），A Handbook of Cultural Economics（Second Edition）［A］. Cheltenham：Edward Elgar，2011：342-347.

### (一) 歧视性定价策略

通常,完全竞争市场的供给方必须执行给定的价格,因此不能利用价格歧视,但是这种情况在艺术领域很少见,因为每一场演出、展览或者节日都有一些独有的特征。价格歧视就是要寻找到一种能够向价格敏感的消费者提供更低价格而对需求缺乏弹性的消费者提供更高价格的方法。

实施价格歧视的方法有两种:一是三级价格歧视,即根据需求价格弹性的不同向不同的文化产品消费者群体索取不同的价格。文化产品供给方很容易鉴别哪位顾客属于哪一类群体。比如,博物馆给学生或超过某一年龄的个人以折扣票价。这种方法只有在不发生套利行为时才有效。例如,学生购买到折扣票后不能将票卖给不合规定的人。二是二级价格歧视,即根据单个消费者购买的产品数量来定价。比如大多数博物馆既提供单次消费的门票,也提供年票。在一些咖啡馆,消费的第二杯咖啡比第一杯咖啡便宜。

### (二) 捆绑定价策略

捆绑定价是指文化产品供给方将一种文化产品与其他产品组合在一起以一个价格出售给目标消费者。比如,某剧院经营者由于了解观众会支付较高的价格观看戏剧,因此该剧院可能会索取较高的门票,并且将门票和观众巴士票、正餐一起捆绑销售,这一套餐价格高于成本但明显低于分别购买这些产品的价格之和。通过这一策略,剧院可以在不降低门票价格的情况下,通过这一套餐价格吸引更多的观光客进入剧院,同时也不会对需求价格无弹性的本地消费者产生消极影响,因为他们对这一套餐根本不感兴趣。

### (三) 关联定价策略

需求上互相联系的产品或是替代品,或是互补品。在产品定价时,可以把需求上的相互联系考虑进去,即不应该孤立地规定一种产品的价格,而是必须考虑一种产品的价格对另一种产品需求的影响,以实现企业总的利润最大化。如向所有消费者群体提供门票和各类互补品构成的不同组合的价格菜单,消费者可以根据自己的偏好进行自我归类和选择。比如,博物馆出售门票的同时,对馆内其他活动项目另外收费,消费者根据自己的需要可以选择某类和某几类项目。电影院可以通过较低门票价格而高价出售爆米花以赚取更高的利润。

### （四）质量差别定价策略

质量差别定价策略是文化产品供给方对不同质量的产品索取不同的价格。采用这一策略时文化产品供给方必须考虑到如何让大多数消费不选择低质量/低定价的替代品。为此，文化产品供给方为低质量的文化产品定价时应尽可能地接近边际消费者愿意支付的价格，而高质量的价格则应低于高需求的消费者最大的支付意愿，从而避免后者选择价格更低的替代品。比如，普通的座位以及平装版小说的定价低是为了吸引价格敏感的边际消费者，而一楼的头等座位以及精装版小说的定价更高，是因为这些机构知道有的消费者为了买到更高质量的产品愿意支付更高的价格。

### （五）其他定价策略

1. 利润不是唯一目标时的定价

上述定价策略是以企业利润最大化为目标。然而在文化产品供给方偏离利润最大化目标时，比如由国家或非营利性机构运营的博物馆或管弦乐队，该采取何种策略呢？

有一种可能情况是，价格根本不会发生变化。通过博物馆入场券或音乐会门票的利润最大化进而利用所得收入资助各类教育项目，可能将更好地达到扩大服务贫困社区的目标。

另一种情况是，假设这个目标只是简单地增加博物馆参观人数或音乐会的观众人数。首先要注意到，利润最大化的公司使用价格歧视这一方法对那些较低支付意愿的消费者的利益已产生作用——在需求通常很低时这些消费者能够买到一周中某些天或某些时段的折扣门票，在不要为特别展或黄金前排座位付钱的情况下他们也可以以低价买到入场券。但是国有艺术机构或非营利性艺术机构可能会进一步地对入场券打折以达到广泛传播艺术的目标。

2. 技术效率下的定价

随着在线交易以及数据管理方面的技术发生变革，文化产品供给方也在不断地尝试新的定价方法。比如，音乐会举办方可以通过在线拍卖定价的方式售出门票，灯会主办方可以根据特定时期的需求变动调整整个灯会的定价等。

# 第五节　劳动力市场

艺术家或宽泛的艺术人才是文化经济活动中最为重要的群体，因此本节关注的劳动力市场侧重探讨艺术家劳动力市场的相关问题，主要涉及艺术家的界定及其基本特征、艺术家市场特征、艺术人才过度供给的成因、艺术职业的选择与人才培养四个方面。

## 一、艺术家及其基本特征

实践中，文化产业的定义随着文化政策的变化而发生变化。这种变化必然会涉及如何界定艺术职业以及艺术部门的问题。[1][2]

英国在进行人口普查时使用了简约的分类原则对职业进行分类，职业被狭义地解释为"最后一个星期从事的主要工作活动或业务"。如果使用这种界定方法，在研究中将面临两大问题（Menger，2006）：一是由于很多自称艺术家的人从事多个工作，他们的劳动力市场行为（收入、工作时间）不能完全归属于参与艺术；二是那些靠非艺术工作为主要生活来源但仍认为自己是艺术家的人会排除在艺术职业统计之外。在学界，根据自己的特有兴趣，研究人员在调查中一般会采用一个或多个标准把不同活动归到艺术活动中去。这种职业界定带有很大的主观性。

事实上，艺术家的职业范围很难界定，在统计上也没有明确的标准。通常认为艺术家应是具有艺术专长且达到一定认可度的才称为艺术家，但从艺术生产的角度理解，艺术家应包含从事文化艺术活动的各类人员，是一个文化艺术从业者的泛指概念，主要包括了艺术创作者、艺术经销商、

---

① Benhamou, F.. The Opposition of Two Models of Labour Market Adjustment：The Case of Audio-visual and Performing Arts in France and in the United Kingdom ［J］. Journal of Cultural Econimics，2000，24：301-319.

② Alper, N.O.. and Wassall, G.H.. Artists' Careers and Their Labor Markets ［C］. In V. A. Ginsburgh and D. Throsby（eds），Handbook of Art and Culture ［A］. Amsterdam：Elsevier，813-814.

艺术评论家、艺术传播者以及艺术活动的各种辅助人员。从业或参与文化艺术活动的艺术家构成了一个具有高度异质化、不符合先验标准的人群。

首先，高度异质化是指艺术家的专长和才能在不同艺术家或同一艺术家的不同时期具有较大差异性。这种差异一方面是由艺术创作本身决定的，艺术家的生产活动高度依赖于其提供的创意，创意往往在很大程度上决定着艺术品的价值，艺术家在提供创意的能力上和提供的创意本身上存在着很大的差异，这也是艺术创作想要获得竞争上的优势所必需的。另一方面，进入艺术领域的门槛相对较低，没有标准化的职业准入机制，与经验及声望相比，学历并不具有很强的说服力，在表演艺术领域中，外形、音色等偶然因素也会造就超级明星，这种进入的便利导致艺术家的过度供给，也会导致整个艺术家群体存在高度的异质性。

其次，同其他普通劳动大军相比，兼职、临时和固定期限的劳动合同、身兼数职和自主创业等弹性工作形式在艺术家身上更为常见，这些被认为是非标准的就业形式。艺术家常常在文化艺术领域之内或之外从事多份职业，他们往往身兼数职。这种多样性，一方面表现为艺术家在艺术活动的不同领域或艺术生产的不同环节从事生产，如小说家可以是畅销小说的作者，也可能是将小说改编为电影或电视剧的编剧，而同时涉猎影、视、歌等文化领域的超级明星更不在少数。另一方面表现为同时从事艺术领域之内和之外的职业，如艺术家也会由于收入原因而从事艺术外的职业，特别是年轻的或新进入艺术领域的人，他们常常由于作品未被认可无法从艺术领域获得收入而被迫从事非艺术工作以贴补生计和艺术创作，也包括由于自身兴趣而在艺术领域大获成功的从事非文化艺术职业的人。弹性工作形式产生的原因有两个：一是艺术活动的不连续性，允许个人同时从事几项工作；二是艺术创作往往是以项目为基础进行的，项目本身就具有非固定性、非长期性的特点。这种弹性也就意味着艺术家只能获得短期的合同。

因此，艰苦的培训、低成功率、冒险的职业和短期合同看起来似乎是艺术职业选择所固有的特点，声望成为艺术家受雇用的核心竞争力，这些艺术职业的普遍特征导致理智的个人去选择其他职业。除了这种与生俱来的弱质性外，艺术家群体还表现出另外一些特征。

就年龄分布而言，艺术家群体中年轻人的比例较高，因为成功的希望和蔑视风险的倾向越年轻越高。然而，在艺术领域，经验的积累是通向成功的唯一途径，不过，也存在像舞蹈这样对身体有较高要求的艺术领域，这一领域注定需要年轻人。

从收入来看，艺术家群体平均收入较低，这一方面是由于工作弹性带来的不连续的短期合同而造成的，另一方面也是由于在成功之前，往往需要漫长的经验积累过程。成名的艺术家不仅收入很高，也在很大程度上占领了消费者选择其他艺术家的机会。

艺术家群体的弱质性使得公共资金或政策的扶持成为必要的选择。社会常常需要提供公共资金扶持处于劣势的艺术家以保护传统文化或保留文化的多样性，比如对非物质文化遗产的保护。同时，我们也需要提供法律，特别是版权法以保护艺术家的权利，因为艺术品尽管具有很强的异质性，但艺术市场的不合法利用仍旧大量存在，技术发展也给仿制伪造留下空间。

## 二、艺术家市场特征

与其他劳动力市场不同，艺术家市场具有以下特征：

身兼数职。首先，艺术家可能只能从其创作的艺术品中获取较低的收益，有些艺术家特别是刚踏入艺术领域的艺术家甚至无法通过创作艺术品获取足够收入来满足必需的生活费用。其次，如果存在其他可赚钱的机会，艺术家可以利用这些机会使自己迅速而有效地获得收入，从而使他们在工作之后能够最大限度地把剩余时间用于非营利性艺术工作。因此，艺术家极有可能从事其他非艺术工作。此外，艺术家身兼数职也可能在于，大多数艺术家与雇主之间只签订项目制的短期合同，在同一时间艺术家可能为不同的项目工作，艺术家此时从事多种职业。

艺术家大多数聚集在城市，这与文化企业聚集在城市相关。文化企业之所以聚集在城市特别是城市的某一特定区域，主要原因在于：一是艺术产品和服务的消费者主要是当地居民；二是聚集区内上下游企业的合作能够有效降低企业之间的交易成本特别是降低企业收集信息的成本；三是在聚集区内，各种人才会集在一起有利于降低企业的招聘成本，并吸引更多的优秀人才。由于城市集中了大量的同类文化企业，因此吸引了众多的艺术家；反过来，众多艺术家的聚集又促使更多的文化企业聚集在一起，二者相互影响。

性别歧视并不明显。一般的劳动力市场的职业存在较为明显的性别差异。但在艺术劳动力市场上，女性也受到雇主的青睐，女性同样可以通过自己的努力获得成功。

工作时间弹性较大。艺术家的工作时间富有弹性。原因在于：一是文化领域特别是视觉艺术领域进入壁垒低使得从业人员工作不具连续性。二是文化产品的多样性使得文化领域多以项目为基础进行生产。

从业人员收入分布不平衡。超级明星理论（Rosen，1986）在一定程度上可以解释艺术家之间收入分布不均衡现象。导致艺术家之间收入巨大反差的原因在于：一是假设人们对艺术家才华达成共识，并且可以无成本地观察到艺术家才华，那么，任何特殊才华都不具有替代性，因此，在对艺术家的需求不降低的情况下，艺术家的收入将提高。二是受新媒体的影响，市场规模的增加允许联合消费。

## 三、艺术人才过度供给的成因

社会学家、经济学家或者史学家在谈及艺术人才市场时都认为这个市场存在过度供给（Menge，2006）。比如，经济学家认为，由于政府强大的支持以及自由市场的兴起增加了更多的工作机会，因此，在莫扎特时期维也纳涌现了大量试图靠作曲为生的作曲家，造成音乐市场劳动力供给过度。这实际上道出了为什么艺术人才市场会出现过度供给的部分原因。

学校教育是造成艺术人才过度供给的又一因素。大量的学校开设有关艺术方面的专业课程使得更多的人有机会系统学习专业知识，为艺术劳动力市场提供了大量的艺术人才。虽然艺术劳动力市场一度存在比较高的失业率，但这种阵痛并没有打消学生进入这一行业的热情。曾有学者对19世纪英国音乐行业进行过调查，发现在过去的60年里，音乐家是增长最迅速的专业人员群体（Ehrlich，1985）。这些音乐家通过成立专业协会和工会组织应对这种残酷的竞争。

对文化产品和服务需求的增加也会造成艺术人才过度供给。城市化、教育水平的提高，收入的提高，业余时间的增加以及公共基金的增多等提高了个人和公共机构对文化产品和服务的需求，进而吸引越来越多的企业和个人从事艺术行业。这种需求又间接地刺激了培训机构的扩张，进而导致大量的艺术人才出现，造成供不应求的局面。

技术的革新降低了文化领域的进入壁垒，增加了艺术人才的供给。特别是对于工艺品而言，技术的创新降低了这一行业的专业性水平，流水线的作业方式使得普通人只要掌握某一项技术就可以从事这一行业，无形之中降低了这一行业的门槛。比如，深圳大芬油画村以流水线作业的方式临摹原创作品，批量生产各种油画；在这里，有意从事这一行业的人只要花上数千元的培训费，进行几个月培训就成为一名画工。

组织的柔性是造成艺术人才过度供给的另一重要因素。文化企业的生产主要以项目为导向，为了节约成本，企业往往尽可能地临时聘用各类人员，随着项目的结束，这些艺术人才又进入到人才储备库。比如，就表演行业来说，在项目制的表演艺术机构中，雇主通常从表演行业劳动力市场上招聘艺术人才和其他工作人员以减少日常管理费用，而且，由于有丰富的可供选择的大量表演人才，雇主还可以组建高效且富有竞争力的临时团队，在演出结束后，这些团队成员自动解散。出版业和音乐行业也存在类似情况。

## 四、艺术职业的选择与人才培养

### （一）艺术职业的选择

根据人力资本理论，职业选择是建立在职业寿命的期望收入基础之上。由于能力偏差会降低获取技能和资质的成本，学生们将基于其比较优势选择职业。从整个社会来说，个人理性行为将导致人力资本最优配置。某一职业存在过度供给将减少收入并降低个人回报率，进而造成从事这一职业的人们至少在某种程度上转而换成其他职业，从而使得劳动力市场将达到均衡。技能欠缺将鼓励在职培训，需要在高等教育和职业培训花费更大投资的职业为人们提供了一个更高的终生收入以弥补更高的学习成本。工作经验增加了人力资本从而获得了更高的收入。

问题是，上述理论是否适用于艺术家劳动力市场？或者艺术家劳动力市场真的与其他劳动力市场有所不同？人们普遍认为，甚至艺术家自己也经常声称，他们可能并不是追求财富的最大化（Abbing，2002），但这一行为假设难以直接验证。问题的关键在于，艺术职业的选择是否建立在对人力资本进行投资的私人回报率基础之上——这一比率取决于学校教育成本和艺术家收入。Towse（2006）认为，人力资本理论在艺术领域的应用范围有限。

调查显示，艺术领域某群体的收入中值总是低于其他职业同样群体的收入中值，尽管艺术家受教育程度高于平均值。在艺术领域里，更低的期望寿命收入与更高的间接成本一起将使得贴现成本超过贴现收益，艺术寿命更长的艺术家可能逃脱这一"厄运"，有些艺术家到生命结束还在工作，即使他们不在人世，仍然可以源源不断地获得版权收入。①

**（二）艺术人才的培养**

学校正规教育是否可能增加艺术家人力资本以及培训是否能增加天赋不足的艺术家价值仍旧存在争议。但不可否认，可以通过学校正规教育、培训以及资格论证等方式培养艺术人才（厉无畏，2006）。

1. 学校正规教育

毫无疑问，学校正规教育是培养艺术人才最为重要的途径。比如，英国在创意教育方面的实力首屈一指，伯明翰艺术设计学院、格拉斯哥艺术学校、东伦敦大学、爱丁堡艺术学院、肯特艺术与设计学院、伦敦学院、利兹城市大学、雷文斯本设计与传播学院、威尔士大学等学院都相继开设了创意类专业，而在全英国范围内开设的创意类专业学位课程高达37000多个，其中艺术设计类课程占了很大比例，而且层次多样，分为职业课程、本科课程和研究生课程。

在学科设置上，由于文化产业涉及的门类较多，要求艺术人才综合能

---

① Towse, R. . Human Capital and Artists' Labour Markets [A]. In Ginsburg, V. A. and Throsby, D. (eds), Handbook of the Economics of Art and Culture [C]. 2006：865-894.

力较高，知识要全面，因此学校在设置学科时要兼顾文化学、传播学、新闻学、艺术学、管理学、营销学、经济学、计算机等学科的知识。这样，高校在师资配置上应尽可能地引进有文化、艺术以及经济学等背景知识的人才任教。在教育方法上，要勇于创新，打破旧的教育模式，着重提高学生的综合素质，在强调人文和文化知识的同时，要注重文化经营管理理念的培养；加强国际合作，注重国际交流，加大文化产业相关学科的对外交流力度，为学生和教学人员创造更多的与海外著名艺术人才和艺术机构接触的机会，拓展他们的视野；注重产学研相结合；加强与企业的联系，为学生创造更多的实践机会，从而增加学生的实操经验。

2. 培训

对已经有一定专业知识和专业技能的艺术从业人员进行培训，是培养合格艺术人才的一条捷径。从事培训的主体主要包括高校、政府劳动主管部门以及相关企业等。

高等院校拥有丰富的科技和智力资源，完全可以承担起艺术人才的培训任务。文化产业界、政府主管部门应与高等院校建立培训合作机制，文化产业界、政府主管部门可以制订相应的人才培训计划，而高等院校负责组织有效的教育资源来实施这一计划。为了调动文化产业界以及高等院校的积极性，政府相关部门可以设立艺术人才培养基金，对文化企业和高等院校给予一定的补贴。

政府主管部门可以根据文化产业发展的需要，有针对性地组织培训项目，从而提高相关艺术人才的素质和缓解这一领域人才缺乏的局面。比如，某市劳动部门针对创意人才短缺这一现状启动了"创意型人才培养工程"。这一项目的培养对象为广告业、建筑业、数码媒体业、工艺品产业、文化产业和设计业六大类行业中从事创意工作的人员，培训项目初步定为视觉设计、工业设计等七大类专业，共涉及近40个具体职业工种（模块）。

同时，国家应鼓励其他专业的培训机构充分利用其自身的优势积极参与对艺术人才的相关专业知识的培训，丰富艺术人才的知识结构，提高艺术人才的综合素质。引进境外知名培训机构项目，借助"外脑"培养国内本土艺术人才。

3. 资格认证

对艺术人才进行资格认证，是培养艺术人才、规范人才市场的一个重要手段。

文化产业是一个新兴产业，新职位不断涌现，需要政府劳动部门进行资格认证，以规范对从业人员的专业素质要求，理顺人才市场的运作，同时提高从业人员的素质和积极性。比如，我国部分地方的劳动部门推出了包括游戏美术设计师、游戏程序设计师、食品处理技术、色彩管理技术、摄影师、数码影像技术工、服装制版师等职业技能鉴定，鉴定级别分为五级，各级别标准各不相同。

# 第二章 理论基础：特殊性分析

子曰："《诗三百》，一言以蔽之，曰：'思无邪。'"

《论语》为政篇第二

本章主要探讨文化经济领域具有共性的一些特殊问题，同时也构成了文化经济学的基础性命题。主要内容涉及文化遗产、文化创意、文化资本、文化企业家、超级明星效应以及版权六个方面。

## 第一节　文化遗产

文化遗产是人类文化经济实践领域最为珍贵的文化产品，也是一种特殊的文化资源，同时也构成了文化产业最为重要的源头。因此，有必要对文化遗产这一文化资源进行深入探讨。本节在论述文化遗产的定义之后探讨其基本特征，随后对文化遗产的价值及其衡量方法展开分析，最后探讨文化遗产的管理和可持续性问题。①

---

① 本节主要参考 Benhamou, F.. Is Increased Public Spending for the Preservation of Historic Monuments Inevitable? The French Case ［J］. Journal of Cultural Economics, 1996, 20 （2）: 115 – 131; Hoffman, B. T.. Art and Cultural Heritage: Law, Policy, and Practice ［M］. Cambridge: Cambridge University Press, 2006; 以及 Rizzo, I.. Heritage Conservation: The Role of Heritage Authorities ［C］. In I. Rizzo and R. Towse （eds.）, The Economics of the Heritage: A Study in the Political Economy of Culture in Sicily ［A］. Cheltenham: Edward Elgar, 2002: 31-47.

## 一、文化遗产的定义

遗产包括不同形式的文化资本——"它体现了社群的社会、历史或文化层面的价值观"（Throsby，1997）。本节中，我们主要强调建筑遗产的问题，即严格意义上的不可动遗产，包括建筑遗址、历史建筑和历史性的城市中心（或它们的一部分）。

一个狭义的定义将建筑遗产界定为从过去继承下来的建筑物和古迹，具有一种文化或历史意义以资后代保存，也包括具有很高符号或文化价值的当代建筑，比如由国际杰出建筑师设计的房屋或建筑。从符号、文化、国际认同导向、社会等维度出发，建筑遗产包括了很大范围，其定义随着时间和空间不断变化。因此，遗产是一个社会性建筑，它的外延是不固定和模糊的，具有三重扩展来源：历史的积累、面向特定项目的遗产概念（如花园、公司建筑等），以及有形资产的无形价值，最后一个层面可被认为是资本价值。同时，它还涉及来源于遗产的商标和产权。

制度性的定义与非正式的定义往往相反，艺术史学家或普通百姓认为应该保护和保留的东西并不都能进入到历史建筑的官方名录之中。遗产的不同制度性定义也是相互区分的，依赖负责它们的管理机构：从一个小城市的市长决定去承担修复一座很小的乡村古石桥，到一个像联合国教科文组织一样的国际性组织建立可作为世界人类遗产的人类杰作名录。在2010年，世界遗产名录包括了890项联合国教科文组织认为具有突出的世界性价值的资产。那些物品都具有一些世界公共产品特征：在保护的决策过程中涉及许多国家，它们的符号价值超出了一个国家和一代人。

此外，地区与国际对遗产的需求也不同，正如地区需求未能得到国际需求的认可一样，国际需求在国家和地区也很难得到满足。比如，2001年塔利班对阿富汗的巨型雕像的破坏就违背了国际需求。现实中也长期存在纪念文物的毁弃和恢复的争论，如20世纪50年代开始的城市化进程中城市中心的建设与传统的保护之间的矛盾。

## 二、文化遗产的特征

文化古迹和建筑既可能是公共的，也可能是私人所有的。无论它们的地位怎样，都具有公共产品的属性。

首先，遗产具有不可分割性，所有遗产的消费对所有消费者都是潜在相同的，这表明遗产是合并的、非竞争产品。然而，这种公共性也导致拥塞的出现，过度的消费也会将遗产置于风险之中，退化威胁着那些吸引太多游客的建筑，尤其是对"超级明星"似的景点或古迹，比如威尼斯、圣米歇尔山、自由女神像、比萨斜塔、吴哥窟等。名声随着使用者的数量增加而增长。

其次，遗产具有外部性。文化遗产本身是遗留给后人的遗产，具有遗赠价值；遗产同样给予那些不曾为其制造或保存做出贡献的个人以利益。现代经济中，历史古迹对当地生产和旅游的溢出效应格外突出。

此外，即使是私人所有的文化遗产，在消费和管理上要做到排他性也并非总是可能或可取的。价格歧视等策略可能有利于景点和建筑的管理，但也会带来负的外部性。

这些属性就意味着，为纠正市场失灵需要寻求公共资金或政策支持，完全依靠市场力量来保存遗产似乎不太可能。

## 三、文化遗产的价值及其衡量方法

### （一）文化遗产的价值

文化专家往往关注遗产的文化价值，经济学家则追求遗产经济价值的衡量。今天，越来越多的人将文化遗产理解为文化资本（有关文化资本的描述见本章第三节），文化遗产的存量是指在一个给定时点上存在的文化资本的数量，可以用实物量或总价值等任何适当的会计单位来衡量；这种资本存在随着时间的推移会引起服务流量，产生的服务流量可以用于消费，或者进一步生产产品与服务（Throsby，2001）。从这个意义上讲，文化遗产同时具有文化价值和经济价值。

按价值的来源，文化遗产的价值可以分为消费价值、非使用价值和外部经济性三部分。

第一，消费价值，也可称为使用价值，包括使用者（那些实际参与其中人）和非使用者所获得的价值，最能够观测到的使用价值就是门票价格。但还有其他不易被供应者获得的消费价值，比如，消费者剩余以及任何与商品消费直接相关的交通和花费。

第二，非使用价值。即使从未参观过文化遗产的人也能获得非使用价值，这可通过其作为一个未来的直接消费者的选择而潜在的支付意愿反映出来，或者通过他们从社区中的文化资产获得的间接的面子和生活的好处，或者通过他们为其继承者保留这些资产的兴趣中所反映出来。Throsby 将之分为三部分：一是存在价值。作为人类，即使自己无法亲身体验到某项文化遗产，但也会为这项遗产的存留于世而感到其存在的价值，如反映了人类文明的结晶、人类文化的多样性等。二是选择价值。长期保留文化遗产，为人们及其后代消费遗产提供了可能的选择，这种选择就是一种价值。三是遗赠价值。人类能通过遗产了解前人遗留的知识，即人类能通过文化遗产传递知识，这就是遗产所具有的遗赠价值。

第三，外部经济性，即与文化遗产有关的潜在的生产率增长和经济发展。这些可以用拥有最佳文化设施的社区的资产价值和租金的增长，以及源于就业者因处于拥有这些文化设施的地方而愿意接受较低工资进而降低企业的劳动力成本的享乐价值来衡量。文化遗产的这一价值对生产率提高的贡献尽管很难被证实，但却是显而易见的。此外，文化遗产对地方环境和知名度的提升具有重要影响，同时也成为吸引人才特别是创意阶层的重要基础设施。尽管这种长期影响与资产的消费价值相关，但它们能够产生潜在的可测量的、与人口增长和经济发展的实体经济有关的经济影响。

因此，文化遗产的总价值可以用以下公式反映：

总价值＝消费价值＋非使用价值＋外部经济性

**（二）文化遗产价值的衡量方法**

我们可以将各种工具应用于评估遗产的需求与支付意愿。条件价值评估法（CV）可衡量消费者对遗产偏好的价值。不同的偏见根植于这种以调查为基础的方法，尤其是"搭便车"，这可用某种产品的集体所有属性来解释。旅行费用法是用参观者去遗迹旅游的费用来表示参观者的支付意愿，进而用它来衡量文化遗产的价值。然而，这种方法通过排除非使用者而低估了消费者对文化遗产的需求。

历史建筑的市场价值的替代品就是财产出租。它也许完全不同于其科学价值（作为研究对象）和交流价值（遗产的社会意义）。一个零市场价值的财产，除了土地外，可能具有非常巨大的交流价值（如一座乡村教堂）。

享乐价格法在理论上要可信得多。根据这个方法，一幢建筑物被认为是一组特征。它通过一系列相同的特征来确定建筑的不同价值，却定位于两个不同领域（进入名录的和非进入名录的），并认为某项资产的价格可被视作其特征的影子价格的总和。不幸的是，享乐价格似乎很难确定（Stabler，1996）。

## 四、可持续性与文化遗产的管理

自然资本与文化资本共通之处是二者都具有长久持续的属性而需要持续的管理。"可持续性"的概念最早于 20 世纪 80 年代由世界环境与发展委员会（布伦特兰委员会、联合国环境发展委员会）提出，它是指这样一种发展，既满足当代的需求，又不致影响后代满足其需求的能力。当将之应用于文化资本时，它被赋予了有关文化可持续发展的内容。文化资本可持续管理的原则如下：

（1）物质福利与非物质福利原则。指的是文化资源的使用、文化商品和服务的生产与消费所带给个体和社会的有形和无形利益。

（2）代际公平或者跨期分配正义原则。指的是福利、效用和资源在代与代之间分配的公平性，特别是当代与下一代之间。它适用于包括有形与无形文化资本的管理，因为这些资本寓含了我们从祖先那里继承并将移交给后代的文化。

（3）代内公平原则。这项原则肯定了，不管属于什么样的社会阶层、收入群体、地域类别等，当代的所有人都有权利公平地获取文化资源和源自文化资本的收益。

（4）维持多样性原则。文化资本的多样性因素对个体和社会都具有重要价值的原因。

（5）谨慎性原则。指对于那些可能导致不可逆转变化的决策，应该从严格风险规避的角度极为谨慎地对待。比如，一座历史建筑面临拆除威胁或一种土著语言面临灭绝危险时，谨慎性原则就可以应用于文化资本的管理。

（6）维持文化系统与承认相互依赖性。关于可持续性的一条总体原则是，在一个系统内没有任何部分可以独立于其他部分而存在。由此，我们可以认为，文化资本对长期可持续性所做的贡献基本上与自然资本是一样的：如果漠视文化资本，不管是任由文化遗产状况恶化，还是不维持能够带给人们认同感的文化价值，抑或不承担维持和增加有形文化资本存量与无形文化资本存量（所需投资）（比如，利用新艺术品的生产），都同样会置文化系统于危险境地，或者导致文化系统崩溃，从而造成社会福利与经济产出的损失。

当把可持续性原理应用于文化遗产时，上述的最后这条原则从本质上刻画出了完整的可持续性概念。整体来看，这些原则定义出了文化的可持续性发展的概念，这对文化遗产理论的意义，就像生态可持续发展对自然资本理论一样。

为保障文化遗产的可持续性，就需要提供公共规制。思罗斯比（2001）将规制分为"软"规制和"硬"规制，软规制放开了相对较大的税收激励和补贴的可能性，或简单的批准；硬规制则包括了强制的法律约束的实施、交换和转化。此外，遗产名录也是一种较为有效的规制，但进入名录要求所有者克服一系列的约束，涉及改造和拆迁的限制，公众专家的监督，以及需由认可的承办商来完成工作等多个层面。此外，在许多国家，继承税的扣除需在一个规定的期限内公开地提交给公共产权部门。因此，规制创造了一项揭示遗产商品的存在和向公众提供服务的激励。但规制产生了申请补贴的激励，这样，就可能出现了道德困境，产生了一种集体倾向去制造比一个自由市场环境下应该保存的、数量多得多的遗产。

面对遗产，个体就会非对称地权衡损失和收益，因此就会自然地倾向于申请补贴。保留的社会成本也许远高于社会所需要的。

进入名录给文化遗产的价值带来了双重比较效应：源于象征意义的较高价值与由于限制和延迟带来机会成本而造成损失的较低价值。

不同个体对同样商品有自己不同的态度（Barzel，1997）。因此，在一个历史建筑的多重态度间，一些属于私人所有者，而另一些则不得不与他们分享，因为它们都属于民族集体遗产的一部分。因此，将各种限制施加于所有者行为有利于保护其他市民的权利，由于资产具有继承遗产的属性，从而公共支配权就获取了一部分产权。正如在大多数国家所观察到的，国家和所有者分担了保存古迹的责任。

# 第二节　文化创意

本节将重点讨论文化经济领域实践中的关键环节即文化创意的相关问题。首先，本节在对创意进行界定之后对文化创意进行定义，之后讨论创意与创新的关系，随后对生产文化创意的主要群体创意阶层的相关问题逐一探讨，然后再分析文化创意的动机，最后讨论文化创意的市场特征与融合机制。

## 一、创意与文化创意的界定

联合国 2008 年发布的《创意经济报告》（Creative Economy Report 2008）将"创意"这一术语用于创意产业、创意集群、创意城市和创意产品及服务之中。这份报告的"创意"是指新想法的形成，以及应用这些想法来生产原创的艺术和文化产品、功能性创造物、科学发明和技术创新。这一定义将科学发明和创业活动也包括在内。Florida（2002）认为，创意是"打破一个格式塔"建立另一个更好的格式塔的过程，这个定义较为抽象，他将创意进一步分成"技术创意"（通常称为科技创新）和"文化创意"。其中，技术创意是通过改变生产工艺以降低消耗并提高效率，而文化创意是通过观念、感情和品位的传达赋予产品和服务某种独特的象征意义。技术创意是文化创意的先导，技术创意所导致的效率提高使得物质生产更加丰富。Bilton（2007）指出，创意的定义依赖于两个标准：一是创意必须产生出新东西；二是创意必须产生出有价值或有用的东西。黄永林（2012）认为，"广义的创意是指头脑中的一种思维和有形创作；狭义的创意是指有形创作"。

我们认为，文化经济领域中的"创意"，一般是指文化创意。文化创意是以文化为基础，通过创意人员富有想象力的创造性活动所产生的具有新奇特征、能够为创意企业带来潜在经济利益的内容创意过程（杨永忠，2009；林明华和杨永忠，2013）。

## 二、创意与创新的关系

与创意较为接近的概念是"创新"。顾名思义，创新是指创造新的事物。在西方，创新概念可追溯到 1912 年经济学家熊彼特的《经济发展概论》。熊彼特认为，创新是指把一种新的生产要素和生产条件的"新结合"引入生产体系。创新包括五种情况：①引进新产品或一种产品的新特性；②采用新技术，即新的生产方法；③开辟新市场；④征服或控制原材料或半成品的新的供给来源；⑤实现企业的新组织。熊彼特的创新概念包含的范围较广，涉及诸如技术创新及组织创新等。

关于创意与创新的关系，我国学者胡晓鹏（2006）认为，从广义角度看，可以将创意等同于创新，即都是指将一个潜在机会转变为新的"点子"，并将这些点子转化为广泛的实践应用过程；从狭义角度看，创意和创新实际上存在较大的差异，创新对应的主体是技术，而创意对应的主体则是文化。因此，他认为，文化与技术的差异性是区分创意与创新的关键点。杨江云（2012）则认为，"创新"更侧重于观念的更新和破旧立新，而"创意"侧重于思维灵感的感性。他进一步指出，作为思维活动，创新与创意基本相似，创新表现为物态，创新有其新的物态或轨迹，而创意仅是思维的某一方式或结果，是可变的，"隐物态的"，因此创新可以看作是创意的延伸。①

本书进行的研究更倾向于狭义角度，将创新对应于技术，创意对应于文化。

## 三、创意的本质

创意的本质是对文化价值的挖掘和表现。文化价值泛指任何事物对于人和社会在文化上的意义，可分为内在价值和外在价值（杨永忠，2013）。

内在价值是创意的基本价值构成，或者是狭义的文化价值。创意首先就是要把文化价值挖掘出来，即作为一个创意，必须首先回答，它究竟包括哪些文化价值。按 Throsby（2001）对文化价值的界定，内在价值包括美学价值、精神价值、社会价值、历史价值、象征价值和真实价值。其中，美学价值展现了创意的美的特质，建立在创意的知识合成基础上，表现出富有民族气息的美的内涵，能够满足人的愉悦需求，其价值大小受风格、时尚、品位等影响。精神价值反映了创意的信仰诉求，既可以被具有相同信仰的群体或部落的所有人以一种内在的、具有力量的感受所分享，也可以通过交流、开导等方式为群体或部落外的其他人所理解、欣赏或接受，展现出一种独特的文化意蕴，能够满足人的精神需求。社会价值反映了创意的社会关系，表现出个体的人与其他人相互间的一种联系的感知，增进和丰富了我们对所生活的社会特点的广泛理解，能够满足人的社会交往需求，具有身份识别和地点识别的意义。历史价值蕴含了创意的历史变迁，即创意活动或创意作品与历史之间的联系，既是对文化作品创作时候的生活环境的反映，又通过与过去的连续意义而说明了现在，能够满足人

---

① 日本漫画的创作中盛行的"同人志"的创意是自由文化利用的典型（劳伦斯·莱斯格，2009），它是一种"侵权"的创意。同人志漫画是一种翻版他人作品所形成的漫画。这种翻版漫画与复制品并不一样，同人志漫画必须与原作品存在一定的差别。比如，一部同人志漫画作品可以利用当时流行的漫画设计另外一条故事主线，发展新情节。同志人漫画的判断标准并不确定，但一部真正的同人志作品一定要和原作有差别。日本有专门的委员会对同人志作品进行评估，完全的复制品将会被剔除。同人志作品在漫画市场上占据了不少的份额，并且会对主流漫画市场构成竞争。这种创意是否构成对原作的侵权？有学者认为，同人志现象促进了漫画市场的繁荣兴旺，如果法律禁止同人志，主流漫画市场也会遭受打击。不过，在实践中，也有一些漫画原创者对同人志的创作行为提起诉讼。

的认知和发展（借鉴）需求。象征价值反映了创意的符号意义，即创意作品作为一种意味深长的价值宝库和价值传递者而存在，观赏者和消费者可以通过洞察这一作品而提取和获得这一作品所包含内在的象征意义，从而满足人的自我实现需求，并获得一种效用上的提升。真实价值是通过创意作品本身反映出它是真正原创的、独一无二的作品，包括了真实性与完整性两个方面。

创意不仅停留在文化价值的挖掘上，还必须将这些文化价值借助一定载体和一定方式通过艺术与市场的结合而表现出来，这就涉及外在价值。外在价值建立在内在价值基础上，是通过对内在价值的合理开发而表现出的综合价值。外在价值对内在价值的合理开发，包括了对内在的美学价值开发、内在的精神价值开发、内在的社会价值开发、内在的历史价值开发、内在的象征价值开发和内在的真实价值开发。通过开发，挖掘和展示出文化所包含的美学、精神、社会、历史、象征以及真实不同层面的价值。外在价值一方面通过外在的私人价值而实现，即作为理性的消费者，根据个体的消费需求，通过文化创意市场的直接消费而产生。这种私人价值一般通过市场过程的租金、门票得以反映，并根据个人的使用价值、个体的支付意愿而表现出不同的效用。另一方面，外在价值通过外在的公共价值而体现。外在的公共价值，来自于创意的有益的外部性，来自于其产生的正的溢出。相对于私人价值，创意的公共价值更加隐蔽，具有明显的集体性，并且很难用个体的货币价值进行衡量。

由上可见，创意的本质是文化的内在价值转化为外在价值的过程，特别是文化活动转化为文化经济活动的创意和创新过程。

## 四、创意阶层

文化创意的最为主要的创造者是创意阶层。Florida（2002）在《创意阶层的崛起》一书中最早对创意阶层进行了系统研究。Florida 通过对创意经济时代美国社会阶层结构进行考察后发现，美国社会阶层结构发生了重大变化，除了劳工阶层、服务阶层外，一个新的阶层正在兴起，并且已成为美国社会的支配阶层，他把这个阶层称为创意阶层。他明确提出，创意阶层是从事"创造有意义的新形式"的工作阶层。接着，Florida进一步把创意阶层分为"核心群体"以及"创新专家"两个类型。前者包括科学家与工程师、大学教授、诗人与小说家、艺术家、演员、设计师与建筑师等构成的"超级创意核心群体"以及由非小说作家、编辑、文化人士、智囊机构成员、分析专家、其他"舆论制造者"等构成的现代社会的思想急先锋；后者主要包括在高科技、金融、法律等知识密集型行业的从业人员。

我国学者蒋三庚等（2009）根据产业链的不同环节，将创意阶层（人才）分成三种类型，即创意生产者、创意策划者以及创意成果经营管理者。创意生产者包括艺术工作者、设计师、民间艺术家和民间手工艺人等；创意策划者包括导演、广告策划人以及项目策划人等；创意成果经营管理者包括项目经理、公司经理、经纪人以及中介人等。

创意阶层既不是传统价值观的拥护者，也不是随波逐流地认同现代价值观，其价值观可以归纳成三个方面（Florida，2002）。一是个性化。创意阶层具有强烈的个性化与表达自我的倾向，他们不喜欢循规蹈矩，更不愿意听从组织或机构的指挥，"特立独行"、"行为乖僻"往往是他们的标签。二是精英化。创意阶层有一个共同的品质，即非常重视精英人物所具备的实力。创意阶层希望凭工作的优秀表现而获得成功，但他们的成功不是以金钱为主要衡量标准。创意阶层接受了精英管理思想，他们希望赢得同侪的认同和尊重，进而不断激励自己。三是多样性与包容性。多样性并不是一种政治口号，创意阶层非常看重多样性，并希望它在各个层面都能体现出来。创意阶层喜爱具有多样性的群体，渴望一个包容性的环境，这种环境对种族、性别、性取向、宗教信仰等持中立态度，这种环境不会以某种歧视的理由排斥其他人。

创意阶层主要具有以下特征（易华，2010）：就个人特征而言，创意阶层具有创意和创造力，他们的教育水平普遍较高，具有一些共同的价值观和能力；就工作特征而言，创意阶层主要以团队形式进行创作，注重工作的价值和弹性；就消费特征而言，创意阶层崇尚多样性文化，注重体验式消费；就地理特征而言，创意阶层偏好基础设施水平较高、社会文化氛围包容性较高的城市，这些城市主要为他们提供了便利的生活条件。张迺英和笪祖秀（2010）指出，与其他人才相比，创意人才的最大区别在于他们的创造性、创新性，是赋予产品高附加值的人，具备年轻、思想活跃、有胆量、勇于创新的特征。

传统的劳工阶层和服务阶层，主要是依靠执行规则获取报酬。创意阶层则是依靠打破规则、创造规则获取报酬。

## 五、创意的动机

就创意阶层而言，文化创意的动机有内在动机和外在动机之分，相应将获得内在回报（如认同和尊重）和外在回报（如金钱报酬）（Frey，1997）。内在动机是创意阶层出于内心追求比如自身对艺术的热爱而自觉地、主动地创造文化创意。在这种动机驱动下，创意阶层的文化创意是一种纯粹的、非经济目的的"为艺术而艺术"的行为，是满足艺术家自身获得"尊重（如同行认同、赢得社会尊重）"甚至"自我实现（如开创新的流派）"的精神层面的需要。外在动机是创意阶层受到外在刺激而非自觉地、被动地有时甚至是违背自身意愿地进行文化创意的创造。在这种动机驱动下，创意阶层的文化创意是为了借助文化创意这一介质而获取相应的经济效益，从而满足创意阶层物质层面的需要。

"挤出理论"认为，内在驱动的人被给予外在回报时会引起意外结果，使得本该充当驱动力的因素将失去驱动力甚至起到相反效果（Frey，1997）。由此，可以推测，创意阶层在受外在动机的影响下进行创作，其艺术品数量将会上升，质量却反而会下降。然而，也有经验表明，如果以恰当的外在回报方式给予创意阶层内在动机以支持，那么将发生"挤入"效应。显然，适宜的制度安排对激励文化创意显得尤为重要，比如版权法律就是这样的一种制度（Towse，2010）。

## 六、文化创意的市场特征与融合机制

### （一）文化创意的市场特征

文化创意实质是文化创意的内在价值转化为外在价值的过程，是文化活动转化为文化经济活动的创意和创新过程。[1]

文化创意市场连接着业已存在的文化环境，相比于传统的农产品市场、工业产品市场，具有更加错综复杂的市场关系。其市场体现出：

第一，产品的新奇特征。文化创意本质是生产者和消费者适应新奇观念的市场，因此，新奇是文化产品成为文化创意产品的重要标志，是文化产品产生经济效益的核心引擎，是文化创意产业形成的重要动力。对文化创意产品而言，不管该产品与历史、社会以何种方式融合，与经济、技术以何种方式结合，最后以何种形态出现，其本质上都体现出产品的新奇特征。缺少新奇特征的文化创意产品，必然会导致市场的衰落与枯竭。

第二，生产的合作创作特征。文化创意是文化和经济的合作演化，因此，单纯的文化创作或纯粹的经济行为，都不能完整表达文化创意的实质，或导致文化缺乏经济活力，或导致经济失去文化依托。基于此，文化创意的生产过程相比于一般产品的生产过程，更强调文化从业者与生产经营者的合作创造。通过合作创造，实现文化创意的美学价值、精神价值、社会价值、历史价值和象征价值的经济转换，推进文化创意成为一个稳定的、具备自进化能力的高层次的文化与经济融合的新奇系统。

第三，消费的文化身份特征。消费者对文化创意产品的新奇进行消费，表面上是一种针对文化的消费活动。但从其消费偏好而言，反映出消费者的文化品位，从而本质上体现出消费者对自身潜在的文化身份的一种认同和追求。这种身份的认同和追求，不同于一般意义的高档产品消费。在高档产品消费中，尽管消费者也体现出一种身份，但主要是基于经济身份，具有炫耀性。文化身份则是消费者对自身精神活动的一种追求，具有较强的隐秘性。这一种对文化身份的消费，是一种比炫耀性消费层次更高的消费，是在工业文明基础上发展出来的一种更高层次的文明。

第四，价格的社会网络特征。由于文化创意产品的新奇性，使得文化创意产品对消费者而言，具有更大的信息不对称，其定价表现出更大的不确定性；但同时，由于文化创意的社会特质，使得文化创意产品的价格确定可以借助更加显著的社会网络实现。就是说，面对不确定的文化创意产

---

[1] 本小节改编于杨永忠：《民族文化创意的经济分析》，《青海社会科学》，2013 年第 1 期。

品，消费者的选择不仅取决于传统的市场价格，更取决于复杂的社会系统中其他个体消费者的消费行为，从而使价格具有社会网络特征。

第五，空间的体验特征。产品的新奇特征，要求通过一定的体验完成；消费的身份特征，也要依赖于个体行为与其他个体行为的相互体验实现。因此，文化创意产品的市场空间，不仅是一般产品市场的简单买卖空间，更应是适应文化创意的产品特征、考虑文化创意产品的体验氛围、满足个体消费者互动需求的体验性空间。通过体验性空间，可以更好地实现消费者与产品、消费者与生产者、消费者之间的关系互动和相互认同，促进文化创意市场的发展和繁荣。

**（二）文化创意的融合机制**

后福特经济的一种发展景观，就是以文化和创造力作为经济发展的工具，更密切地联合其文化遗产，更重视当地文化，以文化为基础推动区域扩大和再生。基于此，在文化创意的实现机制上，体现出"旧瓶装新酒"的融合思路。

第一，文化与经济的融合机制。在文化创意的实施和发展中，将充分考虑各地方的文化特征，这是文化创意的基础，也是文化创意的差异性所在。也就是说，必须重视不同文化的传统价值，包括美学价值、精神价值、社会价值、历史价值、象征价值和真实价值，通过对民族文化的传统价值进行充分挖掘、整理、提炼，以使文化创意产品具有鲜明的、独特的文化特征。与此同时，文化创意虽然根植于文化，但更重要的是一种经济活动，要求实现财富的增长。因此，必须按经济规律进行文化生产，通过文化与经济的结合机制，让传统文化的美学价值、精神价值、社会价值、历史价值、象征价值和真实价值焕发出新奇特征和经济活力，从而激发消费者的文化体验需求，满足消费者的文化身份主张，使文化实现合理和充分的经济表达。

第二，文化与技术的融合机制。文化创意以文化为基础，但本质是一种创造性经济和知识型经济，因此，文化创意的生产过程也是文化和新技术应用的一种组合选择。传统的文化要合理和充分实现其经济表达，满足现代社会更高层次的文明追求，将越来越依赖现代技术手段，通过信息处理、物质转化、空间整合，使其美学价值、精神价值、社会价值、历史价值、象征价值和真实价值得以充分和有机反映，使其新奇特征得以凸显，使其经济表达得到完整和准确呈现。但另外，虽然新技术是文化产业向文化创意产业转型和发展的重要工具，但在具体的实践中，不同的文化创意却应该根据其文化资源的禀赋情况，选择不同的、适宜的技术实现机制。如依托于劳动力资源的文化产品，可以选择劳动与技术充分结合的技术实现机制；依托于资本资源的文化产品，则可以选择资本与技术的有机结合。

第三，文化与社会的融合机制。由于消费者的文化身份特征、价格的社会网络特征和空间的体验特征，决定了文化创意离不开社会活动，离不开消费者与消费者间的社会交往、消费者与生产者间的社会交往、消费者与各种中介组织间的社会交往。特别地，作为消费者的文化身份，本身也有一个唤醒、激发和培养过程，而通过社会参与将是极其重要的实现途径。因此，在文化创意发展中，建立消费者与消费者间的联系机制、消费者与生产者间的联系机制、消费者与中介组织间的联系机制，将降低文化创意市场各种主体的社会进入壁垒，促进文化与社会的充分融合，有利于文化创意的深入推进。

第四，文化与空间的融合机制。从国际建设的成功经验来看，基于前文化设施、前工业设施的文化创意再生计划，由于更能结合城市规划和多利益相关者，从而有着更强大的可行性。因此，文化创意空间应充分考虑原文化设施、废弃的工业厂房，通过这些文化的延续性载体，借助政府的空间发展机制和经济政策引导，促进旧的空间有机地注入和展现现代文化创意元素，实现文化与地区废旧空间的混合再生。也就是说，通过文化创意使地区的文化空间转变为创意空间，使地区的废旧空间再生出新奇空间，实现空间的财富增长效应。

第五，文化与组织的融合机制。文化的创意过程，也是文化、艺术、遗产的知识连续、知识合成和知识创造的过程。为此，在文化产业向文化创意产业的转化中，必须建立文化知识的建设性和创新性的连接机制，使文化专家、艺术家、企业家、技术专家、各种中介组织、具有创造活力的消费者建立广泛而紧密的联系，形成富有创造性的组织网络。这一网络将对文化创意的资源开发、生产流程、技术配置、市场发展等问题充满兴趣，并能够通过互动和合作，有效促进上述问题的解决。

# 第三节 文化资本

本节主要阐述文化经济实践领域中的文化资源这一特殊资本，侧重从文化资本的概念、文化资本的类型、文化资本的特性、文化资本的估值以及文化资本的开放与保护五个方面逐一展开。

## 一、文化资本的概念

### （一）文化资本的出现

"资本"这一术语广泛应用于经济学领域，是用于生产的基本生产要素之一，被定义为一种随着时间的推移能够产生服务流量，而且结合劳动等其他生产要素能够产生更多商品和服务的一种持续性的生产要素。可以看出，能够投入再生产而不断增值，是资本最重要的特点，也是它和消费品的重要区别。

传统意义上的资本主要分为三类：物质资本，是指用于生产物品与劳务的厂房和设备、机器、建筑物等；人力资本，是指能够进行生产的内植于人本身的特征，包括劳动者通过教育、培训和经验而获得的知识与技能；自然资本，指自然界提供的生产投入，包括可再生和不可再生的各种资源。

最近，资本的概念延伸到艺术和文化领域，出现了第四种资本——文化资本，[①] 将这类资本与其他投入要素结合后有助于生产出更多文化产品与服务（Throsby，2001）。

---

① 文化资本的研究起源于法国社会学家 Bourdieu，他在 *The Forms of Capital*（1986）一文中从社会学角度首次完整地提出文化资本理论。在他看来，"文化资本"是一种身体化的文化资源，本质上是人类劳动成果的一种积累。文化资本有三种表现形式：身体化形式（个人的知识、教养、技能等）、客观化形式（书籍、绘画、古董、文物等知识载体和文化表现形式）和制度化形式（学历文凭、资格证书、行业执照等）。详见 Bourdieu, P.. The Forms of Capital [C]. In J. Richardson (Ed.), Handbook of Theory and Research for the Sociology of Education [A]. Westport, CT: Greenwood Press, 1986：241-258.

### （二）文化资本的定义

文化资本应该如何定义，才能与传统的三种资本相区别？目前主要有两种观点：

第一种观点认为文化资本是指那些属于资本类商品而非消费类商品的文化商品，这种定义又预设了一种"文化商品"的定义。尽管在经济学家之间有许多的争论，比如文化商品与服务是否和如何能与"一般"的商品与服务区分开来？但至少有一种合理的能被大多数人接受的解释认为：文化商品是一种在生产过程中融入了人类创意（可以看作是某种智力资本），传达着某种可以被识别的象征意义（或者多重意义），并且具有产权（通常是某种知识产权）的商品。在这一文化商品的定义上，我们就可以更好地理解文化资本的概念。比如一部小说，它包含着作者的个人创意，表达了一些可被理解的含义，并且受到知识产权法律的保护。这个文化商品如果被用于再生产其他商品（比如根据小说的故事情节拍摄一部电影），那就可以看作是一种文化资本（Cheng，2006）。

第二种观点主要是从区分其产生的经济价值和文化价值的角度出发的，将文化资本定义为某种包含、储存或者产生文化价值的资产，而且可以独立于它是否具有经济价值。文化资本除了具有可交易的经济价值（通常以市场价格来衡量）或不可交易的经济价值（可以通过支付意愿来衡量），还具有无法用货币符号表达的非经济意义——一般被称为文化价值。比如作为一座历史建筑，具有作为房地产项目的潜在销售价格以及人们想要保留它而愿意支付的非市场价值。但除此之外，该建筑作为文化财富还具有更广泛和复杂的意义，比如它的建筑风格的影响力和作为历史的象征。从经验上看，文化资本的文化价值往往会影响其经济价值，但两者不具有必然的联系。

## 二、文化资本的类型

### （一）有形文化资本和无形文化资本

从存在形式上看，文化资本可划分为有形文化资本和无形文化资本。有形的文化资本表现为艺术品和文物的形式，如绘画与雕塑，以及历史建筑、遗址和遗迹等。无形的文化资本包括作为纯公共物品的艺术品，如音乐、文学和价值观、信念等构成一个群体的文化存量，不论这个群体是民族、地域、宗教、政治、伦理或者其他意义上的。而且，无形的文化资本还存在于支持人类活动的文化网络与关系，存在于社区中的各种文化形式——也就是说，存在于文化生态系统、文化多样性等各种现象之中。

**（二）存量文化资本和流量文化资本**

有形和无形的文化资本可以作为一个国家、地区、城市或者个体经济机构所持有的一种资本存量而存在。这种存量能在一个给定时点决定一项资产的经济和文化价值。在一个给定时间段内，来自资本存量的增加和减少的净效应指示着在此期间文化资本可从经济和文化方面衡量净投资，并决定这项存量在下一期期初的公开价值。

任何持有的文化资本存量都随时间产生资本服务流量，并直接进入到最终消费，或者结合其他投入而产生更多的文化商品与服务。比如，被一个艺术博物馆作为资本项目持有的艺术品服务能结合材料、人力和其他投入而产生为博物馆游客的消费经历。另外，这些艺术品能通过它们的影响激发到此参观的艺术家创作更多作品，进而引致进一步的资本形成（Throsby，2001）。

## 三、文化资本的特性

文化资本具有可转化性、损耗性、多样性以及可持续性等基本特性（Throsby，2011；林明华和杨永忠，2014）。

**（一）可转化性**

文化资本本质上是一种可转化的文化资源。文化企业拥有某种文化资本，其原因在于该文化企业认同该文化资源并且具备利用这种文化资源的能力。否则，仅仅是企业的文化资源。因此，随着时间的推移，文化企业若认同更多的文化资源，并且具备利用这些文化资源的能力，那么企业可投入的文化资本将越多；反之亦然。因此，文化资本一个显著的特征是可转化性，即文化资源可以转化成某文化企业的文化资本，同样，原来是某文化企业的文化资本也可能会再次转化成文化资源。

### （二）损耗性

像其他形式的资产一样，有形文化资本会随着开发利用或时间流逝而产生物理损耗，需要对它们进行维护或翻新，以维持其固有的文化价值。无形的文化资本有所不同，它不会因为不断开发利用而产生物理损耗。相反地，它会因为长期得不到利用而削减，或者由于错误的利用方式扭曲了其原有的含义而受到损害。比如得不到传承的少数民族艺术，或者对经典文学作品的简单化和"庸俗化"解读。

### （三）多样性

文化资本的多样性与自然资本中的生物多样性之间具有相似之处。文化为个体创造了存在的价值。文化资本的生态系统是经济活动的必要支持，通过联系不同文化并赋予人类生活意义，巩固人类社会的经济功能。如同某些尚未被深刻认识的自然物种一样，某些文化形式也可能具有尚未被认识的经济和文化价值，其损失可能会招致经济成本或机会的丧失。应该采取谨慎性原则以保护文化资本的多样性，即对于那些可能导致文化资本不可逆转的决策（比如一座历史建筑的拆除），应该从严格风险规避的角度极为谨慎地对待。

### （四）可持续性

文化资本与自然资本的另一个共通之处就在于二者都具有长久存在的属性而需要持续的管理，即可持续性。文化资本可持续管理的主要原则有：物质福利与非物质福利，指文化资源的使用、文化商品和服务的生产与消费带给个体和社会的有形和无形利益。代际公平，指福利、效用和资源在代与代之间分配的公平性。代内公平，这项原则认为属于不同社会阶层、收入群体、地域类别的当代人均有权公平地获取文化资源和相关收益。文化资本的可持续性根本在于维持已有的文化生态系统并承认它们相互依赖。如果漠视文化资本，将会置文化生态系统于危险境地，甚至会导致文化生态系统崩溃，造成社会福利与经济产出的损失。

## 四、文化资本的估值

对文化资本的管理和配置不可避免地涉及价值评估问题，这里将文化资本的价值区分为文化价值和经济价值。在探讨文化资本估值存在的困境之后，分别探析文化资本的文化价值和经济价值，最后阐述文化资本估值的基本方法。

### （一）文化资本估值的困境

源自文化资源的文化资本具有私人物品和公共物品的双重属性，以及"体验商品"或"信用商品"的特点。文化资本的价值形式非常多样化，即使利用文化价值与经济价值这种区分方法，也很难在理论上将其统一在同一量纲之下，更不用说得出真实的、具有可比性和可重复的文化资本价值。事实上，一个全面且量化的评估方法几乎不存在，原因在于任何一个价值评估方法都仅能关注到文化资本的某些侧面，仅能评估出部分价值（Snowball，2006）。

此外，我们应该认识到，文化资本的价值评估还包括增进社会整体福利的价值，这也是为什么历史遗迹不同于同样能带来收入的一般市场的原因所在。因此，当难以决定文化资本的公共或私人投资分配时，一些衡量文化带给个体和社会的多种价值的估值方法就可能是非常有用和有力的工具。

### （二）文化价值及其评估逻辑

根据前面的文献梳理，文化价值可进一步细分为美学价值、精神价值、社会价值、历史价值、象征价值和真实价值多个维度，涉及文化物品的表现、认知、道德、宗教、象征、体验等不同的影响因素。文化价值的评估是一个主观判断的过程。由于不同的目标、动机和文化内容，这种评估是非常有弹性的，还不存在统一的判断标准。一般认为，文化资本的文化价值评估工作应该由具备相关文化知识和经验的专业人士按照一定的操作标准来进行，但由于文化资本的多样性和相关专家的个人差异，如何实现可比较和可重复的评价标准还是一个问题。文化价值评估的研究主要集中在三个方面：价值评估的逻辑状态；估值影响因素分析；估值结论的推断。价值评估的逻辑状态主要是考虑描述价值观点的语言，以及规范化表达是否遵循了可操作的规则；估值影响因素分析是探讨影响文化价值不同维度的主要因素；估值结论的推断主要考虑在多种因素的基础上如何得出价值评估结论，主要包括归纳法、推导法，或者综合运用归纳、对比等。

### （三）经济价值及其评估逻辑

经济价值的评估一般是在市场交易过程中发生并通过支付价格来体现。若要合理地利用支付价格体现价值，那么在交易之前就要明确物品效用的所有信息。但与一般商品不同，文化产品是典型的"信用商品"——它的效用是不确定的。由于文化产品的初始成本较高而复制成本较小，因此无法用边际生产成本来衡量其经济价值。许多文化资本不具有良好的可流动性或耐久性，很难实现市场交换。因此，市场中的价格信号往往是不可信的。这种情况下，减少效用的不确定性、增加使用和接触文化物品的机会、减少仿冒和盗版行为，都有助于经济价值的评估。比如文化专家的意见可以提供文化物品未来价值的稳定期望，使得价格更能真实反映其经济价值（Hutter 和 Shusterman，2013）。

### （四）文化资本估值的方法

条件价值评估法是文化资本估值的一种方法（Cuccia，2011）。以不可再生的有形文化资本（如历史建筑）为例，如果利用条件价值评估对其进行估价，一般可以选择支付意愿（WTP）作为测量目标，确定受该历史建筑影响或与之利益相关的人口总体（比如该建筑所在地居民、主要旅游者等），通过精心设计的问卷询问样本个体对保留该历史建筑愿意支付的费用。随后将所有样本个体的支付意愿进行处理，就能得出该文化遗产总体价值的估计值。

## 五、文化资本的开放与保护

各地区文化资源的区域性特点决定了文化资本的多样化，多样化的文化资本也使得文化产品和服务呈现多样性，进而丰富了人们的精神生活。然而，随着文化产品和服务的国际贸易日益频繁，文化资源是否会趋于同质化则是仁者见仁、智者见智。

有些观察家认为，文化产品和服务贸易的全球化将使得强势文化资本横流，而弱势文化资本则日趋消失，最终将使得全球范围内文化资本趋于同质化。原因在于强势文化资本将随着文化产品和服务跨国消费逐渐培育他国消费者对这种文化资本的消费偏好，弱化消费者固有的文化资本消费偏好。持这种观点的人认为，与一般资本不同，来自外国的文化资本被视作一种复杂的、意义深刻的精神财富，同时也可能是本国社会关系的完整性与稳定性的威胁。由此，各国应该对本国文化资本采取必要的保护措施。在各个国家经济与政治日益相互依赖的全球化背景下，在国际贸易中，通过协商来保护民族文化是很有必要的，有助于维护本民族主权和身份认同。

另一些观察家则提出，文化资本的消亡恰恰是该文化资本逐渐被人们忽视，通过文化产品和服务的跨国消费使更多消费者积累这种文化资本的消费资本，从而使该文化资本获得新生，因此，只要跨国贸易不是强加的，而是自愿的，消费也不是强制性的，全球化将带来文化资本的多样化。持这种观点的人认为，从利用国际化规模生产和专业性的好处、增加消费者的选择机会、引入多样性来刺激创意和商业机会等角度考虑，各国应采取开放性的文化政策，这样，每一个国家都可以机会均等地进入世界性的"文化菜单"，为世界其他成员做出贡献。

文化实践中，联合国教科文组织鼓励文化产品的自由流动，并在文化资本（比如文化遗产）的不正当贸易问题上达成约定。通过建立独立于世界贸易组织的国际文化政策管理机构，或者加强文化产业利益在世界贸易组织磋商中的议价地位，创造一个基于规则的约定来保护和促进文化表达的多样性。

# 第四节　文化企业家

本节主要讨论文化经济实践领域中的文化企业的管理者——文化企业家。在界定文化企业家之后，将进一步探讨文化企业家的特征，随后讨论文化企业家所担负的角色和决策，最后探讨文化企业家的行为。

## 一、文化企业家的概念

随着文化产业的兴起，文化企业家作为企业家群体中的特殊人群逐渐进入研究人员的视野，文化企业家是一个尚未明晰且易被误解的新兴概念。[①]

Mokyr（2013）认为，文化企业家是认识焦点的创造者，这种焦点是由人们众多看法整合而成的。他认为，文化企业家具有劝说别人放弃现有观点和说服别人接受其看法的能力。这表明，文化企业家一般具有敏锐的社会洞察力以及较强的"创新"能力，是新奇事物的创造者，能够开辟新的市场。但 Mokyr 关于"文化企业家"的界定并没有突出文化企业家与工业企业家的不同之处。

由于文化企业家要设法应付过度供给、不确定需求以及社会给定的评价标准等状况（Foster 等，2011），因此，Ellmeier（2003）认为文化企业家"一般来说，是一个掌握了多种技能、适应性强、能屈能伸且独立独行的人；他们工作地点不固定，会随时去其他有艺术、音乐或媒体领域的地方工作"。这表明，文化企业家是创意产品的创造者，他们从事工作的地点并不局限于固定地点，他们的工作动力更多地来自于他对这一行业的热爱。

Scott（2012）则指出，文化企业家大多数是由一群年轻人组成的社会群体，他们的主要生活目标是能够在艺术圈里立足，这些人有一个共同点，即他们在生产文化产品的同时还在文化领域或非文化领域做一些其他有偿工作，原因在于这些工作所获得的收入能够保证他们从事艺术生产。他进一步指出，文化企业家同时具备以下三个特征：首先，这些人创造了新的文化产品，如歌曲、唱片以及录像和演出等；其次，作为一个"新口味制造商"（Bourdieu，1984），他们倾向于获得生产人们认同和符合社会发展轨迹的文化产品的机会；最后，他们是"企业家"，受其劳动力市场地位的影响，即使在没有大量经济资本的情况下仍不得不找到各种创新方式来生产文化产品。Scott 显然注意到了文化企业家与工业企业家的不同之处，并明确指出了文化企业家既是艺术产品的创造者同时也是艺术产品生产的组织管理者。换句话说，文化企业家既是艺术家同时也是企业

---

① 林明华、杨永忠：《创意产品开发模式：以文化创意助推中国创造》，经济管理出版社，2014年，第81-84页。

家，是二者的复合体。

全球文化企业家中心（Global Center for Cultural Entrepreneurship，GCCE）将文化企业家理解为文化变迁的代理人。[1] 他们创新性的解决方案带来了有经济性的可持续的文化企业，为文化产品和服务的生产者和消费者都创造了文化价值并提高了社会生活水平。文化企业家通过组织和配置文化资本、金融资本、社会资本和人力资本，使文化与经济结合，在获得个人收益的同时，有力地推进文化产业发展和国民收入增加。安海尔（2012）进一步认为，文化企业家具有三重身份：以战略家的身份建立关键性的新的愿景，以改革者的身份创造出新的可能性，以催化剂的身份使事情发生。[2]

我国学者罗权贵（2012）明确指出，文化企业家是指"具有创新精神并从事创造性文化产业活动的企业经营者"。他认为，文化企业家与工业企业家的不同点在于：一是关注的产品性质和用途不同，前者提供的产品是满足人们精神方面的需要，后者提供的产品是满足人们物质方面的需要；二是对员工素质要求不同，前者要求员工要有良好的专业文化素质，后者则关注员工的劳动熟练程度和专业技术水平；三是对企业效益的要求不同，前者将努力做到经济效益和社会效益相统一，后者则始终以经济效益为其经营管理目标。借鉴 Throsby 的艺术家决策模型，杨永忠和蔡大海（2013）经研究后认为，文化企业家同时受到文化价值和经济价值的激励，两种价值的激励效果受到文化企业家自身价值偏好的调节，这种偏好与收入水平、收入多样性、文化经验、声誉、目标市场和行为观念等因素有关。

文化企业家的例子众多。比如，闻名于世的剧作家兼演员莎士比亚拥有、建造和管理了一家伦敦剧院；迪斯尼公司创始人华特·迪斯尼曾是一个演员同时也是动画设计者和剧本作者，并且是世界上最有名的电影制片人和导演。

---

[1]　全球文化创业中心关于"文化企业家"的观点参见其网站 www. creativestartups. org.

[2]　安海尔关于文化企业家身份的观点详见安海尔：《对文化企业家的新的界定》，载于杨永忠主编：《创意成都》，福建人民出版社，2012 年，第86-88 页。

## 二、文化企业家的特征

除具有一般企业家的基本特征外，文化企业家还具有以下特征（林明华和杨永忠，2014）：

第一，文化企业家掌握了多种技能，本身具有较高的文化素养，能够敏锐觉察隐藏在人们内心的最新观念。一般来说，文化企业家同时也是资深的艺术家、设计师，类似 Florida（2002）所说的"创意阶层"，他们一般掌握了专业知识，对各种新观念、新看法总是保持一颗强烈的好奇心，能够与不同文化背景的人们交流沟通进而不自觉地扩大自己的知识面，提高自身的文化素质。

第二，文化企业家比工业企业家承担更高的市场风险。由于创意产品是满足人们精神方面需要的，需求具有更高的不确定性，因此市场风险更高。

第三，文化企业家具有较高的资源整合能力。文化企业家经营的企业规模偏小，实力不足。因此，新创意产品开发过程中要求他们要有更强的资源整合能力。

第四，文化企业家在追求经济效益的同时也看重社会效益。作为企业家，为了企业的生存需要他们以经济效益为目标，但由于他们同时又有强烈的社会责任感，进而促使他们在创造产品时会考虑产品所产生的社会影响，兼顾社会效益。

第五，文化企业家总是试图营造充满包容性、开放性的工作环境。原因在于，文化企业的核心成员创意阶层往往偏好这种包容而开放的环境，在这种环境下能够激发出更多的创作灵感，使他们能创造出更多的内容创意。

## 三、文化企业家的角色

观察绝大部分文化产业链，可以看到明显的两极：一端是类似艺术家的内容生产人员，他们"无中生有"地创作出新奇的文化内容；另一端是普通的消费者，他们购买并享受文化产品和服务的好处。在这个过程中，通过市场作为媒介，艺术变成了商品。在这个转化的过程中，文化企业家的作用显得非常关键，同时承担代理人和"看门人"的角色。

就代理人角色而言，文化企业家是消费者口味的代理人，即他们天生就必须站在消费者的角度去审视文化产品。这和一般的艺术家有很大不同，大部分艺术家或文化创作者往往考虑自己的想法而不太会考虑消费者对自己产品的看法。这些创作者显然忽略了若其作品不符合消费者意愿而消费者不购买这一事实。因此，文化企业家必须考虑市场对产品的接受度，要求创作者应根据市场口味对其文化创意进行相应的调整。

就"看门人"角色而言，在实际的生产中，文化创意往往是超额供给的，电影剧本、艺术表演、小说手稿等各种可能商业化的文化创作，源源不断地呈现在文化企业家面前。因此，文化企业家需要从中挑选出能够用于生产的文化创意并做出提供给消费者哪些文化产品和服务的决策。这个选择的结果依赖于文化企业家的目标，比如看重经济利益的目标可能导致急功近利的庸俗文化生产。具有很大市场势力的文化企业家甚至会试图将消费者的口味锁定在某一特定产品类型，以获取垄断租金（Cameron，1995）。

文化企业家在文化创意提供者和消费者之间都起到过滤器或媒介的作用，他们有能力去影响创作者的产出。比如，倘若出版商认为大多数女性读者喜欢以幸福结尾的爱情故事，他们会委托创作者创作这些故事而不出版其他伟大的文学精品或具有社会意义的作品，并因此使女性类型的作品经久不衰。虽然利润最大化仍然是文化企业的主要目标，但这种目标也可能受到文化企业家迎合特定的艺术和文化标准或获得艺术成功的渴望影响而做相应调整。

## 四、文化企业家的决策

### （一）激励因素和偏好

#### 1. 多维的激励因素

长期以来，企业家被视为追求经济利益最大化的决策者。但现代的企业家研究在承认企业家必然受经济利益激励的同时，也认识到企业家的行为动机可能是复杂多元的，开始关注非经济激励的影响：包括建立"个人王国"的热情、对胜利的追求、创造的喜悦、对事业的忠诚和责任感、获得社会承认和影响力等。

对于文化企业家来说，经济因素和上述非经济因素影响到其行为决策。一方面，文化产品作为一种体验商品，必须满足市场需求的口味才能产生经济价值，因此为了维持个人和企业的生存与发展，文化企业家必须考虑市场口味进而获得足够的经济利润。另一方面，包括成就感、事业忠诚、社会影响力等一般的非经济因素也发挥着激励作用。但值得注意的是，文化产业的独有特点和人文影响，使得某些与文化和文化生产本身相关的因素也影响着文化企业家，比如文化价值。为了从事文化产业，文化企业家必须具有一定的文化鉴赏力和一个所谓"文化圈"的稳定的社会网络（Velthuis，2005）。有学者通过案例研究表明，历史上的文化企业家通常也是文化产品的爱好者或是曾经的艺术家，出于个人审美和维护自己声誉的原因，他们在生产中常常追求产品的文化价值，即要求文化产品在审美的、精神的、社会的、历史的、象征的、真实的等多个维度上能满足某些标准，这些标准可能来自外部环境中的文化准则或文化企业家内在的鉴赏尺度。

2. 对不同激励的偏好

尽管多种因素可能同时激励文化企业家的行为，但对于不同的文化企业家，这些激励因素发挥的重要性是不同的。如果简单地只考虑经济价值和文化价值两种因素，那么对两者的权衡取舍，可以反映出文化企业家基本的激励偏好。具体地说，对于某一个文化产品的创作开发，是一味适应市场口味而创作完全通俗化甚至千篇一律的作品，还是坚持自身艺术追求而甘冒市场反应平平的风险，这或多或少地取决于文化企业家自身的偏好。这种偏好可能是变化的，许多因素比如企业性质、企业盈利水平、目标市场的不同，都影响着企业家的激励偏好。

文化企业家的行为激励，可能是为了追求多维度偏好（经济的、社会的、文化价值的）的联合最大化，因此尽管有些文化企业甚至整个行业利润率并不高，仍然有人愿意继续工作。其他维度的偏好回报，在一定程度上弥补了经济偏好的不足。

3."工作偏好"的特点

对经济价值和文化价值的同时追求使得文化企业家呈现出与一般企业家不同的特点。一个明显的特点就是所谓的"工作偏好"，分配给文化工作时间受到维持生活需要的收入的约束，但与"传统的"劳动力经济学不同，它不受到休闲时间损失的约束——这就是 Throsby（2001）的"工作偏好"模型。简单地说，对于一般劳动力，单位时间工资收入的提高可能促使其减少工作时间去增加休闲和娱乐。对于文化企业家，因为艺术性的工作本身就能带来对追求文化价值的满足，而单位时间经济收入的提高使他更容易实现经济价值的目标，进而将更多的时间放在艺术性的工作上（Bryant 和 Throsby，2006）。

**（二）文化企业家的决策区间**

和其他企业家一样，文化企业家为了企业生存发展和对利益相关者（比如股东）负责，必须要保证产品能实现一定的经济收入。因此，一般艺术家可以只追求作品的文化价值或艺术价值，而完全不考虑消费市场是否接受，但文化企业家的决策中必须要考虑产品的经济价值约束。[①]

具体地说，文化企业家的价值最大化问题为一个线性规划问题：

$$MaxU = (1-\lambda)V_e + \lambda V_c \tag{2-1}$$

$$s.t.\ V_e \geq L,\ V_c \geq 0,\ 0 \leq \lambda \leq 1$$

式中，U 为文化企业家的目标函数，$V_e$ 为产品经济价值，$V_c$ 为产品文化价值，L（L>0）为维持文化企业生存的必要的经济价值约束。$\lambda$ 为义化价值偏好，$\lambda$ 越大，文化企业家对文化价值的偏好越大。

首先，由目标函数式（2-1）可得：

$$V = -\frac{\lambda V_c}{1-\lambda} + \frac{U}{1-\lambda}$$

由于 $-\dfrac{\lambda}{1-\lambda} \leq 0$，从图 2-1 中可见，目标函数 U 的曲线斜率小于或等于 0，即目标函数 U 是一条向右下方倾斜的直线。

---

① 相关内容参见杨永忠、蔡大海：《文化企业家的文化价值偏好：决策模型与影响因素》，《财经问题研究》，2013 年第 12 期。

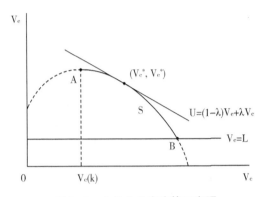

图 2-1　文化企业家决策示意图

其次，引入曲线 S 代表文化产品的经济价值 $V_e$ 和文化价值 $V_c$ 的可能组合（见图 2-1），其变化特征反映了产品文化价值和经济价值的内在关系（Bryant 和 Throsby，2006）：随着文化价值的增加，产品的经济价值首先呈现增加趋势，当文化价值达到临界值 $V_c(k)$ 后，经济价值达到最大值；随后，随着文化价值的增加，产品经济价值将不断下降，直到为零。

理性的文化企业家在一定的经济约束下，通过调整文化产品的投入安排，使曲线 S 与目标函数线 U 相切，即切点（$V_c^*$，$V_e^*$），使文化产品具有适度的经济价值和文化价值，以达到 U 最大化。

考虑到必须满足 $V_e \geq L$，因此文化企业家的决策区间（曲线 S 与直线 U 的切点）为图中 AB 区间。其中，A 点（$\lambda = 0$）代表文化企业家追求经济利益最大化的情况；B 点代表在满足最小经济约束时追求文化价值最大化的情况。可以看出，文化价值偏好 $\lambda$ 越大，企业越倾向于追求较高的文化价值和较低的经济价值（越靠近 B 点）；$\lambda$ 越小，越倾向于追求较低的文化价值和较高的经济价值（越靠近 A 点）。

### （三）有成效的和无成效的文化企业家活动

文化生产的特点使得产品和生产模式的创新变得至关重要，但文化企业家的活动并非都是与创新相关，这种创新也并非都有利于经济效率。

观察文化企业家的活动，可以将其大致分为有效率的和无效率的。一方面，他们探索市场口味的变化，发掘新的创意人才，通过复杂的合同方式组织资本、技术、文化资源等各种投入，发展新的文化消费方式。这种有效率的活动，可以促进文化产业的模式创新，降低文化消费成本，给文化劳动者提供更多机会。另一方面，他们也可能积极投身于各种寻租活动，比如控制评论以锁定市场口味，在艺术劳动力市场上利用巨大势力来"剥削"普通艺术家，或者利用不完善合同和版权法律的漏洞来加强自身的垄断地位。这种无效率的活动，可能导致市场口味的单一化、文化资源的浪费和文化多样性的减少。

在一定的价值偏好的情况下，文化企业家在有效率的和无效率的活动之间的分配取决于两种活动的经济回报规则。比如，在内容创新能获得有效的版权保护从而获取较大经济回报的市场中，文化企业家就更倾向于对产品不断创新改良的活动；在不受监管的垄断定价行为能带来巨大回报的市场中，文化企业家就更喜欢通过独占销售渠道等行为来扩张自己的市场势力。不能忽视的是，文化企业家对不同活动的分配，可以极大地影响整个产业的创新和效率进步，以及新技术的传播程度。

## 五、文化企业家的复合行为

文化企业家是文化变迁的代理人，他们通过组织文化资本、金融资本、社会资本和人力资本，使文化与经济获得快乐的结合、艺术家的梦想与企业家的冒险得到创新的结合，在获取个人收益的同时，有力地推进文化产业发展和国民收入增加。[1]

作为文化企业家，其行为具有四个结合：

第一，文化行为与经济行为结合。文化企业家具有文化与经济结合的战略理念，并致力于经济上可持续的文化企业发展，因此，他们熟悉和热爱文化，充满梦想地去寻求和实现文化与商业经济的充分结合。在他们身上，既有文化专家的身影，也有企业家的身份。

第二，学习行为与创新行为结合。从文化转换为经济，是一种创造性的转变。要完成这一转变，文化企业家必须具有强烈的求知欲望，通过对文化知识和文化变迁、技术知识和技术变迁、管理知识和管理变迁等的持

---

① 本小节改编于杨永忠：《民族文化创意的经济分析》，《青海社会科学》，2013 年第 1 期。

续学习和不懈关注，以创新性地获取将文化转换为经济的解决思路。

第三，组织行为与合作行为结合。由于文化创意的价值分布在文化、经济、技术、社会等多个环节，因此，在文化创意的经济活动中，文化企业家既要对存量的文化、金融、技术、社会、人力等资源进行有机的组织，又要积极探索与文化机构、经济组织、科研机构、社会组织的增量合作，拓展和丰富新的文化资本、金融资本、技术资本、社会资本和人力资本。

第四，自利行为与他利行为结合。由于文化创意产业在组织上表现的社会网络性、在空间上表现的混合再生性，决定了企业家在文化创意经济活动中的财富获取，必然建立在自利与他利有机结合的基础上。对文化创意的企业家而言，在实现生产者财富的同时增加消费者的价值，在增加新的就业机会的同时保留城市或社区旧的空间情结，在经济得到发展的同时促进文化繁荣，将是符合文化创意产业特征、具备激励兼容效应的可持续的行为选择。

# 第五节　超级明星效应

文化产业为什么会出现像麦当娜、汤姆·克鲁斯等超级明星，他们为什么可以比一般明星获得高得多的收入？本节就这一有趣现象进行解读。本节在超级明星现象的成因以及超级明星市场效率的争论之后，侧重探讨文化产业实践中特别是音乐产业中的超级明星效应问题。[①]

## 一、超级明星现象的成因

文化经济学者经研究发现，需求的不完全替代、联合消费的生产技术、学习过程、搜寻成本等是超级明星现象出现的重要原因（Schulze，2011）。

Rosen（1981）是第一个从经济学视角对超级明星现象进行研究的学

---

① 本小节主要内容参见 Rosen, S.. The Economics of Superstars ［J］. American Economic Review, 1981, 71: 845-858, 以及 Schulze, G. G.. Superstars ［C］. In Ruth Towse（ed.）, A Handbook of Cultural Economics（Second Edition）［A］, Cheltenham: Edward Elgar, 2011: 401-407.

者，他分析了超级明星的成因。他认为，超级明星的出现是因为同时发生不完全替代的需求以及联合消费的生产技术。一方面，理性消费者更喜欢较少次数的高品质的服务，而不是较多次数的中等水平的相同服务，从而出现大量的消费者；然而由于其服务场地受到限制，进而产生了拥挤成本，限制了最佳观众人数，这样必然需要提高高水平的艺人的服务价格。因此，与低水平的艺人相比，高水平艺人将获得较高的收入。另一方面，由于 CD、TV 表演、录像带、电影等文化产品不存在拥挤成本，在联合消费下，将使得最具才华的艺人服务于整个市场，从而形成较强的市场势力。虽然高水平潜在的市场进入者会对在位艺人的市场势力形成威胁，但潜在进入者要支付在位艺人高票价导致的经济租，因此，潜在进入者的冲击有限。这样，虽然在位超级明星其才华与潜在进入者相差不大，但通过生产的范围经济，在位明星仍能获得较高的租金。[①]

学习过程是超级明星现象出现的另一重要因素（Adler，1985）。随着艺术欣赏能力的提高，艺术消费的边际效用也在增加（Stigler 和 Becker，1977）。即在艺术消费的过程中，消费者能够累积相应的"消费资本"，从而随着时间的推移，消费者的边际效用不断增加。这意味着，随着消费者消费某一特定艺人的服务、与他人讨论，将逐渐积累关于这一艺人的"消费资本"，提升对这一艺人的好感，同时也将推动他人消费资本的提高。因此，对水平相当的其他艺人，若消费者碰巧对某艺人更了解，那么消费者在消费过程中将增加这一艺人消费资本。随着和其他消费者进行讨论，其他消费者也将受到影响，从而也积累了这一艺人的消费资本，这一雪球效应最终将使得这一艺人成为超级明星。

搜寻成本也可以对超级明星效应进行解释（Burke，1994）。在 Rosen 的理论中，消费者搜寻发现有才华的艺人是不需要成本的。然而，现实

---

[①] MacDonald（1988）构建了两阶段随机动态模型对超级明星现象进行了探讨。假设表演者进行了表演，其表演水平（好或者不好）能够被所有观众观察到。由于表演结果和每一位艺术家的才华密切相关，第一阶段的表现对第二阶段的表现具有预测力。在稳定状态下，知识的累计导致了市场的分离：第一阶段表现不好的艺术家离开了市场去谋求其他职业，而第一阶段表现出众的艺术家比新进入者得到了更多的观众和更高的票价，这是因为就演出水平而论，消费者面对一个较小的风险并愿意为此付款。这些艺术家即获得了与第一阶段相比的巨额收入增长。参见 MacDonald, G.. The Economics of Rising Stars [J]. American Economic Review, 1988, 78：155-166.

中，信息不对称性使得消费者在购买水平未知的艺人作品时要冒着很大的风险。为了减少这种风险，消费者需要了解关于该艺人的才华信息，因此搜寻成本在总成本中占有较大的比重。艺人才华信息可以通过不同传播渠道向消费者传递，比如歌手可以通过广播、电视、网络等提供免费试听音乐，从而降低消费者的搜寻成本。然而若消费者接触的传播渠道有限或者传播渠道传播的信息有限，那么消费者为了降低搜寻成本、避免风险，势必将选择知名艺人的作品，这种效应将使知名艺人逐渐成为超级明星。

## 二、超级明星市场的效率

Rosen 模型中，超级明星的市场是有效率的，因为那些有才华的艺术家进入这个市场并不存在较高的进入壁垒，同水平或者高水平的艺人同样可以进入这个市场并将自己打造成超级明星。显然，这一市场是有效率的。

相反，在 Adler 模型中，由于在位艺人享有较高的声望，因此超级明星市场具有较高的进入壁垒，[①] 这样导致较高水平的艺人难以吸引那些喜欢在位艺人的消费者。此时在位明星拥有了一定的垄断势力，他们将能够获得比其边际贡献更高的收入 （Borghans 和 Groot，1998）。显然，这一市场是无效率的。

## 三、明星才华导致超级明星现象的争论

Rosen 认为，超级明星现象产生的根本原因是明星之间才华的差别，这种差别将导致明星收入存在巨大的差别。这里面临着一个问题，即我们如何度量明星才华。Hemlen （1991） 曾试图用声音谐波含量 （Harmonic Content of Voice） 来度量明星才华，实证研究了美国歌手才华与歌曲销售量的关系，探讨了美国唱片业是否存在超级明星现象。结果表明，歌手收入差距与其才华上的差异远不成比例关系。由此，他认为，用明星才华差

---

① Adler, M.. Stardom and Talent [J]. American Economic Review, 1985, 75：208-212.

异导致存在巨大收入差距很难解释超级明星现象。

Hemlen 的进一步研究还发现，歌手的音色质量是影响单曲市场成功的重要因素，除此之外，歌手的性别、种族、形象、身份背景、舞台魅力、词曲等都会影响单曲市场的成功。因此很难界定超级明星的成功是否与自身才华有密切相关，也就是说歌手才华并非是歌手成为超级明星的必要条件。不过，可以肯定的是，单曲市场对专辑市场起到质量过滤器的作用。消费者通过单曲市场来对歌手进行筛选，因此，歌手要成为超级明星，单曲市场的反响程度起决定作用。

## 四、其他行业中的超级明星现象

超级明星现象并不局限于文化领域，在体育界和其他领域也同样存在。和文化领域中很难度量艺人/艺术家水平不同，体育界中体育明星的水平却是较容易观察到和度量到的。有些实证表明，魅力、长相等"软技能"对体育界超级明星成因起不了多大作用，其"硬技能"水平则完全可以通过目标、时间等来衡量或者利用更为复杂的计算方法。因此理论界更容易对体育超级明星现象进行实证分析（Lucifora 和 Simmons，2003）。比如，可以用媒体表现来度量明星运动场上的能力水平（Lehmann 和 Schulze，2008）。

# 第六节　版　权

版权是法律上规定的某一单位或个人对某项著作享有印刷出版和销售的权利，任何人要复制、翻译、改编或演出等均需要得到版权所有人的许可，否则就是对他人权利的侵权行为。版权对文化产业的生存发展至关重要，其实质是为智力成果等无形资产创造财产权利以促进经济效率。本节主要关注版权的经济学逻辑、版权保护的基本准则、版权保护的成本以及新技术对版权的影响等。①②③④

# 一、版权的经济学逻辑

## （一）版权保护的好处

版权是保护那些有形载体中的原创成果，它涉及未被授权的拷贝、拷贝的传播、衍生作品、公共表演和展示等经济活动。这里所谓"原创"并不代表新奇或创意，而只表示"源自作者的成果"，即作者不能从别人那里复制过来的东西。这些原创作品包括但不只限于书籍、照片、绘画、雕塑、音乐作品、技术图、电脑软件、情景剧、电影、地图和商业词典等。

这些作品除具有所谓的"公共物品属性"，即具有非竞争性和非排他性外，在创造这些作品的过程中需要投入大量金钱、时间和努力，而再生产现有作品的边际成本相对比较低。因此，如果没有版权保护，由于再生产的边际成本较低，生产商之间的激烈竞争极有可能导致产品的价格低于边际成本，从而原创者的努力将得不到补偿，从而造成供给减少。若获得版权保护，生产商可以将作品的价格定在高于边际成本，从而在一定程度上弥补了生产成本，而创作者的努力也可能获得补偿，进而激励更多的创作者提供更多的作品。

诚然，在没有版权保护的情况下也能产生一些原创作品。如果创造者成为市场中的首创者，或者复制品的质量太"次"，也可能会带来持续的收益。创造者也能用合同法或其他私人办法来打击未授权的复制。比如软件商利用许可号来阻止未授权软件的拷贝或衍生品。但版权不像合同，很

① Landes, W. and Lichtman, D.. Indirect Liability for Copyright Infringement: Napster and Beyond [J]. Journal of Economic Perspectives, 2003, 17: 113-124.

② Landes, W. and Posner, R. A.. An Economic Analysis of Copyright Law [J]. Journal of Legal Studies, 1989, 18: 325-366.

③ Landes, W. and Posner, R. A.. Indefinitely Renewable Copyright [J]. University of Chicago Law Review, 2003, 70: 471-518.

④ ［澳］戴维·思罗斯比:《文化政策经济学》，易昕译，东北财经大学出版社，2013 年，第 229-231 页。

难强制第三方组织或原创产品的购买方遵守。简而言之，对于既定的拷贝速度和低拷贝成本，以及使用私人办法阻止拷贝的难度来说，如果没有版权保护，新成果创造的数量将会减少。

**（二）版权与商品的分离**

版权试图为无形的智力资产创造财产权，具体的实现办法就是分离版权和承载它的商品实体。通常，将所有权利集中于一件商品并给予单个的所有者，能最小化交易成本并促进经济效率，然而对版权作品来说情况则是相反的。

一方面，这节省了文化衍生品生产时的交易成本。对于一件拥有很多副本的文化产品，如果版权和商品分离，潜在的版权交易就只需要通过与单一版权所有者的一次性谈判就可以实现。假设版权和商品没有分离，比如让一本漫画的每一位购买者都能获得版权，如果有人想用这本漫画拍一部电影，他就必须先获得数百万版权所有者的同意以避免侵权。这无疑增加了交易成本，还可能引发拒不合作的问题，最终导致无法进行文化衍生产品的开发与生产。

另一方面，这也节省了原创作者的交易成本并使其获得足够收益来激励新创作。否则原创作者就需要与作品副本的每个购买者都商议版权交易的价格（这显然是不经济的）。如果让每个副本所有者都拥有版权进而能发布版权许可，副本所有者之间的竞争会使版权许可费用趋于零，副本的价格就不能反映版权的溢价，这会降低原创作者的激励。

上面讨论的是可大量复制的作品，对于不可复制的独特作品比如绘画和雕塑，尽管有时可能带来更高的交易成本（比如进行衍生产品生产的一方需要同时与作品版权所有者和作品实体所有者分别进行交易），分离的所有权也具有补偿效益。以绘画为例，如果版权和作品不分离，画家就很难对自己以前作品的主题进行再创作，因为可能侵犯自己以前作品的版权。类似地，侦探小说家将会被禁止创作自己被卖出的作品的续集。相关的问题还包括共同作者，比如曲作者和词作者共同创作具有版权的歌曲。版权与商品分离后，交易成本会很低，因为这两个作者之一可以不经另一个作者的同意就把自己拥有的部分版权出售给第三方。

## 二、版权保护的基本准则

版权保护的目的是通过法律赋予无形的智力资产以财产权，促进原创者创作，最终提高经济效率。但版权是一个有代价的财产权制度，具体的版权保护措施要考虑避免或尽量降低交易成本，版权作品的财产权利往往会比有形或物质财产权利受到更多限制。下面将阐述几条重要的版权保护准则。

### （一）表达结果的保护

版权作品中的很多原创想法不需要投入多少时间和精力就能够产生，但要把这些想法转化成有形的东西则需要投入大量的成本。因此有必要对其进行保护。不过，究竟是保护原创想法还是保护这些想法的表达结果则取决于执行成本和由此获得的利益的对比。从文化活动实践中看，判断对表达结果的抄袭要比判断对想法的抄袭更简单。因而，版权保护的是这些想法的表达结果，并不是原创的想法、概念或准则等。

### （二）免遭抄袭的保护

版权保护是要避免抄袭行为产生，而非独立复制行为——在没有参照原创作品的情况下创作出相当类似的作品。其原因在于：一方面，大多数作品的独立复制很少见，并且由于不存在"搭便车"行为，独立复制行为并不会显著地对新作品的创造产生消极影响；另一方面，如果法律禁止独立复制，面对众多已有作品，我们将不得不为审查作品是否侵权而支付巨大的执行成本，这一成本极有可能高于由此获得的收益。

### （三）保护衍生产品版权

保护衍生产品版权是指以原创为基础，采取重做、转变、改编等任何手段，进行任何表达的衍生产品开发，必须得到版权所有者的同意，否则视为侵权。通过二次版权的保护有助于激励更多的满足市场需求的原创作品，另外通过将二次版权纳入原创作品的所有者将节省再生产以及交易和执行的成本。

### （四）原创作品的公平使用

公平使用原则允许那些能促进经济效率的未授权的复制。比如从一本书里复制一小段可能不会损害版权所有者，但能促进复制者自己的创作。

这里的公平使用使复制者有收益，版权所有者也没有利益损失。特别是，戏仿（通过部分模仿而对某个作品进行讽刺）通常也作为公平使用得到保护（Posner，1992）。但是，当公平使用原则被用于再生产性用途（即简单复制原作品的一小部分而不再加入新的内容）或者对原创作品复制太多，从而生产出替代原创作品的产品，确实有可能对版权所有者产生损害。总之，当能够减少版权交易成本、产生利益激励或创造社会净收益时，可以允许公平使用原创作品。

## 三、版权保护的成本

### （一）准入成本和执行成本

与传统商品不同，版权保护产生了与版权产品的公共产品属性有关的准入成本。这种成本涉及两个方面：消费者和衍生产品创造者（Landes，2011）。就消费者而言，若版权所有者不能实施完美的价格歧视，那么那些认为产品价值低于产品定价而高于产品边际成本的消费者将不会购买该产品；对大多数其他产品来说，只有对产品估值低于其边际成本的消费者才不会购买这种产品。因此，版权保护造成了社会损失。从衍生产品创造者而言，衍生产品创造者会由于版权所有者过高的要价而拒绝在原有产品上进行再创造。这样，版权保护提高了新成果创造的社会成本。

与版权保护相关的第二个主要成本是执行成本。比如要分离出作品中受保护和不受保护的成分、证明侵权行为、侦测对无形资产的"盗窃"行为（比如一个人可以在作者不知情的情况下复制其作品）等而引发的执行成本。这种成本一般比保护有形资产导致的执行成本更高。需要说明的是，不同行为主体在版权保护方面的执行成本是不同的，比如音乐共享平台管理商对潜在的盗版音乐下载行为可能较容易发现和跟踪，而政府法律部门却很难进行侦测。

### （二）版权收集组织的成本

在版权保护的实践中，往往不是由个体的艺术家或原创作者去监督可能的侵权行为，与潜在的版权购买者讨价还价并收取版权收益，而是由各种版权收集组织来代理执行。这种组织集中了大量的版权并加以管理，从而形成规模效应，可以有效降低版权所有者维权以及购买者购买版权的成本。比如，舞厅、音乐厅、电台、电视台等类似机构通常会向表演版权协会购买"一揽子"音乐许可，从而被允许在一定有效期内，在公共场合任意播放协会授权范围内的任何版权歌曲。这种许可免去了与每首歌曲的版权所有者单独协商的需要，从而节省了巨大的交易成本。

## 四、新技术对版权的影响

新技术特别是数字化技术对版权产生了深远的影响。以文字、声音、图像等形式表现出来的文化产品均可以被转化成数字形式，然后以零成本的代价随意复制，并且任何人都可以进行复制和转发。这意味着这些版权作品可以在版权所有人不知情的情况下就被使用了，特别是互联网的普及让这种"侵权"现象更加常态化。

面对上述这类侵权，文化企业、个体艺术家、分销商等不同的利益相关者都会以不同的方式做出应对。比如，利益相关者会要求政府部门取缔那些提供文化共享的网站，从而能够在一定程度上遏制视听作品的非法复制。除了采取这种"堵"的方式，利益相关者也可以采取"疏"的方式弱化侵权的激励。又如，文化企业可以在自己网上以适当的价格鼓励人们购买已经数字化的、高品质的产品。此外，也可以采取其他主动防御的策略，比如通过技术手段对数字化的作品进行加密、打上水印等，从而让侵权者复制未经授权的文化产品的成本远高于其获取的利益，或者根本不可能复制未经授权的文化产品。

技术上的突破也使版权管理的普遍化成为可能，即任何文化产品的创作者都可以有效管理自己的作品版权。例如，数字化艺术品的创作者以电子化的方式，不需要通过分销商而是直接通过互联网来销售自己的作品；通过技术手段对数字化艺术品进行加密处理，可以要求消费者通过银行转账支付的形式付款后取得下载和消费，但不能复制该数字化艺术作品的权利。此外，新技术有助于创作者与消费者的直接面对面成为可能，从而减少了中间商这一环节，这必然有助于降低文化产品的价格，从而吸引更多消费者购买授权的文化产品。

# 第三章　表演艺术

子语鲁大师乐，曰："乐其可知也：始作，翕如也；从之，纯如也，皦如也，绎如也，以成。"

《论语》八佾篇第二十三

本章主要探讨表演艺术的相关问题，在对表演艺术进行概述之后，围绕表演艺术的生产、表演艺术的定价、表演艺术的组织与管理等方面依次展开讨论。

## 第一节　表演艺术概述

本节在对表演艺术进行界定之后介绍了表演艺术的三种主要类型，随后描述了表演艺术的主要特征以及表演艺术的价值，最后对表演艺术最重要的活动场所——剧院及其功能进行简要概述。

### 一、表演艺术及其主要类型

#### （一）表演艺术的界定

何谓表演艺术？在《辞海·艺术分册》中，表演艺术是指必须经过表演而完成的艺术，如戏剧、电影①、音乐、舞蹈、杂技等。表演艺术的精髓是"语言"和"动作"，表演者根据创作的内容塑造人物形象。英国著名表演艺术家亨利·欧文认为，高境界的表演艺术体现诗人的创造并赋予诗人的创造以血肉，它使剧里扣人心弦的形象活现在舞台上。

国外将表演艺术划分为传统表演艺术和现代表演艺术。其中，前者是指具有地域特征和民族特色的表演，强调表演艺术的人文本质；后者是广泛的表演艺术，重视肢体语言和其他媒体的组合和创新。霍金斯（2006）指出，表演艺术涵盖各种形式的舞台和特定场景表演，同时也包括对建筑物的管理以及许多地方性的场所。这界定已将表演艺术活动场所纳入。本书中的表演艺术主要包括戏剧、舞蹈、音乐及表演艺术的主要演出场所——剧院。

### （二）表演艺术的主要类型

#### 1. 戏剧

戏剧是演员将某个故事或情境，以对话、歌唱或动作等方式表现出来的艺术。戏剧有四个元素，即"演员"、"故事（情境）"、"舞台（表演场地）"和"观众"。"演员"是四者当中最重要的元素，它是角色的代言人，必须具备扮演的能力。戏剧与其他艺术类型最大的不同之处在于透过演员的扮演，剧本中的角色才得以伸张，如果抛弃了演员的扮演，那么所演出的便不再是戏剧。②

戏剧的表演形式多种多样，常见的包括话剧、歌剧、舞剧、音乐剧、木偶戏等。由于文化背景的差别，不同文化所产生的戏剧形式往往拥有独特的传统和程式，比如西方戏剧、中国戏曲、印度梵剧、日本歌

---

① 需要说明的是，这里的电影实指电影表演，而本书的电影是指电影产品。
② 文学上的戏剧概念，是指为戏剧表演所创作的脚本，或称之为剧本。

舞伎等。①

现代的戏剧观念强调舞台上下所有演出元素通过统一表现以实现综合的艺术效果。演出元素包括演员、舞台、道具、灯光、音效、服装、化妆，以及剧本、导演等的一切内容，也包括台上演出与台下互动的关系（一般称为"观演关系"）。戏剧表演者所组成的组织，多称为戏团，过去多称为戏班，而如果是某一户富有人家自己经营，为了自己的娱乐所训练出的戏班，叫做"家班"，这一形式在明朝之后较为普遍。

作为一种综合艺术，戏剧融入了多种艺术的表现手段，它们在综合体中直接的、外在的表现是：①文学。主要指剧本。②造型艺术。主要指布景、灯光、道具、服装、化妆等。③音乐。主要指戏剧演出中的音响、插

---

① 中国戏曲可以追溯到先秦到汉代的巫祓仪式，但直到宋代南戏得到发展才有了完备的戏剧文本创作，现存最早的中国古代戏剧剧本是南宋时的《张协状元》。元代时以大都、平阳和杭州为中心，元杂剧大放异彩。后世形成了诸多戏曲形式，如中国台湾戏剧研究学者曾永义认为中国戏剧有"大戏"和"小戏"之分，大戏是成熟的戏曲，而小戏则是戏剧的雏形。大戏在金元杂剧之后才发展完成，而之前的宋杂剧、唐代的代面、踏摇娘、钵头、参军戏、樊哙排君难等，都可列入小戏的行列。中国戏剧以京剧为代表。京剧被称为"东方歌剧"，因形成于北京而得名。2010 年京剧成功入选"人类非物质文化遗产代表作名录"。京剧将徽剧和汉剧融为一体，并吸收了秦腔、昆曲和弋阳腔等艺术的优点。京剧的腔调以西皮和二黄为主；京剧伴奏乐器有文武场之别，文场主要包括京胡、京二胡、月琴、弦子和唢呐等管弦乐器；武场有檀板、单皮鼓、大锣铙钹和京锣等打击乐器；京剧角色的行当划分比较严格，早期分为生、旦、净、末、丑、武行、流行（龙套）七行，以后归为生、旦、净、丑四大行，其中"生"是除花脸和丑角以外的男性角色的统称，又分为老生、小生、武生、娃娃生；"旦"是女性角色的统称，内部又分为正旦、花旦、闺门旦、武旦、老旦、彩旦（摇旦）、刀马旦；"净"，俗称花脸，可分为以唱工为主的大花脸和以做工为主的二花脸；"丑"扮演喜剧角色，因在鼻梁上抹一小块白粉，俗称小花脸。京剧取材广泛，如历史演义、公案故事、民间故事、小说、笔记、古典杂剧等。京剧剧目众多，从京剧形成之初到成熟期延续下来的传统剧目约有1300 多个，流传广泛的剧目有《三岔口》、《秋江》、《二进宫》、《玉堂春》、《贵妃醉酒》、《霸王别姬》、《穆桂英挂帅》、《锁麟囊》、《昭君出塞》、《红娘》、《秦香莲》、《空城计》、《借东风》、《徐策跑城》、《白蛇传》、《赤桑镇》、《野猪林》、《群英会》、《四郎探母》、《大闹天宫》等。西方戏剧的曙光是古希腊悲剧，而古希腊悲剧则是源于古希腊城邦蒂厄尼索斯（Dionysus）的崇拜仪式。在祭典中，人们扮演蒂厄尼索斯，唱"戴神颂"，跳"羊人舞"（羊是代表蒂厄尼索斯的动物）。古希腊悲剧都是诗剧，严谨古雅、庄重大气。表演时有歌队伴唱，史实表明歌队先于演员存在。西方戏剧以歌剧为代表，它是综合音乐、诗歌、舞蹈等艺术而以歌唱为主来交代和表达剧情的戏剧。近代歌剧源自古希腊戏剧的剧场音乐，最终产生于16 世纪意大利的佛罗伦萨，后逐渐流行于欧洲各地，深受 19 世纪的人们的偏爱。歌剧的主要种类包括佛罗伦萨歌剧、威尼斯歌剧、那不勒斯歌剧等。歌剧中的声乐部分包括独唱、重唱与合唱，歌词就是剧中人物的台词（根据样式不同，也可有说白）；器乐部分通常在全剧开幕时有序曲或前奏曲。歌剧中重要的声乐样式有朗诵调、咏叹调、小咏叹调、宣叙调、重唱、合唱等；其体裁样式有正歌剧、喜歌剧、大歌剧、小歌剧、轻歌剧、音乐喜剧、室内歌剧、配乐剧等。

曲、配乐等，在戏曲、歌剧中，还包括曲调、演唱等。④舞蹈。主要指舞剧、戏曲艺术中包含的舞蹈成分，在话剧中转化为演员的表演艺术——动作艺术。

在戏剧综合体中，演员的表演艺术居于中心和主导地位，它是戏剧艺术的本体。表演艺术的手段——形体动作和台词，是戏剧艺术的基本手段。其他艺术因素，都被本体所融化。剧本是戏剧演出的基础，直接决定了戏剧的艺术性和思想性，它作为一种文学形式，虽然可以像小说那样供人阅读，但它的基本价值在于可演性，不能演出的剧本，就不是好的戏剧作品。戏剧演出中的音乐成分，无论是插曲、配乐还是音响，其价值主要在于对演员塑造舞台形象的协同作用。戏剧演出中的造型艺术成分，如布景、灯光、道具、服装、化妆，也是从不同的角度为演员塑造舞台形象起特定辅助作用。以演员表演艺术为本体，对多种艺术成分进行吸收与融化，构成了戏剧艺术的外在形态。

2. 芭蕾舞

芭蕾是一种欧洲古典舞蹈，由法语 Ballet 音译而来。芭蕾舞最重要的一个特征即女演员表演时以脚尖点地，故又称脚尖舞。其代表作品有《天鹅湖》、《仙女》、《胡桃夹子》等。芭蕾舞是在过去几个世纪发展起来的在舞台上表演，对技艺、体力要求极高，需要演奏乐队和大量专业幕后工作人员配合，需要专业的声乐训练和演出服装包装的专业艺术形式。传统的芭蕾舞公司是由专业表演"明星"和一般表演者组成的芭蕾舞团。芭蕾舞和歌剧往往在同一剧院表演。由于歌剧院的限制条件和芭蕾舞表演所必须的音响和视觉效果要求，使芭蕾舞成为最昂贵的表演艺术之一。芭蕾在舞蹈表演的时候有些地方蕴含着歌剧表演，在一些国家，尤其是在欧洲，芭蕾和歌剧都认作剧场现场表演。

芭蕾萌芽于 15~16 世纪文艺复兴全盛时期的意大利，源于艺术家极力模仿古希腊的艺术风格。最早的芭蕾表演是在宫廷宴会上进行的。1489年在意大利的一个小城里，为庆祝米兰公爵和西班牙阿拉贡公主伊达贝尔的婚礼，演出了《奥菲士》。当时的每一段表演大致都与上菜联系在一起，然后，许多神话人物上场献上许多菜肴和水果，最后客人们也都参加到热闹狂欢的表演中去。这是一种把歌、舞、朗诵、戏剧表演综合起来的表演形式，可以说是芭蕾的雏形，后人称它为"宴会芭蕾"。

随着意大利贵族与法国宫廷的通婚，意大利的"芭蕾"演出传入法国。1581 年，在亨利三世皇后妹妹——玛格丽特的结婚庆典上演出了《皇后的喜剧芭蕾》。当时没有舞台，观众坐在三面墙壁的两层楼廊里。国王和显贵们坐在坛台上，表演则在大厅的地板上进行。此阶段的芭蕾被称为"宫廷芭蕾"。

19 世纪欧洲启蒙运动深刻地影响着法国芭蕾的发展。此时进入"情节芭蕾"阶段。它的革新思想表现在反对把芭蕾当作供贵族消遣的装饰品，要使芭蕾像戏剧一样，表现现实生活，提倡芭蕾要有社会内容和教育意义。

19 世纪的浪漫主义思潮亦对芭蕾艺术产生深刻影响。芭蕾舞从内容到形式都发生了根本性变化。反映民间神话传说、仙女、花神、精灵鬼怪等故事成了芭蕾创作的主要题材。女演员成为主角，服装改成了短裙，脚尖舞成为芭蕾的基本要素。这种足尖站立的技艺，把舞蹈者的身体向上提升，适合表现轻盈的体态以及表达追求与渴望的情绪。浪漫主义芭蕾是芭蕾发展史上"黄金时代"，舞蹈技巧、编导艺术以及演出形式方面都经历了一个灿烂辉煌的阶段。但其黄金时代极其短暂，从 19 世纪 30 年代开始，仅仅十多年就出现了停滞枯萎的局面。19 世纪下半叶欧洲浪漫主义芭蕾走向衰落，复兴芭蕾的使命历史性地落在俄国肩上，欧洲芭蕾的中心逐渐移至俄国。[1]

---

[1] 芭蕾舞在中国的真正兴起和发展是在 20 世纪 50 年代之后。初创期，中国芭蕾受苏联芭蕾影响最深，从第一位苏联专家奥·阿·伊莉娜（O. A. YEALINA）应邀来北京开办第一期"教师训练班"起，到 1958 年中国上演第一部经典芭蕾舞剧《天鹅湖》，中国芭蕾突飞猛进。除苏联派出芭蕾艺术家来中国指导芭蕾排练，通过实践培训芭蕾舞人才外，中国也派出芭蕾专业人才去莫斯科戏剧学院进行系统学习，经过 10 多年的努力，中国的编导、演员逐渐可以独立驾驭经典芭蕾舞剧的创作、排练和舞台演出。20 世纪 60 年代，由于芭蕾舞剧第一代编导有着深厚的民族文化背景，他们在创作实践中开始探索芭蕾舞的民族化道路，这一时期成功创作并上演了诸如《红色娘子军》、《白毛女》等具有中国特色的芭蕾舞剧。"文革"之后，中国芭蕾舞焕然一新，逐渐恢复了西方芭蕾舞经典保留剧目，并广泛地吸收和借鉴了除苏联学派外的其他芭蕾舞学派，英、法、德、瑞士、加拿大等国家的著名芭蕾舞艺术家陆续来华传授技艺和演出；其间创作了大量的以中国文学、戏剧名著为素材的芭蕾舞剧，如根据《红楼梦》改编的《林黛玉》，根据《雷雨》改编的同名芭蕾舞剧，等等；进入 90 年代，除北京、上海外，天津、广州等地区也陆续成立了芭蕾舞剧团，中国芭蕾艺术正在蓬勃发展，逐渐步入芭蕾舞大国的行列。

此时的芭蕾被称为"俄罗斯芭蕾"。随着社会的发展,芭蕾舞逐渐从宫廷娱乐性舞蹈变成带有社会生活内容的舞剧。20世纪初,俄国芭蕾已在世界芭蕾舞坛中占据主导地位,拥有自己的保留剧目、表演风格和教学体系,也涌现了一批编导和表演人才。此后,一批俄国芭蕾舞界的年轻人要求革新、探索新的表演手段和发展道路。戈尔斯基和福金就是他们的带头人。福金的革新思想不可能在帝国剧院内实现,他的主要作品都是在国外为佳吉列夫芭蕾团排练上演的。佳吉列夫从1909年起连续3年组织俄罗斯演出季,并于1913年成立以蒙特卡罗为基地的永久性剧团——"佳吉列夫俄罗斯芭蕾团",该剧团在欧美各地巡回演出,影响巨大,把由俄国保存的古典传统剧目送回欧洲,促成欧洲芭蕾的复兴。

3. 音乐

一般而言,物体振动就会发出声音,而这种声音称之为乐音,而有组织的,能够表达人们思想感情、反映现实生活的乐音就形成了音乐。[①] 就音乐本身而言,音乐分为声乐和器乐两种形式。声乐主要是用人的声音进行演唱,器乐则主要是利用乐器演奏出的音乐。归根结底,音乐是通过对物体的振动产生乐音的有组织排列而形成的声音、听觉的艺术形式,可以用来表达人们的思想、情感、社会现实、人生诉求。

音乐首先是声音的艺术,是听觉的艺术,音乐离不开演唱者/演奏者的专业投入与娴熟技巧以及乐器的配合,才能实现对音乐旋律、节奏、调式、曲式等方面的完美结合,形成优美和谐的音乐。同时,音乐也是一种情感的艺术,一方面,音乐的创作、演唱/演奏都离不开艺术家和表演者的心血和情感;另一方面,音乐需要听众以听觉为基础,在接受听觉刺激的同时,能够在通感的作用下,形成丰富的想象和联想,从而产生情感的刺激与共鸣。

根据不同音乐形式的特点,音乐一般分为古典音乐、民族音乐、流行音乐等形式。古典音乐,从英文"Classical Music"翻译而来。其狭义的解释是,18世纪下半叶至19世纪20年代,以海顿、莫扎特、贝多芬三

---

① 本小节主要参考刘佳:《音乐价值链的三维治理研究》,四川大学博士学位论文,2014年,第16-17页。

巨头为代表的"维也纳古典乐派"的作品。最广义的解释则是，把时间前移到欧洲文艺复兴时期，从那时起直到后来的巴洛克时期、维也纳古典时期、浪漫主义时期、民族乐派、印象主义直至19世纪末、20世纪初出现的现代乐派，甚至包括所有非纯粹娱乐性质的现代专业音乐，统称为古典音乐。

民族音乐狭义地讲，是指祖祖辈辈繁衍、生活在中国这片土地上的各民族，从古到今在历史悠久的文化传统上创造的具有民族特色，能体现民族文化和民族精神的音乐。广义上讲，民族音乐就是产自于民间，流传在民间，表现民间生活、生产的世界各民族的歌曲或乐曲。民族音乐又可以分为民间歌曲、民间舞蹈音乐、民间器乐、民间说唱音乐、民间戏曲音乐等多种形式。

流行音乐，亦称流行歌曲、现代流行音乐，从英文"Popular Music"（简称为 Pop Music）翻译而来，也有人将其翻译为"通俗音乐"。《中国大百科全书·音乐舞蹈卷》中的定义是：通俗音乐泛指一种通俗易懂、轻松活泼、易于流传，拥有广大听众的音乐；它有别于严肃音乐、古典音乐和传统民间音乐，亦称"流行音乐"。流行音乐由于结构短小、内容通俗、形式活泼、情感真挚，为广大群众所喜爱、传唱或欣赏，流行一时甚至流传后世，因此，又有"大众音乐"之称。

奈特尔对西方流行音乐给予了定义：起源于城市，并以城市听众为取向，由专业但未受过高等教育的音乐家演出，并与本民族的艺术音乐有风格上的联系。在20世纪，流行音乐的主要传播途径为电台和唱片、录音带等大众传播工具。彼得·曼纽尔在《非西方世界的流行音乐》一书中则认为流行音乐家的知识水平不一定逊于艺术音乐家，在某些方面流行音乐可能更为精致，并认为流行音乐具有以下特点：是倾向于通俗娱乐的音乐；存在明星并偶像崇拜；曲目更新速度快。[①]

现代流行音乐可作商业化运作，有时亦称作为商业音乐，以盈利为主要目的。它是商业性的音乐消遣娱乐以及与此相关的一切"工业"现象，市场性是主要的，艺术性是次要的。

---

① 于今：《狂欢季节——流行音乐世纪飓风》，广东人民出版社，1999年。

## 二、表演艺术的主要特征

表演艺术具有以下主要特征:①②

### (一) 真实性

表演艺术的真实性是对客观生活的历史性融合和对人的心理审美性的融合,是对生活现象的内在的、动态的近似。表演艺术的塑造"既要符合客观生活之理,又合主观人情之常",把生活真理和审美情感相统一,从而让消费者在心理上感受到表演艺术的真实感。这种真实感是时代感、现实感、真切感、逻辑感、生命感和历史感的有机融合,它能促使消费者对表演艺术做出确认,融入自身的体验,从而产生一种可信的感觉。

### (二) 新颖性

表演艺术的新颖性体现在以下几个方面:一是形象的个性化,即每个艺术形象都具自身的独特性,不可重复,这些艺术形象融入了创作者的独特情感体验。二是情节的变化性,即情节发展富于变化,新奇曲折,有时出人意料,让消费者充满惊奇。三是情感的跌宕性,即随着情节的推进,其情感运动一波三折,深深地吸引消费者,给消费者留下深刻的情感体验。四是氛围的神秘性,表演艺术创作者往往巧妙地运用不同的表现手法,通过诸如矛盾冲突等手段增加审美氛围的神秘感,从而有效激发消费者的好奇心和探求欲望。

### (三) 情感性

表演艺术是创作者真实情感的反映,是创作者深刻人生的体验,并且,其情感内涵往往是多层次的、复合的,否则很难感动消费者。情感的表现手法往往是曲折性发展,层层深入,进而对消费者产生心灵的冲击。表演艺术蕴含的情感抒发和宣泄要根据主题传达和艺术本身的内在精神需要适可而止,不然会破坏整体和谐。此外,创作者的情感态度应符合时代要求,弘扬真、善、美,从而使消费者在消费体验过程中升华情感、陶冶

---

① 顾兆贵:《艺术经济学》,生活・读书・新知三联书店,2013 年,第 213-215 页。
② 林兴宅:《艺术魅力的探讨》,四川人民出版社,1985 年,第 20-47 页。

情操、净化心灵。

### （四）持久性

表演艺术的持久性是指，优秀的表演艺术作品对人类发展的精神影响所产生的历史影响是深远而不朽的，它不会随着时间的流逝而失去光彩。任何一个优秀的表演艺术作品都是时代的产物，留下了时代的烙印，具有独立的个性，这种丰富的、独立的个性永远不会被后续者包容进去，具有特殊的历史价值，总能够使有些消费者产生情感共鸣，为消费者提供丰富的精神食粮。而且，表演艺术不像自然科学那样会随着时间的流逝而掩去科学成就的光辉，表演艺术作品会因为时间的久远将更受到人们的希冀和珍视，产生超越时空的影响。

## 三、表演艺术的价值

表演艺术的价值由经济价值和文化价值有机构成，并且表演艺术的价值主要取决于文化价值。由于文化价值是一种多样化、不断变动中的观念，消费者很难达成共识。因此，文化价值常常无法度量（Smith，1999；Throsby，2001）。

表演艺术的经济价值由物质资源消耗的转移价值、作品创造过程中的劳动者劳动价值以及剩余价值构成，这一价值是客观存在的。虽然表演艺术是艺术劳动者的脑力和体力劳动的结晶，凝结着艺术劳动者的抽象劳动，但由于表演艺术是个体化、独立的创造物，而不是标准化的生产物，难以和同类劳动进行确切的比较。因此，这一经济价值没有，也不可能用"社会必要劳动时间"来进行衡量。

表演艺术的文化价值主要包括审美价值、精神价值、社会价值、历史价值等。审美价值是表演艺术的核心价值。因为消费者能够从观看表演艺术作品的过程中获得精神上的愉悦和审美享受。精神价值是指对于消费者而言任何优秀的表演艺术产品具有特殊的文化意义，或者说任何优秀的表演艺术产品都蕴含人类所共有的内在品质，这一价值能够促进不同文化群体以及同一文化群体内不同个体之间相互理解，启迪个体智慧。社会价值是指表演艺术有助于形成身份和地位意识。比如，偏好古典音乐的消费者群体显然不同于偏好摇滚乐的消费者群体。历史价值是指任何优秀的表演艺术作品都是当时创作时代的反映，透过这些表演艺术作品能够洞察过去，启迪当下。

## 四、剧院及其功能

剧院是专门用于表演戏剧、歌舞、音乐等表演艺术的场所。现代剧院也兼有放映电影的功能。

传统剧院的服务对象只是演出单位和观众，而若剧院为剧团所有，其服务对象只有观众。根据剧院服务对象以及剧院的使用方，剧院的核心功能可概括为"观"、"演"、"管"、"传"等（赵国昂，2011）。具体而言：

第一，"观"的功能。剧院应为观众提供一个良好的欣赏演出的场所，满足观众在观演活动中的一切需求，因此，"观"的功能主要包括信息查询功能、售票功能、检票功能、休息功能、停车功能、餐饮功能、衣物存贮功能、安检功能以及其他艺术欣赏功能。

第二，"演"的功能。"演"是对演出机构和演员而言，剧院要满足演员演出过程中根据剧情和个人习惯的一些需求，为它们提供一个适合演出和暂时生活的场所。其功能包括剧团会议、化妆道具存放功能、服装存放功能、卫浴、就餐、信息查询、舞台技术服务、保安等。

第三，"管"的功能。"管"是对剧院管理人员而言，一个功能完善的剧院，应能为管理公司的演出管理活动提供软硬件上的支持。其功能主要包括办公、会议、员工餐厅、更衣、卫浴、倒班宿舍以及尽可能的经营面积等。

第四，"传"的功能。"传"是针对媒体而言，剧院应为演出节目的传播媒体提供一个良好的技术平台，要为其提供或预留必要的空间和技术条件。其功能主要包括摄像机位、转播设备间、转播用大电源、转播车位等。

# 第二节　表演艺术的生产

本节主要探讨表演艺术生产的相关问题，内容涉及表演艺术产出的计量、表演艺术生产的决策以及表演艺术生产的成本疾病三个方面。①

## 一、表演艺术产出的计量

经济学家能够直接计量农业或制造业的产出，然而很难计量表演艺术的产出，特别是对于艺术质量的标准更难衡量（Heilbrun 和 Gray，2001）。由于不能直接测量表演艺术的产出，因此只能采用间接法或代理变量加以测量。

表演艺术的产出可以用四种方法加以测量（Throsby 和 Withers，1979）：一是表演场次。显然这是一个有效的测量产出的方法，因为表演艺术生产成本很大部分由每场演出构成，如员工工资、场地费用等。二是单个产品的数量。比如，在某种意义上，单独上演 60 场同一剧目的公司比各上演 30 场两种剧目的公司所获得的艺术性经验要少些。三是可出售的门票数量。门票数量是表演场次与剧场容纳量之乘积。四是已售出的门票数量。其数值为表演场次、剧场容纳量与就座率之乘积。

## 二、表演艺术生产的决策

表演艺术公司的生产目标取决于它们属于营利性部门还是非营利性部门。显然，这两种性质部门的生产目标的关注焦点并不一样。

### （一）表演艺术机构的产出与成本

Heilbrun 和 Gray（2001）研究了一家现场表演艺术机构所面临的产出

---

① 本节主要参考［美］詹姆斯·海尔布伦、查尔斯·M. 格雷：《艺术文化经济学》，詹正茂译，中国人民大学出版社，2007 年。

和成本情况。现场表演企业的生产成本由固定成本和可变成本构成。其中，固定成本也叫"装配成本"，这种成本产生在戏剧表演之前，并且不会受到随后的演出运作时间的影响。这些固定成本包括布景成本、服装和道具成本、排练工资、导演基本报酬、舞台管理人员工资、首映夜之前的广告和发布费用、剧院租金，以及办公、法律和审计费用等。可变成本是演出的营业费用，它从演出的首映夜开始，并继续以基本相同的比例存在于每场演出当中。这些可变成本包括表演者、舞台和公司管理者以及后台工作和技术工作人员的薪金等。

　　下面我们说明单位成本如何随产出水平的变动而变动。如图 3-1 所示，横轴表示产出量即可售座位或演出场次，纵轴表示单位成本。假设投入要素的价格不变，单位成本随产出的变动是由生产过程中内在的因素引起的，而非由工资率和原材料价格的变动所引起。

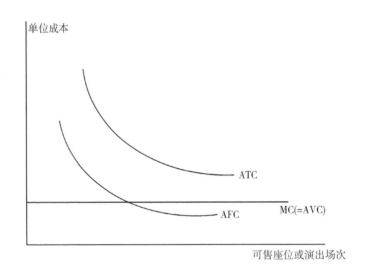

**图 3-1　某现场表演艺术的成本与产出**

资料来源：詹姆斯·海尔布伦、查尔斯·M. 格雷：《艺术文化经济学》，中国人民大学出版社，2007 年，第 112 页。

　　在图 3-1 中，三条曲线分别代表平均固定成本（AFC）、平均可变成本（AVC）和平均总成本（ATC）。在最初的演出中，AFC 曲线呈急剧下降的趋势，当演出场次达到一定数量时，表演艺术的 AFC 曲线变得平坦。
AVC 曲线是一条水平直线，它与代表演出场次的横轴间的垂直距离表示
某个既定作品单独上演一次时所需投入的平均可变成本。由于不论演出多
少次，每场演出所需投入的人工和物质材料都是相同的，因此是一条水平
直线。如果平均可变成本不随产出的增加而发生变化，那么增加一单位的
产出所带来的额外成本就始终等于该产量水平下的平均成本。因此，当
AVC 保持不变时，边际成本 MC 必定等于 AVC，也保持不变。平均总成
本等于平均可变成本与平均固定成本之和。因此在图中，ATC 曲线是在
AFC 曲线之上并与其保持固定的距离，与 AFC 曲线一样，ATC 曲线在开
始阶段急剧下降，随着演出场次的增加而趋于平坦。

**（二）营利性表演艺术机构的生产决策**

　　下面我们关注营利性现场表演机构的生产决策。图 3-2 描绘了某家
表演企业所面临的需求和成本情况。图 3-2 中，横轴表示可出售座位的
数量，它等于演出场次乘以剧院的容纳量。纵轴的价格与成本以每个可售
座位为单位来衡量。图中曲线 D 和 MR 分别表示需求曲线和边际收益曲
线。如图所示，MC 与 MR 曲线交于 G 点，在该点上售出的座位数为 $Q_1$。
因此该点的产出实现了利润最大化。因为，在 G 点的左侧，MR 曲线位于

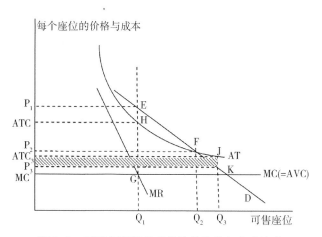

**图 3-2　某现场表演艺术机构的价格与产出决定**

　　资料来源：［美］詹姆斯·海尔布伦，查尔斯·M. 格雷；《艺术文化经济学》，詹正茂译，
中国人民大学出版社，2007 年，第 121 页和第 131 页。

MC 曲线之上，意味着增加产量所带来的收益大于其付出的成本，从而利润会增加；在 G 点右侧，MC 在 MR 曲线之上，意味着增加产量带来的成本高于获取的收益，从而导致利润下降。因此，G 点的利润是最大的，现场表演企业实现剧目利润最大化的价格和产量分别是 $P_1$ 和 $Q_1$。需要注意的是，这一结论建立在剧目演出期间，其价格始终保持在单一水平之上。但事实上，企业通过降价将演出周期在 Q 水平上加以延长或许能赚取更多的利润。

**（三）非营利性表演艺术机构的生产决策**

将数量目标、质量目标以及预算平衡的约束这三者结合之后，Throsby 和 Withers（1979）研究后认为，非营利性表演艺术组织的产出目标是，在适当的时间周期内，该组织会试图达到观众规模最大化，并在票房同其他来源的收入总和足够弥补其成本的约束条件下，上演一定量符合其自身质量标准的节目。

同样，图 3-2 也可以用于分析非营利性表演艺术组织的价格—产量决策。在没有任何政府补贴或私人赞助的情况下，它将在仅能弥补其平均总成本的价格水平所对应的产量进行生产，即最优价格和产量分别是 $P_2$ 和 $Q_2$。与营利性公司相比较，非营利性表演机构的演出门票价格更低，并且观众总人数更多或演出周期更长。

在获得了捐赠性收入情况下，门票的定价会更低，可以低于其成本，其差额反映了可用捐助的影响。如图 3-2 所示，该机构将门票价格降至 $P_3$（即 K 点），观众人数上升到 $Q_3$，在产量 $Q_3$ 下，每个座位总成本为 $ATC_3$，如点 J 所示，此时机构总的亏损额为 $Q_3 \times (ATC_3 - P_3)$，如图阴影面积所示，并且若预测准确，其亏损额刚好为可用的捐赠收入总量。

## 三、表演艺术生产的成本疾病

现场表演艺术具有单位成本稳步上升的特点即存在"成本疾病"。[①]

---

① 本小节主要参考 Baumol, W. J. and Bowen, W. G.. Performing Arts: The Economic Dilemma [M]. New York: The Twentieth Century Fund, 1966.

使用德鲁巷以及 1740~1775 年伦敦科芬园剧院的一组账簿，鲍莫尔和鲍文计算出从 1771~1775 年期间每场演出的平均成本，估计为 157 英镑。为了比较，他们估计 1963~1964 年间皇家莎士比亚剧院每场演出的平均成本为 2139 英镑，是 18 世纪水平的 13.6 倍。在同一时期（1963~1964年）英格兰的总体价格水平升至最初（1771~1772 年）水平的 6.2 倍左右，因此"那段时期的每场表演成本作为一个整体上升到价格水平的两倍以上"（凯夫斯，2004；Towse，2011）。此外，鲍莫尔和鲍文对 20 世纪 50~60 年代的英国剧院的演出成本进行了研究，发现英国剧院的"每场演出的成本以 7%~10% 的速率增长，而价格以约 4% 的速率上升"。

在美国，"'二战'时期表演机构的成本以接近 4% 的增长率上升，而价格以 1%~2% 的增长率上升"。比如，鲍莫尔和鲍文通过研究发现，纽约爱乐乐团 1843~1964 年期间每场音乐会的成本以 2.5% 的年复合增长率增长，但这一时期美国批发价格指数每年平均只上涨了 1.0%。通过对美国 1947~1964 年期间 23 个主要的管弦乐团等样本机构的演出成本进行分析也表明，这些演出机构每场演出成本增长远快于总体价格水平，如表3-1 所示。

表 3-1　美国"二战"后每场演出开支增长和批发价格指数增长

| 组织 | 时期 | 年均复合增长率（%） | |
| --- | --- | --- | --- |
| | | 每场表演支出 | 批发价格指数 |
| 23 支大型管弦乐队 | 1947~1964 | 3.1 | 1.3 |
| 大都会歌剧院 | 1951~1964 | 4.4 | 0.3 |
| 城市中心歌剧院 | 1958~1963 | 2.0 | 0 |
| 纽约城市芭蕾剧院 | 1958~1963 | 2.3 | 0 |
| 百老汇样本 | 1950~1961 | 6.0 | 1.4 |
| 地区性剧院 A | 1958~1963 | 11.2 | 0 |
| 地区性剧院 B | 1958~1963 | 6.0 | 0 |
| 地区性剧院 C | 1955~1963 | 2.5 | 0.9 |
| 夏天剧院 | 1954~1963 | 3.6 | 0 |

资料来源：Baumol, W. J. and Bowen, W. G.. Performing Arts: The Economic Dilemma [M]. New York: The Twentieth Century Fund, 1966.

从上面可以看出，生产力落后问题导致现场表演艺术单位成本比一般物价水平更稳步增加"是没有国界的"。

后来的研究表明，规模经济有助于缓解表演艺术的"成本疾病"。现场表演艺术在生产上表现出系统的规模经济，也就是说，表演艺术的演出周期在某个区间内，产出的单位成本随着产出的增加而降低（海尔布伦和格雷，2007）。这是因为，随着演出场次增加，任何一个作品的固定成本会被更多的表演场次分摊。随着个人平均收入的增加，演出季度也会延长，由其导致的单位成本的减少有助于抵消由表演艺术生产力滞后而引起的成本递增的影响。Globerman 和 Book（1974）对加拿大交响乐团和戏剧公司构成的样本进行研究后发现，当交响乐团的演出达到每年平均 115 场次时将会出现规模经济，而戏剧公司则是在演出达到约 210 场时规模经济得以实现，他们认为，后者每件作品的固定成本更高是戏剧公司在更高的场次实现规模经济的原因。Lange 等（1985）通过研究发现，当每年的音乐会场次在 1~65 场次之间时，每场音乐会的平均成本随着场次的增加而下降，即在这个产出区间达到了规模经济。表演艺术产生规模经济有两个原因，其中最重要的原因之一是，演出达到一定的场次后，表演艺术团队不须要花更多的时间进行排练就可以提供更多场次的演出；另一个原因是，管理表演艺术团队所需要的行政开支不必随着演出场次的逐一增加而增加，经济性开支会被更多的演出场次分摊，进而每场演出的平均固定成本不断下降。

另外，收入增加也将缓解表演艺术的"成本疾病"，即随着人们收入的增加，将影响其在不同类型消费品上的分配比例：进步式发展所产生的"收入效应"，而并非成本疾病假设所关注的"替代效应"。假设消费者消费的产品和服务分为"必需品"和"奢侈品"，必需品一旦齐全，消费者将会把收入增长的部分投入到奢侈品中。这样一来，表演艺术一类的奢侈品，如果其相对价格保持不变的话，将会吸引越来越多的顾客把收入投入其中。换句话说，人均收入上升，反过来增加了对艺术的需求。在任何给定的价格水平上，公众愿意购买比以前更多的门票。由此，成本疾病虽存在但并不是无药可医。

# 第三节　表演艺术的定价

本节侧重对表演艺术的定价问题进行讨论，主要内容涉及影响表演艺术定价的内在因素和外在因素以及表演艺术的定价策略。

## 一、表演艺术定价的内在影响因素

影响表演艺术定价的内在因素主要是表演艺术的总成本。表演艺术具有高昂的固定成本和较低的边际成本的特点。表演艺术的成本可分解为固定成本和可变成本。以歌剧为例，歌剧的固定成本主要包括剧目创作费用、表演场地费用、设施购置费用、设施维护费用、维护建筑的构架、布景、照明、舞台管理以及服装的支出、正常工资支出（主要为设备施工人员、合唱团和公司负责人、音响工作人员、乐工在内的正常工资支出）以及排练成本。可变成本主要包括流动人员工资、自由职业演员工资等。为了减少成本，剧目组可以通过减少国际知名艺人（如导演、制作团队和歌手）的数量来最大限度地节约成本。

一般而言，和其他产品和服务一样，表演艺术定价的下限取决于表演艺术的成本。从长远看，表演艺术的价格必须高于其成本，从而才能以收入抵偿其成本。因此，表演艺术的价格会随着其成本的增加而提高。

## 二、表演艺术定价的外在影响因素

影响表演艺术定价的外在因素主要包括消费者认同、需求价格弹性、市场结构、表演衍生产品收入以及外界补贴等。

消费者认同影响表演艺术的定价。某消费者对某表演艺术服务的认同程度比较高，如对表演者认同程度比较高，那么，该消费者对表演艺术的价格并不敏感，愿意接受较高的价格。

收入水平对表演艺术价格会产生正影响。收入水平越高，消费者的可支配收入将提高，消费者更倾向于观看表演艺术，以满足其精神生活的需要。因此，相对于收入水平低的地区，高收入水平地区的表演艺术的定价可以更高。

需求价格弹性也会影响表演艺术的定价。若某表演艺术的需求价格弹性为富有弹性，那么价格的稍微变动将显著地影响其需求量，此时若定价太高，将失去很大一部分消费者；若表演艺术的需求为缺乏弹性，此时定价高一些也不会失去太多消费者。

市场结构会影响表演艺术的定价。随着表演艺术机构的数量增多，竞争将越激烈，若其剧目差异不大，那么其价格难以提高。

表演衍生产品的收入与表演艺术的价格为负相关。若表演艺术公司从表演衍生产品获得的收入占总收入的比重越高，表演艺术的价格可以定得相对较低以吸引更多的观众。表演衍生产品的收入主要包括通过销售磁带或光盘赚取的版税收入、从广播或有线电视演出中得到的收入。

外界补贴主要包括私人捐赠和公共补助两大部分。若表演艺术机构获得更多的外界补贴，表演艺术的定价可以低一些。由于表演艺术固定成本偏高、需求偏小、存在成本疾病以及普遍认为有较高的社会效益等诸多原因（Baumol 和 Bowen，1966），政府会给予表演艺术以一定的补贴。例如，和其他艺术委员会支持的表演艺术相比，2003 年英国歌剧每场演出获得政府高达三倍的补贴（Alan 和 Skinner，2005）。

## 三、表演艺术定价的策略

表演艺术机构通常面临较高的固定成本、需求偏小这一问题，但其固定成本比可变成本或收入增长要快，单一价格不足以抵消成本，因此必须采用价格歧视策略进行定价。

事实上，价格歧视在表演艺术机构特别是歌剧和交响乐团中普遍存在。而且，非营利性表演艺术机构的价格浮动区间一般大于营利性表演艺术机构。

然而，表演艺术机构若采用价格歧视来提高收入，需要确认表演艺术机构是否将价格设置在非弹性需求的范围内。如果表演艺术机构将价格设置在非弹性需求的范围内，那么它们是在试图诱导观众提供自愿性的减税捐赠。大型乐团面临的价格非弹性需求不是由于缺少替代品，而是一个深思熟虑的策略，他们在诱导顾客捐赠（Luksetich，2011）。规模较大的乐团往往在非弹性需求的范围内确定价格，而规模较小的乐团有更高的价格灵活度。每个乐团都有一个很宽的价格弹性区间，这个区间很大程度上反映了乐团的定价在不同市场中的差异以及单场音乐会的定价策略。

由于很难识别个体观众或者观众群体的需求弹性，表演艺术机构可以设置低于收入最大化价格的票价，以引导观众自愿提供捐助。事实证明，对于大型管弦乐团而言，低于收入最大化价格的定价一般会导致捐赠增加；但是如果价格设定太低，那么低价格带来的收入损失不会完全由捐赠来弥补。有学者研究表明，门票价格与大都市交响乐团的捐赠之间的相关性不大，但对于处于小城市的乐团，低价格导致捐赠收入则相应减少，可能的原因是，此类乐团的票面价格是质量的信号，高价格更容易带来捐赠意愿的提升。一般情形下，所有乐团都是通过提升票面价格来提高净收入的，而只有大型的乐团会导致捐赠收入减少。

# 第四节　表演艺术的组织与管理

本节表演艺术的组织与管理主要围绕戏剧、音乐、唱片公司，以及服务于表演艺术的平台剧院的组织与管理中出现的相关问题展开讨论。

## 一、戏剧的组织与管理

戏剧可按剧目或季节来组织和管理，通常一定数量的剧目的表演将持续数周。在季节体系的生产模式下，歌剧生产方为了歌剧演出和运行期间的品质，都会聘请知名歌手来演唱。为了保证高质量的演出，为了保护歌剧主唱的声音，以及出于保护声乐健康的需要，每周只会演出三个或四个歌剧。德国大多数歌剧院采用在表演季节或短时间交替演出几个歌剧的运营系统。这需要更详尽的资源使用规划及客座艺术家的聘用来填充公司主要演员的不足，因此歌剧表演需要更大范围的配合。还有一种嘉年华方式来组织歌剧，嘉年华式运营是公司或者歌剧组雇用演出人员在一年中的某个时期通常是夏季进行的一种歌剧组织方式（Frey 和 Vantravers，2000）。

由于舞台上的"工业革命"，美国自 1875 年开始，法国自 20 世纪早期就开始了戏剧管理，联合体制得以发展。[①] 法国对旧作品的新演出或创作新的戏剧作品的补贴以及对"间歇性"艺术家和技术工人们的非直接的特殊失业福利的批准都刺激了在短期演出的经济体制下的戏剧出品的分化。德国和俄罗斯接近于股份体制，即在国有和国家管理的剧院里拥有永久的公司，在整个收入中公众补贴的比例和北美及英国的体制形成对照，在后两个地方私人贡献占有更大比重。与私人所有的营利公司相比，私有或公有的非营利的公司十分盛行。

## 二、音乐的组织与管理

音乐主要包括作曲、演奏、出版/授权以及音乐制作和发行四个部分。一首音乐在每个生命阶段都受到版权和相关权的保护，通常情况下，出品商会购买一首音乐的权利并通过录制和演奏等方式对它进行开发（霍金斯，2006）。

音乐的组织与管理具有以下四个主要特征（Burke，2011）：一是大公司和小公司并存。虽然音乐市场大型公司具有一定的垄断势力，但市场上仍旧存在众多中小型公司。原因一是音乐市场有足够多的有才华的艺人开始可能不被大公司看好从而只能选择中小型公司。二是中间市场和终端市场集中度比较高。传统音乐市场中，艺人市场、唱片公司市场以及终端零售市场的集中度均比较高，但艺人市场的进入壁垒较低；和艺人市场不同，唱片公司和终端零售市场往往存在较高的进入壁垒，在位企业往往占统治地位。三是投资艺人的风险较高。艺人进入市场的壁垒较低，但其市场集中度较高，这意味着大量的艺人的市场占有率较低，从而给音乐企业特别是中小型企业带来财务风险。四是声望带来收益。在和终端零售市场

---

① 联合体制中，导演在一个特定的基础上将艺术家们聚集起来进行每一次出演。

谈判中，高声望的唱片公司往往比小公司往往占据优势从而增加该公司新艺人的媒体曝光度，进而为公司带来更多的利润。

现场演唱会门票往往是艺人音乐实力和受欢迎程度的最好证明。现场音乐会的消费者主要是艺人粉丝构成：一类是如期准时到现场的铁杆粉丝，另一类是有空才会去看的一般粉丝。一般来说，随着演出时间的临近，一般粉丝对门票需求的不确定性将降低，并且往往比铁杆粉丝带来更高的价值（Courty，2003）。因此，为了获取更高的利润，如何对现场演唱会门票进行管理变得非常重要。比如，除现场直接售票外，可以通过授权的代理商、电话、网络或微信售票；座次较好的票定价更高。与现场演唱会密切相关的是黄牛党倒票。在不考虑交易成本的情况下，倒票行为将提高社会效率，增进社会福利。但若考虑交易成本，倒票行为将造成社会福利下降，甚至会引发治安问题和群体事件等负面影响。

## 三、唱片公司的组织和管理

除华纳音乐集团外，大型唱片公司的组织基本相同，如图3-3所示。控股公司除音乐业务外，还有诸如电影、电视等其他非音乐业务，而音乐集团一般至少包括音乐出版公司和唱片公司，有的还包括处理唱片零售业务的部门。唱片公司通常包括：唱片厂牌，这些厂牌在艺人管理和市场营

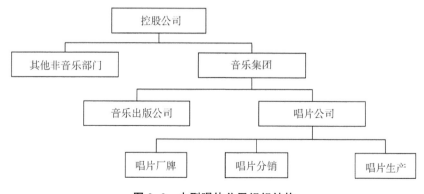

**图3-3 大型唱片公司组织结构**

资料来源：孙有中等：《美国文化产业》，外语教学与研究出版社，2007年，第152页。

销等方面独立运作；唱片分销，它负责分销唱片公司所有厂牌生产的唱片；唱片生产部门，它负责唱片的生产（孙有中等，2007）。

虽然唱片公司拥有不同风格的厂牌（Label）或者艺人（Artists），但其商务模式基本一样：首先签下一大批具有前途的艺人，取得这些艺人创作歌曲的版权以及发行权，然后经过唱片的制作、包装，并利用自身高超的营销技巧以及完善的营销渠道将唱片送到消费者手中。在这个产业生态中，唱片公司占有绝对的主导地位，这不仅因为唱片公司对歌曲流行时尚的敏锐与远见，更重要的是唱片公司的市场掌控力。其市场掌控力主要表现在：一是唱片公司往往通过垂直一体化行为进入唱片分销、零售渠道，获得了唱片销售渠道的控制权；二是由于这些唱片公司往往隶属于某个媒体集团，他们可以借助媒体集团属下的各种宣传媒介来影响大众的音乐品位与偏好（芮明杰等，2005）。

事实上，大型唱片公司通常控制音乐生产的整个流程。各厂牌旗下签约了大批艺人，音乐出版社出版词曲作者创作的作品，唱片生产部门生产各种磁带和光盘，而销售部门则将唱片销售到听众手中。为了扩大市场占有率，这些公司还会通过水平兼并的方式收购其他厂牌。

不同唱片厂牌的组织结构有所差异，厂牌的典型组织结构如图 3-4 所示。

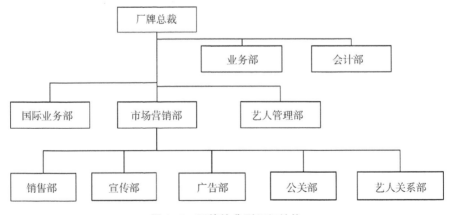

**图 3-4　厂牌的典型组织结构**

资料来源：孙有中等：《美国文化产业》，外语教学与研究出版社，2007 年，第 153 页。

## 四、剧院的组织与管理

为应对电影和电视的竞争，更多的剧院正力图用"迷你节日"这类的短期事件来吸引观众。通过这类艺术教育活动，剧院可以培育和再创造观众。为了让普通观众感受到戏剧表演的独特魅力，考虑到人们的文化习惯，保留节目内容的构成比例将成为戏院经营的关键。经验表明，经典剧目和当代剧目的比例会影响剧院观众人数；艺术家和剧院的声誉则比曲目类型更具影响力（Zieba，2009）。一般而言，演出经典剧目的风险比演出当代剧目的风险更低。

在具体的曲目决策上，除了一些"导演暨经理"支持创新的剧作家外，营利性私人所有的剧院重在轻喜剧或音乐剧，以增加商业成功的概率。非营利剧院的管理人员的取舍则在观众数目的最大化、预算和质量之间，他们关于委托代理的分析通常集中在获得最大的公共预算上。但是，当剧院管理者认为他们既是政府当局的代理又是创新的艺术家时，剧院的管理策略就更为复杂。

在管理体制上，德国剧院是国家管理，这也造成德国剧院管理人员没有动力去管理剧院的预算以及尽可能地运营和壮大剧院（Krebs 和 Pommerehne，1995）。德国剧院为歌剧机构提供了演出平台，城市中所有的歌剧机构都可以共享该城市的剧院，此外剧院也会用于芭蕾舞表演、脱口秀演出等其他艺术活动。在德国，歌剧机构的表演者均享受相同的工作待遇，员工通常都有一个固定的合同，这也导致德国歌剧机构要承受庞大的固定成本压力。

和德国不同，英国、美国、意大利等国家的剧院已经开始发展成为私人非营利性组织。这些国家的剧院的收入包括公共补贴、私人赞助、捐赠等。此外，这些国家的歌手、乐队指挥、导演、布景设计等专业人才的合同通常也不是固定的，而是与特定歌剧的生产和运作紧密联系在一起，这在一定程度上降低了歌剧机构的固定成本。

# 第四章　视觉艺术

子曰："君子不器。"

《论语》为政篇第十二

"视觉"即指"看"，在人类发展过程中，人们对世界的视觉及其表达随着自身掌握的工具、感性与理性认知水平的发展而不断提升。视觉艺术是人类认知及表达世界与自我所形成的一种重要文化形式，通过形象、图像、动作、虚拟情境等方式，视觉艺术依次经历了相似性模式、表征模型再到自我指涉模式的演变过程。本章运用经济学分析框架对艺术品、工艺品、影视产品等传统视觉艺术以及展现视觉艺术的特殊场所——博物馆逐一进行讨论。

# 第一节　艺术品

本节在界定艺术品以及分析艺术品的基本特征之后，从需求、供给以及市场结构方面探讨艺术品市场，随后讨论影响艺术品价格的主要因素，最后关注艺术品的投资。

## 一、艺术品的定义及其特征

艺术品，一般指造型艺术的作品，包括绘画、图像、雕塑、工艺设计等平台或立体的艺术作品。一般的艺术品包含两个要素：一是作品的材、线、形、色、光、音、调的配合，通常称为"形式的成分"或"直接的成分"；

110

二是题材，即作品的创意、主题，通常称为"表现的成分"或"联想的成分"。

艺术品包括了艺术产品和艺术服务，其显著特征就是包含着创意或艺术元素。按其消费特点，它可以是可持续性消费的商品，如凡·高的名画；也可以仅存在一定的时空之中，如冰雕艺术品。按其外在形态，它可以是有形的产品，如艺术品；也可以是无形的服务，如参观博物馆。按其用途，它可以是提供给消费者的最终产品或服务，也可以是提供给生产者的中间产品或服务，被投入到其他文化产品甚至是非文化产品的生产中去，如一部小说可以制作成一本书直接卖给消费者，可以作为广播在电台播放，也可以卖给影视公司拍成电视剧或电影。

艺术品除了文化元素的特征外，其构成要素与其他商品和服务一样，都需要投入土地资源、劳动力、资本和其他生产要素，特别需要创造性投入，如创意阶层等。因此，艺术产品同样具有需求与供给、成本与价格等经济量纲，如参观博物馆是免费的，但参观成本是由政府或其他社会组织来支付的。

与传统的营销模型不同，经营艺术品的文化企业是以产品中心主导的营销模式（Colbert，2011）。如图4-1所示，艺术品的营销过程开始于艺

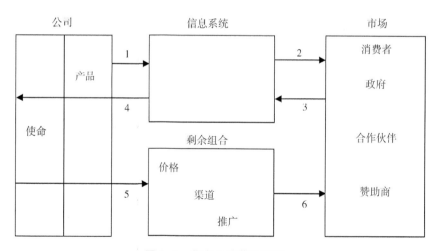

**图4-1 艺术品的营销模型**

资料来源：Colbert, F.. Marketing the Arts. In Ruth Towse（ed.），A Handbook of Cultural Economics（Second Edition）［A］. Cheltenham：Edward Elgar, 2011：259.

术品，营销始于产品的营销模型而不是始于市场，充分体现了艺术品的特征。流程包括：产品—信息系统—市场—信息系统—公司—剩余（营销）组合—市场。

## 二、艺术品市场

### （一）艺术品的需求

海尔布伦和格雷（2007）认为，将艺术品视为需求者的一项家庭资产更恰当。根据资产需求理论，他们认为，购买艺术品取决于以下因素：财富或家庭可利用的总资源、相对预期收益、预期风险、流动性以及品位等。这些因素任何一项发生改变都会导致艺术品需求曲线发生移动。当艺术品需求增加时，将导致艺术品的价格上升以及艺术品出售者收入增加。

一般来讲，随着家庭财富的增加，可以预见艺术品的购买量也将增加。对于劣等艺术品如复制品和艺术海报，则随着财富的增加，其需求量将下降。和收入弹性的概念类似，我们将资产需求随着财富的变化而变化的程度称之为财富弹性。用公式表示如下：

$$\varepsilon_{\mathrm{w}} = \frac{\Delta Q / Q}{\Delta W / W}$$

其中，Q 代表需求量，W 代表财富。

若 $\varepsilon_{\mathrm{w}} < 0$，则这类资产为劣等品，如艺术复制品；若 $0 < \varepsilon_{\mathrm{w}} < 1$，则这类资产很可能为必需品；若 $\varepsilon_{\mathrm{w}} > 1$，则这类资产为奢侈品，比如绘画。

当购买者认为购买这种艺术品所获取的预期收益比其他资产所获取的收益更高时，购买者将倾向于购买该艺术品；当风险规避或风险中立的购买者预测购买这种艺术品的风险超过其承受范围时，购买者将放弃购买该艺术品。

不同的艺术品在二级市场上的再次出售的风险并不一样。若购买者特别是投机者认为该艺术品的流动性比较差，那么购买者将放弃购买该艺术品。

艺术被视为一种"逐渐养成的嗜好"。也就是说，消费者必须首先去接触它才会渐渐地喜欢上它，而且这种"品位"的培养需要经过很长一段时间。品位的培养受众多因素的影响，诸如对艺术品进行专业性的讲解；专业评论家的正面评论；购买者自身的文化素养、文化偏好等。一般来说，对于投机的买家而言，他们偏好于购买名人作品；对于单纯的收藏家来说，其独特的品位很难使它们购买其他风格的艺术品；一般购买者特别是新进入者，为了规避艺术品市场的风险，往往会倾向于购买那些艺术评论家、画廊所有者等专业人士推荐的艺术品。

**（二）艺术品的供给**

艺术品的供给主体包括艺术家、艺术经销商、艺术品生产商等。艺术家指进行艺术创作的人，他们是艺术品内容创意的提供者和表达者，是艺术品的最初供给主体。艺术经销商包括艺术经纪人、拍卖市场、画廊或博物馆等，他们通过一定的方式购买或收藏艺术家的作品并在市场上出售。艺术品生产商指那些批量化复制和生产艺术品的供给主体，其提供的艺术品往往是用于装饰、美化环境等。

艺术品按其替代性可以分为不可替代、适度替代和完全替代三种类型。

有些艺术品是不可替代的。艺术家往往具有自己一贯的艺术表现手法和表达主题，即所谓的风格，如果购买者仅对符合他们口味的某一创作者或某一特定作品感兴趣时，艺术品的供给曲线就完全无弹性了。

当购买者对某一艺术品没有绝对偏好时，替代品就存在了。如对归属于某一类风格的艺术家，其创作的艺术品之间就存在着替代性。如果只是出于装饰需求而对艺术品感兴趣时，艺术品的替代性就更强了。当然，这种替代仅是在满足消费者特定需求前提下的适度替代。

但在艺术品批发市场上就存在近乎完全的替代。因为大量的艺术品都是从流水线上生产的完全复制的产品，在艺术内容、制作材料、生产工艺，甚至价格方面都几乎无差异。

**（三）艺术品的市场结构**

艺术品在需求与供给方面都表现出不同于一般商品和服务的特性，其市场结构偏离了经济学上的市场原理。[1][2]

首先，艺术品市场在一定条件下可以视作垄断市场。除去批量生产的工艺品外，艺术品是典型的异质商品。艺术家具有自己的创作风格，不同艺术家、同一艺术家不同的作品都可以理解为独一无二的。而且，艺术家过世后，他的艺术品的供给量就是不变的。因此，理论上完全可以把艺术品市场看成是一个大型垄断性市场，特别是对一个兴趣单一的买家而言，艺术品市场完全是一个垄断市场。但是，如果按照艺术品供给所描述的，将艺术品归属于某一类风格，则艺术品市场也可以理解为是寡头垄断市场或垄断竞争市场。

其次，艺术品市场具有显著的信息不对称性。艺术品的供给质量或买家支付意愿的信息在市场上是很不完全的，消费者需要积累大量艺术品的专门知识或支付大量的信息费用才能获得较为全面的艺术品信息。这种信息不对称将会带来较高的且不可忽视的交易成本。

再次，艺术品市场缺乏流动性。除批发市场外，艺术品的销售往往是在画廊、巡展或拍卖会上进行的，持有者必须等到适合的机会才可能将艺术品销售出去；而且，由于艺术品是不可分割的资产，与金融资产相比，其流动性较差。

最后，艺术品价值受个人声誉的影响。艺术品的价值除受物理属性、销售时空等影响因素外，很大程度上取决于艺术创作者的个人声誉，但个人声誉具有主观性，因此其价值往往取决于艺术界的集体评估过程及评估专家的信誉。画商、博物馆馆长及艺术评论家等艺术专家的评论在很大程度上决定着艺术品的价值。

## 三、艺术品价格的影响因素

艺术品的价格受很多因素的影响，其价值衡量也是复杂的。影响艺术

---

[1]　Moulin, R.. The French Art Market: A Sociological View [M]. New Brunswick: Rutgers University Press, 1967.

[2]　Velthuis, O.. Talking Price, Symbolic Meaning of Prices on the Market for Contemporary Arts [M]. Princeton: Princeton Universtiy Press, 2005.

品价格的因素主要有艺术品的物理属性、时代变化、销售的时空因素、社会声誉以及盈利水平等。①

艺术品的价格依赖于艺术品的物理属性。我们可以用一组包括依托材料、题材和签名的属性描述一件艺术品。其中，依托材料是指尺寸及使用的原材料（包括画布、画纸、绘画用油、水彩颜料、彩色粉笔、铅笔、颜料等）；题材主要是指历史场景、肖像、静物、风景、抽象物等；作者的签名则充当了商标的角色。艺术价值相当的艺术品价格受尺寸、使用技法、风格或者题材的影响。素描的价格会随着素描尺寸边际率的减少而提高。同样，素描比水粉画更便宜，而水粉画又比油画或丙烯画更便宜，纸版画比木刻版画或者帆布画更便宜。

艺术史表明，决定艺术作品价格的相关属性的重要性随时代而不同。例如，在意大利文艺复兴的初期，艺术市场上的价格主要由绘画作品的依托材料决定。画家最大的财富就是自身能力。绘画作品最初的价格通常是固定的，受创作成本的影响。订单会详细指明所用的颜料、题材、人数等。法国古典主义时期（从 17 世纪中叶到 19 世纪末）的绘画作品价格主要取决于绘画的题材。历史画比素描画更让人尊重，原因在于这些作品展现了艺术家的知识水平、描绘生活的能力，而素描又比静物画或风景画更让人尊重。自 19 世纪末以来，艺术家签名成为绘画的另一个重要属性，艺术品价值取决于艺术家思考过程中的独特性，这种独特性以及真实性往往采用签名的方式得以保证，只有艺术作品签有艺术家的名字才能为这幅艺术品定价。

艺术品的价格还依赖于出售日期和地点。在任何给定的时间里，艺术品的价格主要取决于艺术家的名字以及艺术品的物理属性，同一艺术品的价格会随着时间和空间而发生波动。艺术品价格随着时间而改变，是宏观经济变量（如通货膨胀、人均收入或者股市行情）的函数，还是艺术家人生中特定大事的函数（如艺术家的逝世）。在其他条件相同的情况下，人均收入越高，艺术品平均价格也越高。类似地，通货膨胀也会促使艺术

---

① 本小节源自 Sagot-Duvauroux, D.. Art Prices [C]. In Towse, R. (ed.), A Handbook of Cultural Economics (Second Edition) [A]. Cheltenham: Edward Elgar, 2011.

品的需求增加进而提高艺术品的价格。出售地点不同，艺术品的价格也不同，画廊里艺术品价格不总是与拍卖行艺术品价格相吻合，通常画廊里艺术品的价格波动要小得多。

社会声誉是影响艺术品价格的重要因素。艺术品的价格除了自身属性包含的创作者声誉外，社会声誉也在很大程度上影响着其价值。在评估艺术品价格过程中，如果对艺术品的身世产生任何怀疑（如签名的真伪），艺术品将不可避免地出现贬值。另外，艺术市场上的其他参与者，特别是画廊、馆长、收藏家以及评论家等，他们对艺术作品的评论直接影响着艺术品的价格。

此外，艺术品作为一种不可再生和几乎不可替代的物品，可作为一种投资品，其盈利水平也影响艺术品的价格。但艺术品与证券或股票等其他金融资产相比而言，艺术品的买入和卖出周期更长，其持有的成本和交易成本也更高，艺术品的所有者可看作是一个垄断者，但在持有过程却并不能都带来正的红利，相反却会因保管而引起负红利，只是这一过程所带来的文化消费的心理红利将使消费者从主观上去评判艺术品资产的价值。

## 四、艺术品的投资

艺术品是一种具有鲜明特色的投资品。艺术品投资可以看成是一种特殊的需求。它与投资该艺术品所获得的预期收益、风险、流动性等因素密切相关（海尔布伦和格雷，2007）。

如果将艺术品作为一项资产，它带来的预期收益 r 为：

$$r = \frac{C + P_{t+1} - P_t + S}{P_t}$$

其中，C 表示分红或票息收益，$P_{t+1}$ 和 $P_t$ 分别代表预期的下次售价和实际购买价格，S 是由该艺术品所有权获得的非金钱收益，比如从某一艺术品中获得美的感受值 500 美元，显然这一数值较为主观，取决于投资者的主观判断。

若某投资者认为某一艺术品的预期收益超过其他资产收益，并且这一收益在其经受的风险范围内，那么这位投资者将会买下该艺术品。显然，对于单纯的投机商而言，他们并不会从艺术品中获取非金钱收益，即 S 为零，因此，相对收藏家（他们会从这一艺术品中获得非金钱收益，即 S≠0）而言，在其他条件不变时，投机商将获得更少的预期收益。因此，若他们同时竞标该艺术品，收藏家将会胜出。

风险显然会左右投资者的购买。例如，两幅画作，其实际购买价格为5000 美元，其中画作 A 预期一年内能以 6000 美元的价格卖出，而画作 B售价高达 10000 美元和售价低至 2000 美元的概率各为一半，这样，虽然这两幅画作的预期售价均为 6000 美元，但显然投资后一幅画要承担更高的风险，可能存在巨额亏损。因此，若投资者是"风险厌恶者"，则他将选购前一幅画作。

流动性与艺术品能否方便转化为现金资产有极大关系。如果艺术品的未来流动性偏低，这意味着这件艺术品在二级市场上更难售出，显然这是投资者在决定是否购买这件艺术品时需要考虑的又一指标。

# 第二节　工艺品

本节主要关注与工艺品有关的问题，内容涉及工艺品的定义及其特征、工艺品的需求、工艺品的创意、工艺品的生产技术以及工艺品的定价五个方面。

## 一、工艺品的定义及其特征

工艺品是一种利用一定的生产工艺将经过艺术构思的内容创意借助不同的材料载体而生产出来的内嵌特定文化意义的、具有文化价值的文化产品。根据所使用的材料载体，工艺品可分为木制工艺品、竹制工艺品、铁制工艺品、玉制工艺品、石制工艺品、树脂工艺品、纸制工艺品、布制工艺品、陶瓷工艺品等。根据制作工具的不同可分为纯手工制作工艺品、纯机械制作工艺品、半手工半机械制作的工艺品等。

工艺品具有以下几个主要特征：

第一，工艺品内嵌特定的文化意义。工艺品是来自于创作者的新奇性的创意，这种内容创意一般带有明显的创作者偏爱的文化符号，是众多文化符号有机的组合，具有特定的文化意义。

第二，工艺品的取材一般来源于当地。工艺品的取材十分广泛，但大多数工艺品特别是传统手工艺品的取材都来自当地，是当地常见的一种自然资源。因此，工艺品的材料载体一般比较丰富，并且其本身就具有一定的地方特色。

第三，工艺品的生产需要特殊的生产技艺。工艺品特别是民间传统手工艺品的生产带有特殊的生产工艺，只有真正掌握这种生产工艺才能够生产出好的工艺品。

第四，工艺品具有一定的文化价值。工艺品是为了满足人们文化效用而生产出来的一种文化产品。透过欣赏创作者精巧的构思和对文化的理解，人们能够获得不同的文化价值，如美学价值、社会价值、象征价值等。

## 二、工艺品的需求

工艺品的出现让小众的艺术开始走进大众生活。工艺品的需求动机主要由两类构成：装饰的需要和交往的需要。具体而言：

第一，装饰的需要。随着人们生活水平的提高，人们在装修房子时更加注重装修文化，而价格适当、具有特定文化符号的工艺品恰好可以成为提升文化品位的载体。据有关部门统计，现代家庭装修时绝大多数人会购买一定数量的工艺品。

第二，交往的需要。有些购买者购买工艺品是出于交往的需要。因为工艺品具有一定的文化价值，特别是有的工艺品是地方特色产品。因此，购买者可以把它作为一种礼品赠送给他人，从而可以联系情感，建立或巩固与他人的关系。特别是当他人特别认同工艺品透出的文化时更是如此。

无论是出于哪种需求，购买者购买工艺品时一般会关注以下几个方面：

第一，工艺品所带来的美感。整个工艺品透出来的艺术美能够迅速吸引购买者的注意，并且进一步引发购买者的共鸣，增进购买者的购买意愿。

第二，工艺品的文化表达。工艺品都带有一定的文化符号，间接反映了创作者对某些文化的偏爱和认同，在购买者认同这种文化时，将会提升购买者对这种工艺品价值的评判，促进购买。

第三，工艺品的材料载体。工艺品的材料载体也会影响购买者，这是因为：一方面，不同材料各具特点会影响工艺品耐用性和保存方式；另一方面，也会影响整个装饰环境的和谐。此外，购买者对不同材料也有不同的偏好。

第四，售中服务。购买者可能对工艺品不太了解，此时售中服务显得特别重要。若现场销售人员具备专业的知识，特别是懂得解读这种工艺品所传达的喻义，进而引起购买者共鸣，购买者的购买意愿将显著提升。

第五，工艺品的生产工艺。不同的生产工艺会间接影响工艺品的价值。例如，纯手工艺制作的工艺品的价值显然要高于纯机械生产的工艺品，后者会让人感觉缺乏一种文化。一般来说，文化程度越高、收入水平越高的购买者更加看重工艺品的生产工艺，偏爱纯手工艺品。与出于装饰需要的购买者相比，交往需要的购买者会更加注重工艺品的生产工艺。

## 三、工艺品的创意

和一般创意产品类似，工艺品开发成功的关键在于有满足消费者市场的内容创意。内容创意产生过程依次经过可资本化的文化资源调研、文化萃取以及符号转化三个步骤（见图4-2）。[①]

### （一）可资本化的文化资源调研

文化资源往往是杂乱无序的，为了使这些可资本化的文化资源更好地创造内容，创意阶层需要全面调查这些文化资源，然后对这些文化资源进行深入探究并依据一定的分类标准进行归类。具体来说，首先，创意阶层

---

① 本小节主要参考林明华、杨永忠：《创意产品开发模式：以文化创意助推中国创造》，经济管理出版社，2014年，第88-92页。

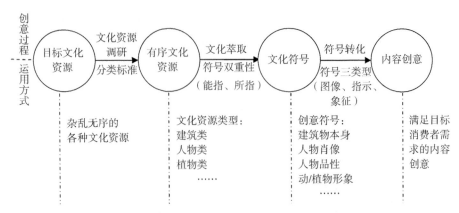

**图4-2　内容创意产生过程**

采用案头调查的方式借助互联网、各类图书和杂志尽可能多地收集有关文化资源的信息。由于这些信息是间接信息，创意人员需要对这些信息进行甄别，初步删除那些明显不符合事实的信息。在此基础上对所获取的文化资源信息进行初步整理，为现场采集文化资源信息做准备。其次，在占有二手资料的基础上，创意阶层对目标文化资源的所在地进行实地考察，通过观察、座谈会、深入访谈等方式进行补充从而丰富文化资源的相关信息，同时从中也可以让创作人员亲身感受当地文化魅力，为后续的创作奠定基础。最后，创意阶层对这些繁杂无序的文化资源进行全面深入分析，之后按照某一标准进行分门别类，如建筑类、人物类、植物类等，为接下来的文化萃取奠定基础。例如，大多数观众认为，好莱坞动画片《功夫熊猫2》与《功夫熊猫1》相比更加"中国化"，前者之所以能够淋漓尽致地将中国元素呈现在观众面前，除了有《功夫熊猫1》的创作经验外，主要原因还在于主创人员通过实地取材丰富了素材数据库。有关资料显示：为了设计中国功夫，主创作团队在功夫对打设计上除了观看李安导演的《卧虎藏龙》、成龙功夫片、李小龙功夫片等外，还去少林寺观看功夫表演、去青城山观看武术，从中感受中国功夫的魅力，为获得功夫设计创作灵感奠定了基础。为了设计中国画风格式的场景，除了参考中国古代艺术、建筑、图腾、服饰、食物和风景的书籍外，主创人员还实地考察了成都宽窄巷子、锦里、成都大熊猫繁育研究基地以及平遥古城、北京等地方，尤其关注了寺庙和道观，从而获取了创作电影场景的一手资料。在饮食设计方面，主创人员用了十天时间吃遍了成都各类小吃，从而为饮食文化符号化奠定了基础。为了使影片更能展现中国文化元素，制作方还特别邀请了中国古代文化学者当顾问等。

## （二）文化萃取

文化萃取就是创意人员将具体的有序的可资本化文化资源进行符号化，把这些文化资源转化成可用于内容创意的各类文化符号的过程。"符号"（Sign）一词渊源已久，基督教思想家奥古斯丁对"符号"作了一般性的解释，他认为，"符号是这样一种东西，它使我们想到在这个东西加诸感觉印象之外的某种东西"。也就是说，符号是代表某一事物的另一事物，它既是物质对象，也是心理效果（勃罗德彭特，1991）。美国符号学家莫里斯认为，"一个符号'代表'它以外的某个事物。"[1] 曾任《符号学》杂志主编的谢拜奥克认为，符号就是一种信息（吴风，1999）。日本符号学者池上嘉彦（1985）认为，符号是"给予某种事物以某种意义，从某种事物中领会出某种意义"。尽管不同学者对符号的具体界定有所不同，但其基本思路是一致的（余继宏，2009）：首先，符号是人为所创造的事物；其次，符号的接收者一般是人，也可以是其他能够感受刺激或刺激物的有机体；再次，符号是其他事物的"代表"；最后，符号具有某种意义，没有无意义的符号。瑞士语言学家费·德·索绪尔认为，符号由能指和所指构成，能指是物体呈现出的符号形式，如文字、声音等，是可辨识的、可感知的刺激或刺激物，而所指是隐藏在符号背后的意义，是诠释者心中对于符号意义的把握。

美国符号学家皮尔斯按符号能指和所指的相互关系，把符号分成三种类型：①图像性符号，即符号能指和所指具有共同的性质，二者在形象上具有相似性，如照片和人；②指示性符号，即符号能指和所代表的事物之间存在一种"必然实质"的因果逻辑关系，如烟与火、风帆与风之间；③象征性符号，即符号能指和所代表的事物之间存在约定关系，如数字"9"在中国传统文化、佛教文化以及凯尔特文化都是吉祥的数字，是

---

[1] 俞建章、叶舒宪：《符号：语言与艺术》，上海人民出版社，1988年，第19页。

"最强有力"和"阳"的象征（胡飞和杨瑞，2003）。因此，文化萃取的这些文化符号包含图像性符号、指示性符号和象征性符号三种类型。显然，创意阶层在这一过程中要具备较高的文化素养以及丰富的想象力，才能够提炼出足够多的、富有文化意义的各类文化符号。

### （三）符号转化

各类文化符号是创意阶层创造新奇内容创意的素材，利用这些创作素材，创意阶层通过界定和分析问题（例如消费者需求是什么），有意识地探索可能利用到的文化符号以及灵感来源，并结合大脑潜意识的工作，将零散的众多文化符号拼图组合成新奇的东西，进而对这种新奇东西进行验证，判断它是否解决了最初设定的问题。根据数学家 Poincaré（1982）的创意观点，文化符号转化成新奇内容创意的过程是无法预测的非线性过程。

为了生成符合消费者需求的内容创意，创意人员在进行创作过程中应考虑目标消费者群体的文化背景，原因在于群体的文化会影响群体个体的思考方式和行为方式，无疑也将影响目标消费者的消费偏好。创意人员主要是了解目标消费者群体的消费习惯、价值观等文化特性，特别是消费群体独有的文化特性，如颜色禁忌等，才有可能创造出符合目标消费者文化观念的内容创意。创意人员了解目标消费者群体文化的渠道多种多样，归纳起来有两种渠道：一是原始资料收集，主要通过问卷调查、座谈会、德尔菲法、现场观察等获取；二是二手资料收集，主要是通过互联网收集信息，在图书馆查阅资料，向专业机构如当地统计部门、专业咨询公司等购买相关资料。需要注意的是，不管是原始资料还是二手资料，创意人员都必须识别信息的可靠性程度以及适用范围，对于二手资料更是要注意信息的时效性。

文化的解读需要创意人员具备较高的文化素养，但现实中创意人员有可能具有丰富的想象力以及不断涌现的创作灵感，然而因受限于自身文化修养水准，在创意之前往往对即将开发的文化理解不深或者理解较为片面，甚至认为内容创意就是简单地复制这些传统文化符号，如人物形象、建筑物等，其结果必然是内容创意的物化形式——创意产品，仅仅具有文化的外壳，没有文化的灵魂。文化所蕴藏的社会价值、精神价值以及历史价值等文化价值并没有真正体现，从而造成创意产品的市场势力昙花一现，难以持久。

总之，文化符号的转化过程是将创作人员文化观念以及消费者文化观念融入可资本化的文化资源精炼而成的文化符号组合的过程，文化符号转化的结果是生成了具有文化价值和经济价值这种双重价值的内容创意。其中，文化价值是综合文化意义的表现形式，而经济价值是创作人员的劳动价值的异化，它只有在内容创意进一步转化成创意产品时才得以显现。双重价值的内容创意（VC）是可资本化的文化资源（$C_1$）、创作者文化观念（$C_2$）、消费者文化观念（$C_3$）以及其他投入要素（$C_4$）的综合映射物，即可用下述函数式表示：

$$VC = f(C_1, C_2, C_3, C_4)。$$

## 四、工艺品的生产技术

### （一）工艺品的生产方式

按照生产工具来讲，工艺品的生产方式可分为纯手工制作、纯机械制作和半手工半机械制作。

1. 纯手工制作

纯手工制作的工艺品的整个生产过程都是由手工艺制作而成的，这类工艺品被称为手工艺品，较有代表性的如中国结、四川蜀绣、芜湖铁画、牙雕等。在日益追求消费个性化的今天，纯手工制作的工艺品日益受到消费者的青睐。纯手工制作工艺品的创作者需要熟练掌握传统生产工艺的技能。一般而言，这种制作技能需要不断学习和自我探究才能逐渐为我所用，并且，随着不同时期对技能的理解不同，所制作出来的手工艺品往往也具有一定的差异。比如，笔者在绵竹年画村调查时发现，同样是绵竹年画传承人陈兴才老先生的年画作品，在不同时期的画作存在着一定的差异。

2. 纯机械制作

随着科学技术的进步，工艺品在生产制作上越来越多地采用了现代生产流水线作业，借助先进的机器设备批量生产工艺品。这种纯机械制作显著地提高了工艺品的生产效率，减少了工艺品的生产成本，为工艺品走向普通大众奠定了基础。纯机械制作的生产方式优势显著，但其缺点在于这种批量化生产导致工艺品缺乏个性。特别是，如果用纯机械制作民间工艺品，则缺少了其内在的用手制作所体现的创作者的个性，价值会大打折扣。

3. 半手工半机械制作

半手工半机械制作是指在生产工艺品的过程中，有些环节是手工操作，有些环节是借助机器设备完成。这种生产方式充分发挥了现代技术的优势并且在关键步骤上又没有抛弃传统手工，实则是对上述两种制作方式的扬弃，将现代生产技术和传统生产工艺完美结合。比如，创作者在构思时可以借助计算机画出想象中的内容创意，然后通过 3D 打印输出产品样品，再按样品进行修改和手工制作。将现代技术和传统技术有机融入在一起，既提高了生产效率，也使得每件工艺品具有自己的个性特征。

（二）生产的规模经济与范围经济

工艺品生产存在规模经济。比如，画家要烧制瓷器工艺品可以委托专业的瓷器厂生产，个人只需要提供创作原稿和瓷器工艺品的技术要求即可，这样可以节省生产总成本。这是工艺品生产存在规模经济的主要原因。此外，随着工艺品产量的增加，工人在学习效应的作用下，提高了工艺的熟练程度，也将提高产品的生产效率，进而降低成本。笔者在某手工工艺品作坊进行实地调查时，作坊拥有者明确表示，非熟练工在经过训练之后其手工艺品次品率和每小时生产的工艺品数量增加非常明显，此后将维持一个较稳定的生产状态。另外，批量生产工艺品进而导致采购大量的原材料，由于原材料的数量大，厂商的谈判能力增加，原材料的成本也随之下降。

工艺品生产的范围经济是由于同一生产厂商生产或经营工艺品产品的范围扩大而使得平均成本降低、经济效益提高。比如，生产木制工艺品的厂商可以同时生产木制画框和木制镜框，将降低厂商的总平均成本。需要注意的是，生产和经营范围不能无限制地扩大，超过一定的临界点之后反而会产生范围不经济。

## 五、工艺品的定价

工艺品的定价主要与下述因素有关：

第一，工艺品的材料载体。不同的材料，其价格不一样，进而导致工艺品的价格也不一样。比如，木材的价格和钢材的价格就不一样，在其他条件不变的情况下，这两种材料生产的工艺品价格显然不同。同种材料但材质不同也会导致工艺品价格存在差异。比如，红木、黄杨木、花梨木、扁桃木、榔木等都是雕刻的上等材料，但价格并不一样。

第二，工艺品的独特性。一般而言，工艺品越具地方特色，工艺品的定价越高。

第三，工艺品的生产工艺。与用机器批量生产的工艺品相比，同款的手工艺品的价格显然要更高。

第四，工艺品的创作者身份。消费者越加认可工艺品的创作身份，工艺品的价格显然越高。比如，同一款工艺品，受名人效应的影响，名家与普遍艺人制作的价格存在着巨大差距，前者甚至具有收藏价值。

第五，工艺品体现的文化价值。消费者越加认同这件工艺品的文化符号，其文化价值将越高，工艺品的价格也随之提升。

第六，工艺品的数量。非限量的工艺品的定价一般要低于限量的工艺品。比如，同样一批工艺品，有的款式仅有十个而有的款式则多达上万个，显然前者的价格远高于后者的价格。

第七，工艺品的定价与弹性有关。工艺品的定价与工艺品的需求价格弹性有关，若工艺品的需求价格弹性大，则工艺品的定价越高，工艺品的需求量减少越多。此时，若生产商进行降价，将能够促进工艺品的销售。工艺品的定价与工艺品的交叉弹性也有关，工艺品的交叉弹性越大，则意味着工艺品的替代性越强，市场上有很多替代品。此时，厂商的定价策略应与竞争者保持一致，否则，若将工艺品的价格定得太高，会引起销售量的下降；若定得过低，则很可能会陷入价格战。

# 第三节　影视产品

本节影视产品所要讨论的主要内容涉及影视产品的生产、影视产品的融资、影视业的集聚经济效应、影视业的市场演化问题以及播映场所——电影院。

## 一、影视产品的生产

影视产品主要包括电影和电视剧。影视产品既是一门艺术，更是一种商业。其消费经常受到时尚潮流、偏好转变、社会环境、文化差异和地域特色等多种市场因素的影响。

影视产品的生产过程可以分为开发、制作和营销三个阶段（Chisholm，2011）。开发阶段包括取得赖以改编为影视故事的版权、联系和咨询演艺人才经纪机构、安排财务融资，以及聘请编剧并与其一起工作等。制作阶段包括前期准备、实地拍摄、导演和制片人合作、后期剪辑、最终的"负片"或拷贝的制作等。营销阶段则由包括营销电影、组织市场调研、广告宣传、设计和实施境外发行方案、对相关阶段的收益及成本进行审计和会计核算等。

影视拍摄是很多艺术人员共同努力的结果，他们每人的专长不同，审美观点不同，喜好也不同，导演负责协调各种专业人员。影视公司的永久性雇员中包括编剧和影视制作规划人两类，通过制作大量剧本，促成这些剧本进入影视生产环节。影视公司有负责布景、音响、胶片处理以及影视片市场营销的职能部门，产品以一种流水线的形式从这个部门到另一个部门。生产流程的每一个阶段的内部组织，或者说劳动的技术分工，越来越类似于真正的大规模生产，而这种大规模生产的指导原则就是将工作任务日常化和细分化（Storper，1989）。

制片人通常要合理控制影视产品的财务，超过某一额度，公司势必会遭受损失。影视公司的增量利润是某一特定决策引起的增量收入减去由决策引起的增量成本的差。如果增量收入大于增量成本，那么该决策将会导致利润的增加，公司可以接受该方案；否则就不能接受。但是，影视公司必须考虑与决策相关的机会成本，即投入影视作品引起的增量利润是否会高于将这部分投放在其他有利可图的事件上所带来的利润，若前者高于后者，投入决策显然可以接受。

与图书和音像制品不一样，影视产品的发行时间是一个十分敏感的问题。以电影为例，有效地推广和放映电影工作需要具有一定的规模底线，因此在一定时间内需要限制市场上发行能够盈利电影的数量。电影发行商的发行策略以及电影带来的现金回报主要取决于同期内新近推出电影的竞争情况。

## 二、影视产品的融资

影视的成功需要投入一大笔资金，在能给投资者带来巨大收益的同时，也面临亏损的风险。"不可预测性"说明影视的总利润具有很大差异。很多影视项目的投资人不是在文艺界，这些人也需要获得正常的利润回报以便让其公司得以生存。在这一高风险领域，艺术家似乎得到了最大的实惠，倘若影视产品引起轰动，艺术知名度将迅速提高。然而在获得名望之后，艺术家则可能会变得更加难以驾驭。此时，投资人会考虑是否值得继续投资。

风险的分担与明星在影视融资中所起到的作用有关。对于投资方而言，明星们通常被认为具有票房号召力。因此，明星出演可以增加影视的预期总收入；而且，如果明星大部分报酬与影视利润挂钩，他们的加盟显然会降低投资风险。融资机构和其他投资人认为有明星出演的影视产品更容易回收成本，所以他们愿意投资这样的影视项目。

制片公司体系也为解决风险分担问题提供了机制。制片公司的作品包括了很多高风险项目，这样总的现金收入就给予投资人一定的保证。银行认为贷款给制片公司一小部分的制片费用并不十分冒险，因为大型影视制片公司具有两项最基本的功能——影视项目融资和发行功能。

以美国电影产业为例，电影的投融资方式主要包括以下两种：一是通过完工保证向银行贷款。完工保证是电影公司向银行融资贷款的关键，由专门的完工保险公司承保，以此保证电影制片公司在仅取得发行合约但未取得资金前可以获得银行贷款，完工保险公司在整个担保过程顺利完成后，可以获得电影监制单位总制作费 2%~6% 的佣金，但如果电影未能如期拍摄，完工保险公司需要承担预算增加额。如美国 IFG 公司的 335 部影片获得 70 亿美元以上的完工保证。二是完善融资担保机制以获得 VC、PE 等融资。通过民间公司自行遵循市场机制建立的融资保证机制来保证内容产业获得投资银行甚至个人投资者的投资。综合来看，美国好莱坞有一半以上的投资来源于金融机构。

## 三、影视业的集聚经济效应

影视业高度依赖人的创造力和区域发展环境，呈现地方集聚的特征。影视产业领域中，众多独立又相互关联的企业和机构在一定的区域集聚，依据专业化分工和协作关系建立起产业组织。

影视产业集聚的目的是为了降低成本，促成规模经济和范围经济。从动力上看，市场的拉动、自身的需要、政府的鼓励、可集聚区优越条件是影视及相关企业集聚的动力之源。各个制片公司、经纪公司或各经济机构之间在签订每个影视项目合同时都要做更多近距离的协商，公司间的密切接触有利于信息交流，通过交流可以正确评定对方的能力和诚信度。影视制片公司的从业人员通常具有高度专业化水平，流动性极强，影视创意阶层聚集具有明显的地区性的倾向，这样有利于从业人员更容易找到工作。此外，影视编剧人员倾向于影视产业核心聚集区作为工作场所，以便及时了解影视制片人的投资偏好。这些接触促使影视产业上下游企业向集中方向发展进而逐渐形成影视产业的集聚地，比如美国好莱坞、中国横店。

## 四、影视业的市场演化

现实中很多产业都在逐步构建双边市场，并采用差异化、非对称定价、互联互通等市场策略。影视业也逐渐从传统单边市场演化成双边市场。随着信息技术和其他高新技术的迅速发展和广泛应用，很多传统的产业被不断改造成这种新型的双边市场形式，如电视媒体平台、B2C 电子商务、门户网站等。

影视从单边市场向双边市场发展初期，需要依靠广告商的资源依赖性和消费者的偏好稳定性。影视制作方可以对广告商进行游说，以谋求企业的广告支持进而降低影视制作运营的成本，这可以鼓励有收益的集团和非收益的集团共同参与，影视制作方进而采取合适的门票定价策略，通过低价或者食品饮料补贴的形式提高观众的参与规模，这样鼓励了受益一方广告商参与影视平台的积极性，利用需求的价格弹性换取客户基扩大，以达到建立规模化网络所需要的均衡用户数量。通过这样的投资方式，双边市场能够培养一方或者双方的客户，以推动影视媒体平台获得成功。

影视可以建立以嵌入式广告为主导的双边市场商业模式。通过嵌入广告，实现对影视双边市场的初始投资，进而打造影视精品并可以通过低门票价格吸引观众消费者，完成双边市场平台建设。在受众和客户基扩大基础上，继续发展贴片广告，进而完善网络版权、书刊等衍生产品链条，最终实现从创意、设计、营销以及产业链的打造。即通过"嵌入广告—精品影视—吸引观众—保证基本票房—贴片广告和 DVD、衍生产品版权"，实现影视产业的良性循环发展。

## 五、电影院

电影产品和电影院不是同一个概念。电影院是一个观看电影（从消费者角度来说）和放映电影（从行业的角度来说）的社会经济空间（Cameron，1999）。尽管两者很容易区分开来，但也容易混淆，比如把在家观看 DVD 或利用环绕系统的扬声器和大屏幕来播放其他文件格描述成"家庭影院"。这就引出了家庭观影与影院观影的体验相悖的问题。这两者间可能是替代或互补关系，替代效应来自家庭观影与影院观影之间相对的经济成本，互补效应源于两者间的相互联系。出于对电影本身的兴趣，影院观影获得更好的视听享受可能会减少家庭观影的消费。通过 DVD（或电影下载），反复观看等会增加影院观影不能提供的额外享受。

影院观影①是一种复杂的商品，通过掏钱买票看电影的消费是其构成之一。从史学角度看，它的发展也伴随着其他特征，比如与朋友间的社交活动，或者为了营造良好的氛围，可以在影院吃东西（如爆米花）等。现代影院的功能是盈利性质的。影院的选址也越来倾向于在饭店、咖啡馆、购物中心和其他娱乐休闲场所等这样一个休闲复合式的空间。在好莱坞电影的黄金时代修建的曼尼电影院被设计成从平凡家庭琐事中逃避现实的好地方。

电影的定价与电影院密切相关，主要受以下四个因素影响：②

（1）电影上映的花费。这部分费用包括租金和其他类型的间接费用，电影院通常会给参展电影发行方提供可参考的"正常利润"。

（2）行业惯例。一般来说，如果影片在电影院上映，第一或第二周的电影票房净收入的70%～90%将作为电影院费用，之后电影发行方的收入份额比例将逐渐增加。

（3）最低标准。它是在减去影院固定运营成本之前给各大在映影院的票房收入的最小份额。

（4）按人均要求设置一个最低金额来支付给每个影片上映影院的发行商。

需要说明的是，上述这些因素在多大程度上影响电影定价依赖于电影制作方与电影院运营方的博弈结果。

# 第四节　博物馆

综观世界各地的博物馆，可以发现，有些博物馆除本身就是一件视觉艺术品外，更多的博物馆还是展现视觉艺术的场所，服务视觉艺术产品是

---

① 2014年出现了一种新的电影观影模式，即弹幕电影。国内最新上映的电影如《秦时明月》和《小时代3》也先后采用了弹幕方式进行放映。在此观影模式下，观众可以在影厅内一边看电影，一边用手机把自己当时的感受和看法发到大银幕上，与影厅内所有观众交流互动。

② Orbach, B. Y.. Antitrust and Pricing in the Motion Picture Industry [EB/OL]. American Law and Economics Association Annual Meetings Paper 40, http: //law. bepress. com/alea/14th/art40.

博物馆最重要的功能之一。因此，本节主要从经济学角度探讨作为视觉艺术展示场所的博物馆的相关问题，主要内容包括博物馆的经济学定义、博物馆的需求与供给、博物馆的成本与定价、博物馆的收益四个方面。①

## 一、博物馆的经济学定义

有许多定义都将博物馆视为收集、储藏、展示和研究各种物件、人工制品，甚至于无形资产的机构。沿着这条线，国际博物馆协会（ICOM）章程给出了如下定义："一个博物馆是一个非营利的、为社会及其发展服务的永久性机构，它面向公众开放，并以教育、学习和娱乐为目的，收购、保存、研究、交流和展览人类及其环境的有形与无形遗产。"值得注意的是，这一定义并不是没有争议，因为它漏掉了收集或展示各种物件的盈利性组织。

从经济的角度来看，博物馆可以看成是一个经济代理人，它是一个遵循经济行为的一般路径的组织，即在一系列经济和制度的约束下使目标函数最大化（Fernández-Blanco 和 Prieto-Rodríguez，2011）。从这方面看，任何博物馆的运营目标都具有多样性特点。比如，即使私人博物馆，其目标也可以是观众参与率最大化或者利润最大化；等等。博物馆的主要生产要素是劳动力和资本。其中，劳动力包括专业人士、管理人员以及志愿者；资本则包括建筑物、固定设备、收藏品等。博物馆成功运营是在投入一定数量的生产要素下使其产量最大化。一般来说，任何性质的博物馆的生产函数都应该是一个包括收藏、展览、研究等在内的多产出的生产函数。

具体而言：一是收藏：包括了识别、编集、扩充、保存博物馆藏品。二是展览：提供可获得的藏品供市民参观和用于娱乐体验，以及用于教育和培训等。三是其他服务：这类项目更宽泛、更具易变性。比如，它包括

---

① 本小节主要综合了［美］詹姆斯·海尔布伦、查尔斯·M. 格雷：《艺术文化经济学》，詹正茂译，中国人民大学出版社，2007 年；以及 Prieto-Rodriguez, J. and Fernandez-Blanco, V.. Optimal Pricing and Policies for Museums［J］. Journal of Cultural Economics, 2006, 30 (3)：169-181 中关于博物馆的精彩讨论相关内容。

了餐饮和商品。这类服务出现有助于博物馆更好地服务游客，因此这些服务逐渐成为博物馆越来越重要的收入来源。

## 二、博物馆的需求与供给

### （一）博物馆的需求

需求层面包括了私人和公共两个层面。个人偏好显著地影响了私人对博物馆的需求，此外，个人收入、服务价格、职业地位以及个人时间等也会影响博物馆的需求。有学者对美国博物馆进行实证分析后发现，博物馆每百人中的参观人次随着时间的推移而逐渐提高，博物馆参观人数与其收入、教育水平成正向关系，并且，教育水平对博物馆的影响更深。

博物馆对国外游客、国内游客和本地居民产生完全不同的外部性，外部性的差异使得政策制定者很难制定出同时满足上述三类群体需求的政策。但这些政策又恰恰是博物馆公共需求的基础。博物馆的公共需求可以通过特定的评估方法比如常见的条件价值评估来测量。

### （二）博物馆的供给

博物馆是一个多产出生产函数，其成本构成和其他文化企业相类似，即固定成本的比重比较高而可变成本比重比较低。而且，博物馆的边际成本即一个额外游客导致的总成本变化量几乎为零。因此，博物馆存在规模经济，尽管最大的博物馆（从游客数量来衡量）可能存在规模不经济。实证研究表明，博物馆存在技术与规模的非效率（Basso 和 Funari，2004；Barrio 等，2009），特别当博物馆更关注保存而不是关注游客或外部目标时，更是如此（Mairesse，2002）。技术非效率很有可能与公共机构和志愿者活动有关（Bishop 和 Brand，2003）

博物馆既可以为公共所有也可以为私人所有。在欧洲，因为绝大部分的博物馆是在教堂、皇室或贵族的收藏上发展起来的，因此公共所有的博物馆更加普遍；在美国，大部分的博物馆是私人所有的并且往往属于非营利组织。公共所有给博物馆提供了稳定但缺乏经济有效管理的激励机制。私人所有能提高经济效率，但同时增加了风险和不确定性。为尝试探寻这两方面的优点同时排除其缺点，混合管理将公共与私人管理权融合在一起，为博物馆的自主管理提供更多机会。

## 三、博物馆的成本与定价

展览功能是博物馆最主要的功能，在短期内，博物馆展览的成本是递减的（海尔布伦和格雷，2007）。展览功能的成本可进一步区分为两个部分：一是基本运作成本，包括供暖、供电、维修、保险、办公室文员及基本的安全设施费，这部分成本是固定成本；二是可变成本，每人/每场参观会产生诸如额外的安全、信息及清洁人工费用等。图4-3是博物馆展览的成本函数。

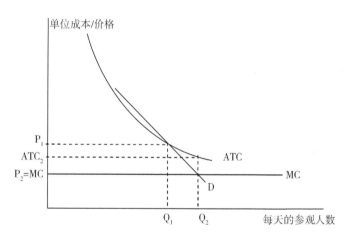

图 4-3　博物馆展览的成本函数

资料来源：詹姆斯·海尔布伦、查尔斯·M.格雷：《艺术文化经济学》，中国人民大学出版社，2007 年，第 194 页。

图 4-3 中，MC 表示每位参观者的边际成本，为方便起见假设固定成本不变，因此它是一条水平直线；ATC 表示平均每天的成本曲线，它是一条下向倾斜的曲线。

从中可以看出，博物馆的展览功能是在单位成本递减下实现的，因为随着参观者的人数增加，其运作成本被更多地分摊。

下面分析博物馆的定价。在图 4-3 中，曲线 D 表示需求曲线。若博物馆将价格定得较高并希望通过入场费来支付展览的全部成本，则门票价格将会定在需求曲线与平均每天成本曲线的交点处，即当价格为 $P_1$ 时每天有 $Q_1$ 名参观者，定价刚好等于平均每天运作成本。此时，博物馆达到收支平衡。

通过观察可以发现，当产出为 $Q_1$ 时，边际成本要比价格 $P_1$ 低得多。因此，此时的定价违背了福利规则，即价格应等于边际成本。原因在于，那些处于 $Q_1$ 和 $Q_2$ 之间的潜在消费者由于难以支付价格 $P_1$ 的入场费而无法参观博物馆。但对博物馆而言，若其迎合福利规则，即将入场费的价格定在曲线 D 和 MC 的交点处：价格为 $P_2$，每天参观人数为 $Q_2$。此时博物馆处于亏损状态，每天的运作赤字为 $Q_2$（$ATC_2 - P_2$）。因此，只要博物馆收取的入场费价格等于其边际成本，博物馆将会亏损，因此政府有必要对其提供必要的补贴。

入场费的收取会引起有关"公平"和"再分配"的问题（海尔布伦和格雷，2007）。美国大部分博物馆认为将伟大的艺术展现给观众是其职责，因此对观众不收取或收取较少的入场费。但入场费的收入是否真的会将部分人排除在外？Goudiaan 和 Eind（1985）的研究表明，对免费博物馆重新收取 1.35 美元的门票反而使低收入家庭的参观者比例显著上升而非下降，但他们并没有解释引起这一现象的原因。

## 四、博物馆的收益

现代博物馆的收入主要来自于政府拨款、社会捐赠以及其他增值服务和产品。来自政府的拨款收入主要包括来自中央政府、地方政府、基金会、协会等；社会捐赠由个人和家庭、基金会/信托会、公司会员等捐赠构成。比如，1993 年美国博物馆获得社会捐赠的收入占其总收入的23.5%。博物馆其他增值服务和产品有入场费、馆内商店、餐饮服务、咨询服务、特定活动、音乐会等。[①] 其他增值服务和产品的收入呈现增长趋

---

　　① 笔者在澳大利亚做访问学者时，曾经到墨尔本的维多利亚国家美术馆参观，位于出口处一楼的餐厅提供的午餐犹如艺术品，在刚刚参观完艺术品展览后，令人欲罢不能。

势，特别是馆内商店收入。比如，1993 年，美国博物馆这一部分收入占总收入的比重为 16.1%，4 年后这一比重达到 25.9%；馆内商店的收入比重则由 3.2% 猛增至 13.8%。虽然政府拨款的收入仍然是博物馆的主要收入来源，但未来博物馆增值服务和产品将越来越成为其收入的主要来源。

　　另外，由于博物馆具有较强的社会正外部性。因此不同来源收入的增减显然对这一特性产生影响。比如，博物馆门票的提高虽然增加了博物馆的收入，但会降低博物馆的参观率尤其是降低低收入群体的参观率。在其边际成本接近零时，门票的提高将导致整个社会福利的减少。当边际成本增加时，根据帕累托最优定价原则，博物馆的门票将提高，此时，为了维持社会福利不变，政府有必要对博物馆进行适当补贴。

# 第五章 传媒业

*子曰：“君子之于天下也，无适也，无莫也，义之与比。”*

*《论语》里仁篇第十*

本章关注传媒业的相关问题，由四个部分构成。在对传媒业进行概述之后，分别围绕出版业、电视业以及广播业这三个经典的传媒业类型逐一展开。

## 第一节 概　述

本节主要对传媒业进行概述，内容涉及传媒业的界定、传媒业的公共产品性、传媒业的市场结构以及传媒业的双边市场问题。

### 一、传媒业的界定

传媒业是生产和传播各类以文字、图形、艺术、影像、声音等形式存在的信息产品以及增值服务的产业。通过下面从市场角度对传媒业进行的独特性描述，或许能够让我们更好地洞察传媒业。

首先，传媒业是注意力产业。传媒机构不依赖出售自身产品获得全部回报，其中一个重要回报是通过将目标受众“出售”给对这些受众感兴趣的商户而收取的费用。传媒业的市场价值与能否有效吸引受众的眼球密切相关，因此它是注意力产业。

其次，传媒业以信息服务为主体。传媒业几乎所有的子系统都是围绕更好地向目标受众和广告商等客户提供信息服务而展开。信息采集、制造等不同子系统之间相互支持、互为补充。

再次，传媒业通过市场方式完成资源配置。健全的传媒市场有完善的市场机制，市场将发挥决定性作用。传媒产业通过市场整合各种生产要素，除公共传媒产品外，其他产品应能够经受得住目标市场消费者的检验。

最后，传媒的普及化。新技术革命使得传媒业产品由奢侈品转变成为普通消费品，使传媒业融入了普通人的生活。传媒的普及化，也使得传媒业面临更加激烈的市场竞争。

## 二、传媒业的公共产品性

在市场性越来越突出的今天，传媒业的公共性也同时存在。

传媒内容消费的非竞争性。随着消费的不断增加，传媒企业的边际成本为零或接近零。比如，一部电影、一张音乐专辑或一个电视节目的成本，并不会因为消费这些产品的人数的增加而递增。一般地，传媒内容"第一次拷贝"的成本通常较高，但其复制或分销的边际成本却非常低，甚至为零（Doyle，2002）。

传媒内容消费的非排他性。与非竞争性相比，传媒内容消费的非排他性问题更加复杂。比如卫星电视，消费者只需要电视机这一终端设备，就可以直接收看电视节目。在这种情况下，无线电视台要针对具体受众收费比较困难。若要实行排他性手段，其成本也非常高昂。因此卫星电视等传媒产品的非排他性比较突出。但随着技术的进步，电视传媒内容消费的非排他性问题正越来越得到更有效的解决。

传媒内容消费的外部性。传媒提供的内容有正外部性和负外部性之分。当传媒内容的提供对整个社会产生了积极影响但制作者并没有因此而增加收益，此时传媒内容被认为具有正外部性。在自由市场条件下，正外部性的媒体内容会出现供给不足，需要政府通过适度干预促进供给。当传媒内容的提供向社会施加了消极影响但制作者并没有因此而承担相应成本，此时传媒内容被认为具有负外部性。如果媒体企业只关注媒体内容的收益而忽视其负外部性，将会带来社会损失。因此政府应限制负外部性的传媒内容的生产。

由于以上第一、第二点特征，传媒内容产品具有不同程度的公共性，第三点特征使传媒产品具有了社会、政治和文化的意义。Davies（1999）指出，以任何方式限制对零附加成本的公共产品的访问，都将导致社会福利的损失，因而是不必要的和无效率的。但面对传媒业的市场化发展，面对市场性与公共性的兼具，如何处理传媒业自身特征中的冲突与平衡，是当下传媒业发展必须面对的问题。

## 三、传媒业的市场结构

一般地，大多数传媒企业的产品存在一定的差异，并且它们也一直在试图细分消费者市场。因此，传媒企业并非在完全竞争市场的环境中运营。例如，电视节目制作和杂志接近完全竞争市场；图书、新媒体等属于垄断竞争市场；报纸、无线电视以及广播等属于寡头垄断；有线电视则属于完全垄断，因为有线电视企业通常垄断了所在经营地区的基础设施，在传送有线电视各项服务时被授予了排他性权利。[①]

传媒业高度垄断将影响媒体内容的多元性以及时事报道的公正性。如果一个市场中的书店、报纸、电视台和电台都属于一家企业的话，那么受众就不太可能接触到范围广泛的观点。完全竞争的市场结构也不符合传媒产业的常态，因为按照标准的完全竞争市场模型，产品必须是高度同质化的，这不符合传媒产品的特质。现实中完全竞争的传媒市场几乎不存在，传媒产品之间的差异是比较明显的。对于垄断竞争市场和寡头垄断市场来说，都能向受众提供多样化的传媒产品。相对来说，垄断竞争是更加理想的状态，因为市场上有大量的、几乎无限的产品可供选择，而寡头垄断市场上的传媒产品种类可能要少许多。

---

① ［美］罗伯特·G. 皮卡德：《媒介经济学：概念与问题》，赵丽颖译，中国人民大学出版社，2005 年。

## 四、传媒业的双边市场

传媒业是将各种社会事物进行传播服务的行业，为了获取更多的广告收入，而进行高效率的再生产。就其特征来看，传媒业生产着"双重产品"。这是指传媒以自己的方式产生了两种类型的输出：一是内容（如节目、新闻故事等）。传媒业为了获取更多的广告收入，总是寻求收视率高的传播内容作为其再生产的投入品。二是传媒的受众。不同的受众群体的媒介接触习惯存在一定差异，进而在一定程度上降低了传媒平台之间的替代性。

就平台功能而言，传媒业属于受众创造型双边市场，这种双边市场平台的主要职能是多吸引观众、读者和网民等参与者加入平台，这样企业才会愿意到平台上发布广告和产品信息。电视、报纸、杂志、网站等就属于一类，它是一个由广告商、内容平台和观众组成的双边市场（见表5-1），也就是说，媒体平台把产品提供给了两种不同类型的购买者：媒体平台广告，卖给了那些需要做广告的企业；媒体平台的节目内容，卖给了受众。

表 5-1　传媒双边市场一览

| 产业 | 平台 | 边 1 | 边 2 | 平台利润主要来源 |
| --- | --- | --- | --- | --- |
| 纸质媒体 | 报纸、杂志 | 读者 | 广告商 | 广告费 |
| 广播业 | 广播 | 听众 | 广告商 | 广告费 |
| 电视业 | 免费电视网 | 观众 | 广告商 | 广告费 |
| 新媒体 | 门户网站/即时聊天系统 | 网民 | 广告商 | 广告费 |

资料来源：笔者根据 Evans、纪汉霖、昝胜锋等研究成果整理。

一般来讲，传媒受众（观众、听众、读者）对于传媒平台上的广告持比较厌恶的态度，但是广告商更愿意在拥有更多受众的媒体上做广告，因为其网络外部收益性更大。在收费方面，由于平台对于受众收费难度较大，另外，平台很难观察到受众和平台之间交易的次数。例如，电视台很难知道电视观众观看了多少次广告，更无法获知观众在看完广告后的潜在交易数量，因此即使平台向用户收费，但收取多少费用也不易确定，于是往往采用注册费的方式。也就是用户缴纳一定的费用后，在一定时段内可以任意使用该服务。对于企业这一边，则是平台收费的主要对象，其采取的收费方式灵活多样。

# 第二节　出版业

本节出版业的主要内容涉及出版业的圈子、出版物的发行与推广、出版公司的决策，最后探讨定期出版物的盈利模式。[①]

## 一、出版业的圈子

出版业是庞大的全球大众传播产业的一部分。图书出版业圈子往往包括作者、经纪人、编辑、出版社、发行商等。

编辑是出版社内部事务的负责人，他们对是否采用书稿有最初决定权。学术著作的编辑们有权直接决定是否采用稿件，对某一专业领域知识的广度和深度很容易帮助他们对书稿进行判断，出版社需要承担的风险也相应小一些。出版通俗性读物的不确定因素要大得多，推出后图书能否受到欢迎取决于出版社内部其他人员（装帧设计、发行、广告）的共同努力。编辑的作用就是对稿件的认可，提供作品出版的机会，编辑对作品市场价值的判断将会影响其业内声誉。在争取书稿和作者时，编辑可以调动的资源就是他的身份，他是联系作者和出版社的主要纽带。

编辑一本书稿是一项艰难的工作，这项工作通常由文稿编辑来承担。编辑必须谨慎、细致地阅读书稿，这样才能发现稿子的优点和缺点。一个

---

① 本节内容主要参照［美］理查德·E. 凯夫斯：《创意产业经济学：艺术的商业之道》，孙绯译，新华出版社，2004 年，第 51–57 页；以及 Hjorth-Anderson, C.. Publishing［C］. In Ruth Towse（ed.），A Handbook of Cultural Economics（Second Edition）［A］, Cheltenham: Edward Elgar, 2011: 370–377.

普通编辑通过古老的学徒体系学习并熟练地从事编辑工作，平均需要2~6年的时间。在出版行业里，要获得一定的地位和某种无形的技能，往往需要数年时间。当前的趋势是，编辑的职责范围从单纯的文字编辑演变成出版策划。编辑可以决定出版合同的具体细节，同时也负责并参与书籍的设计、发行和宣传工作。出版业中的每个人都承认编辑工作是一门艺术，需要数年时间才能成为一个熟练的、成功的编辑，而伟大的编辑实在凤毛麟角。一名编辑必须喜欢阅读（而且是广泛的阅读），必须充满好奇心，并且形成坚韧不拔的性格。有些编辑是通才，有些编辑是专才。编辑的专业水平会影响他们的阅读习惯。如文学类编辑会广泛阅读竞争者出版的作品，仔细研究畅销书单，力图从中发现某种模式并追随文学领域的最新潮流；同时，他们还密切关注文学期刊。

编辑工作更像处于非正式但层级分明的圈子。这些圈子有时会重合，但经常是独立的。通常，一个机构内的图书编辑会和本出版社以及其他出版社的同行形成亲如兄弟的关系。编辑在出版社之间有一定的流动性，与更多作者建立良好的关系促进了编辑的流动，出版社也愿意高薪聘用知名编辑，以获得更多稿源。

出版经纪人是作者和出版社的中介。部分作者需要经纪人作为中介，经纪人帮助作者找到与作者水平匹配的出版社，并协助作者拿到最优厚的条件。经纪人直接与出版社编辑联系，成为书稿的全权代表。出版社挑选作品、编辑加工、装帧设计，把内容产品推向市场。经纪人要分享出版物的版税，他们的报酬能体现他们对作者的创作收入的贡献。作者成名之后，出版社就会对这位作者有所了解，而作者与经纪人的关系就会随之解体，因为经纪人对书稿的策划以及向出版社的推荐职能逐渐失去了价值。

有的出版社不接受经纪人，有的出版社忽略经纪人，还有的出版社已经完全接纳了经纪人。出版社人员的变动和出版书目的削减都会增大出版社筛选作品的工作量，因此经纪人对作品挑选的工作就更有意义。经纪人在大众图书以外的作品出版中所起的作用不大，有时甚至不起任何作用。因为他的主要作用是将出版社从选择作品的工作中解脱出来，而对于专业性强的书籍，经纪人难以发挥这一作用。

专业型作者自身业务能力很强，他的声誉是其他人无法相比的。例如，出版教材时，因为作者和出版社都要投入很高的固定成本，这需要作者和出版社在合作之初就要有彼此的认同。借鉴同行的看法是节约经费的一种评估手段。在出版学术专著时，出版社不是依靠经纪人的推荐，而是更倾向于采用其他机构的意见进行择优选择，比如聘用权威专家担任学术丛书主编，负责著作的筛选工作，并付给他们该书的部分版税。专业型作者也希望他的作品能够得到权威机构的认证，有声望的丛书主编就是对他们作品质量肯定的很好印证。学术型出版社出版的选题品种只要经过丛书主编推荐，就不必冒很大风险，也不必投入大量评估经费。

作者和出版社很容易就已完成的著作签订出版合同。已完成的作品可以确保作者方面不会做出投机取巧的行为，出版社的权利义务也很容易在出版合同中明确列出。以版税形式支付稿酬的出版合同减弱了出版社推广书籍的动力。预计销售量一般的普通书籍如果签订版税合同，作者可以得到每本书售价的 10% 左右，这就等于把收入毛利在作者和出版社之间进行分成。作者的版税稿酬如果以销售量为基础，就会导致出版社缺乏书籍营销推广的动力；与此相对，作者希望能够扩大书籍营销推广力度，这样作者和出版社才能都得到最大利润。

大多数作者的作品并不多，因此这些人不必打造自己的职业威望。尽管这样，一本书的成功会引起读者对该作者下一本书的兴趣，而第二本书的成功也会带来第一本书销量的增加。作者也有激励机制，希望将他之后的著作交给同一家出版社出版，这样就可以刺激出版社加强前一本书的营销推广力度（凯夫斯，2004）。

## 二、出版物发行与推广

尽管将图书销售到读者手中至关重要，但是出版社所面临的第一个问题是如何向书商销售书籍。书商们可以根据书籍封面设计以及出版商提供的一般信息和推广资料决定图书订购的数量，然而他们并不知道这本书是否会让最终读者感兴趣。第一版图书的发行量可以说明对该书市场前景的信心。同时，出版社也希望向外传达一个比较乐观的信息，因为在书店中的明显位置摆放大量的图书本身就是一个有效的促销手段。书评和畅销排行榜对出版物发行具有重要作用。图书印刷技术无法解释出版社对外公布的第一版印数。采用一次大规模的费用并不明显低于多次小规模印刷的费用，但是图书的第一版印数具有市场资讯价值。图书的销量高，那么它的预期利润回报就必然高于那些名气不大、销量一般的图书。读者选择图书主要是受到社会和周围群众的舆论影响，推广手段对读者的选择影响不大。

图书等出版物发行工作中的一个重要问题就是组织管理。出版商的数量庞大，销售渠道（包括书店和配送）很多，一般图书批发商的实际批发数量都不大。音像制品也是一样。在出版物发行推广过程中，这种多次、小额固定成本的支出就决定了出版物发行选用的组织形式。由于这种支出，很多平装图书都通过很多普通的渠道销售，比如飞机场、大型超市和书店。这些销售场所本身不会决定出售何种书籍，因为有专门的批发商负责为其供货，图书退换率往往很高。大型商店和超市逐渐成为图书销售的重要渠道，这些地方专门销售一些流行作品。

图书的发售安排在哪些时段内也有差异。但不管在何时，总是有一些大型的业内企业持有一定的图书库存，同时它们还要购进各种新书和再版书籍。一些大型出版社有自己的库房和发行体系，它们同时为一些小型出版社提供相关服务。大型图书批发商持有大量的图书库存，很多小书店和图书馆就从它们这里进货。出版商直接面向书店销售的形式有别于由中间商向书店供货的形式，但他们的界限区别是不断变化的。批发商能够以比出版社更快的速度向客户供货，他们的这种能力可以保证他们免受客户对某些图书需求不确定的影响。连锁书店使用了各种经营策略，通常它们有统一的订货渠道，但是它们销售到连锁店时却不是使用统一的库房储备和发售渠道。传统独立书店被其他零售机构——网络书店、超市、折扣店以及仓储俱乐部所取代，这是图书发行物流业中公认的最大变化。

图书连锁经营渠道的增加与其他零售业早期发生的情况相似。独立经营的企业需要管理人员的经营和决策，这需要很高的人力成本投入。独立经营书店的图书选择以及对顾客的建议方式尽管得到了业内人士的认可，但是这种方式需要投入很大的资源，这些资源完全可以在几个书店之间实现共享，进行统一管理。在多个经营分支机构中实现大规模标准化的统一管理，有利于节约成本投入。它也可以在大规模的图书采购中与其他经济机构共享其高效、专业化的服务体系等。

## 三、出版公司的决策

出版公司是否决定出版一本书籍与固定成本和公司目标有密切关联（Hjorth-Anderson，2011）。

出版公司的固定成本有两类构成：一类是通常意义上与公司相关的固定成本（F）；另一类是与每本特定书籍 i 相关的固定成本 $f_i$，假设由纸张和装订组成的可变成本记为 $c_i$，则出版公司的成本函数为：

$$TC(x_1, x_2, \cdots, x_n) = F + \sum_{i=1}^{n} (f_i + c_i x_i)$$

在出版业中，固定成本的比重往往比较大，而可变成本仅占总成本较小的比重，这也是出版行业是高风险行业的重要原因。

出版公司的利润函数表达式为：

$$\pi = \sum_{i=1}^{n} p_i x_i - TC$$

以利润为目标的出版公司，将确定价格 $P^*$ 和单本出版物数量 $X^*$ 以使其利润最大化。

交叉补贴则对多元化目标的出版公司更为重要，但即使是最理想主义的公司也必须补偿其成本。

例如，假设一家公司分别以价格 $p_1$ 和 $p_2$ 出版两本书，但这两本书的需求曲线是不确定的。显然，总收入要高于总成本，数学表达式为：

$$p_1 x_1 + p_2 x_2 \geq F + f_1 + c_1 x_1 + f_2 + c_2 x_2$$

若每一本书必须补偿公司固定成本的比例为 a，则单本书的盈利条件为：

$$x_1 \geq \frac{f_1 + aF}{p_1 - c_1} \quad \text{且} \quad x_2 \geq \frac{f_2 + (1-a)F}{p_2 - c_2}。$$

## 四、定期出版物的盈利模式

定期出版物包括报纸、期刊、杂志等纸质媒体，它们持续更新内容，创造受众。报纸杂志等纸质媒体的盈利模式与图书出版业不同，主要依靠丰富的内容发挥双边网络效应，吸引广告收入，也即呈现"双边市场"的特征。

报业首先开创了纸媒的免费商业模式。1995 年瑞典《地铁报》是首个免费媒体，创造了一种仅仅依靠广告收入为利润来源，主要在地铁公交等运输系统免费发行的盈利模式。在免费报纸的理念中，报业仅仅需要读者花费时间阅读报纸即可，而不需要花钱去买报纸以交换其信息。免费模式的目的是吸引更多的受众并通过衍生服务产品获利。免费报纸让大批读者在平常的碎片时间里获得生活和新闻信息。中国香港地区的三大免费报纸——《都市日报》、《头条日报》、《am730》，它们夺取了报纸发行市场的大半份额。香港地区免费报纸的广告内容丰富，实用性强，贴近普通老百姓的衣食住行，但是广告与新闻界限分明，即便是完全依靠广告来盈利，也极少出现新闻式广告稿。2004 年，中国内地第一份免费报纸《I 时代》在上海地铁沿线免费发行，此后《北京娱乐信报》、《广州地铁报》、《每日新闻》等免费报纸相继在中国各大城市出现。免费报纸不仅在地铁沿线派送，而且走进高校、社区，发行范围持续扩大。

Ulrich Kaiser 和 Julian Wright 建立并估计了关于杂志读者和广告之间双边市场的一个简单豪泰林（Hotelling）竞争模型，发现了杂志具有双边市场特点的某些证据。回归结果支持双边市场的倾斜价格结构：读者得到杂志的价格补贴而从广告商身上获取利润。

Jean J. Gabszewicz、Didier Laussel 和 Nathalie Sonnac 建立了在报纸和广告之间的双边市场竞争模型，考察了广告频率依赖于读者数量，并影响媒体提供的内容，最终的结果是一家报纸阻止了另一家的进入，并且垄断了出版和广告市场。报纸广告水平和频率依赖于读者数量，因为读者群越多，广告商越认为对其产品会有更多的认知。媒体可以在广告费之外获取经济收入，如税收优惠、政府补贴、转移支付等，从而减少对广告商的依赖。

# 第三节 电视业

与前述的影视产品不同，本节着重探讨作为信息传播载体的电视业的相关问题。在对电视业进行概述之后，探讨电视业的制播分离、电视业的双边市场问题，随后讨论电视业的技术变革，接着讨论电视业发展的三维推动模式，最后阐述电视业面临的挑战。

## 一、电视业概述

电视业是一个大型创意产业。自 20 世纪 80 年代至今，在传媒产业各门类中，电视业是影响最广、广告收入最多的产业，因此可以说电视业是主要的传媒产业。

综观电视业发展历程，依次经历了无线电视、有线电视、卫星电视、数字电视等阶段。但直到 20 世纪 80 年代，集文字、声音、图像、视频、通信等多项技术于一体的数字多媒体技术的出现，才加速了电视业的繁荣。卫星电视与数字电视的快速发展，在实践层面和理论层面都大大丰富了电视业技术研究的相关成果。到 21 世纪初，在数字化技术与互联网技术的冲击下，三网融合让形态各异的新媒体电视异军突起，电视业再次迎来蓬勃发展的春天。如今，电视业已成为各国的"第一传媒"，成为人们追求精神文化生活不可或缺的一部分。以我国电视业为例，在用户规模上，2012 年节目综合覆盖率达到 98.2%，其中农村覆盖率为 97.6%，基本实现了城市和农村的电视节目全覆盖；在节目数量上，2012 年频道数量多达 3373 套，频道细分趋势凸显；在节目内容上，2012 年播出 23 万部电视剧，其中包含 4872 部进口剧集，节目内容丰富多样。

电视业成熟的标志不仅是收入的增加和受众的扩大，还表现在各种电视资源的配置开始市场化，包括电视节目的创意、制作、交易、播出、广告、资本、受众调查、衍生品开发的市场化，形成了完整的产业链。电视业的产业链被称为垂直产业链，其特点是各环节间相互制约、相互影响。

其中，电视频道资源曾是电视产业链的重要稀缺资源，电视台可以通过控制频道资源而主导产业链。但随着网络的发展和数字技术进步，传统的电视产业链的供需平衡被打破，新的产业链重构成为可能。

## 二、电视业的制播分离

"制播分离"一词来源于英文"Commission"，译过来为"委托制作"，最早起源于英国，后广泛应用于西方电视业之中，它是指电视播出机构将部分节目委托给制片人或独立制片公司来制作。[①] 制播分离的核心思想是电视节目的"制"和"播"各自独立，互不干涉。与制播合一不同，制播分离意味着，电视台完全剥离了节目制作这部分职能，将它交给节目制作专业机构或者承包给独立制片人。制作单位或者独立制片人根据自己的专业优势和市场调查，自主决定制作什么样的节目，之后电视台根据自己的需求购买节目成品后再安排播出。

制播分离的出现有其必然性，原因在于：一是在制播合一下资源会产生巨大浪费，表现在两个方面：一方面，制播合一下的节目制作人员缺乏成本管理意识，这必然造成制作经费严重浪费；另一方面，各部门各自为政导致台内资源难以整合，出现重复生产，从而造成资源的浪费。二是电视台频道众多，但节目数量短缺，节目需求量存在较大缺口。三是在制播合一下，由于节目自做自播，缺乏竞争，因此很难调动从业人员的积极性，并且有才华的制作人员的创造性才能也难以得到充分发挥。

制播分离存在两种模式（曹毅立，2014）：

### （一）台外分离和台内分离

从制播合作双方看，制播分离分为台外分离和台内分离。若节目制作环节完全分离到社会市场中去，则为台外分离；若节目制作仅在台内或集团内分化，则为台内分离。国内有些电视台将部分节目"台外分离"，与市场上的制作机构进行不同程度的合作，但很多时候受长久的制播合一下所形成的台内制作势力的影响，事实上很难让电视台真正倚重台外的节目

---

① 1982 年英国第四频道委托制片制度是制播分离的雏形。

制作机构。

### （二） 委托制作和节目外购

从合作方式来看，制播分离的节目制作主要有两种基本形式：委托制作和节目外购。其中，委托制作指电视台自己把握节目创意和制作方向，然后支付一定的制作费用，委托给社会上的第三方独立制作公司制作节目，电视台独享版权或者与节目制作公司共同分享版权。目前委托制作的节目主要是电视剧、娱乐、音乐、体育类等意识形态属性偏弱而经营性强的节目。节目外购指独立制作公司自己投资、确定选题并制作节目，电视台向其选购节目，双方是单纯的买卖交易关系。目前，在我国，这种方式被大部分省级以下电视台采用，这样可以缓解自身节目制作供应不足的问题。

## 三、电视业双边市场及其收益

电视业市场是一个双重商品的生产市场，生产内容和受众两类商品（Picard，1989）。观众在电视上所消费的娱乐或新闻等构成电视的内容，被电视节目内容所吸引的受众反过来构成电视的第二种商品。电视方通过电视台的节目播放，把电视节目的制作发行者、观众和广告商都固定到电视台这一平台的两边，以实现电视的内容（如新闻、故事、广告）和电视受众的双重输出，以实现更高收视率、更多广告收入的高效率再生产。作为一个典型的双边市场，电视业是介于广告市场和观众市场之间的作用平台，观众可免费收看节目是由于广告商的投入"补贴"了观众，这也是电视业的突出特征。

电视运营企业的收益主要由广告费和收视费构成。电视运营企业可以在电视节目播出前后或播放过程中播出广告，从而有助于促进电视观众对广告产品的认同，最终达到提高广告产品的购买率的目的。由此，电视运营企业可以通过吸引广告主投放广告，从而收取一定的广告费。这部分收入构成了电视运营企业的主要收入。

收视费是电视运营企业提供满足用户特定偏好的节目而收取的费用。以有线电视为例，收视费主要包括基本层节目收费、扩展层节目收费、额外付费层节目收费以及其他层节目收费等（孟晓梅，2000）。其中，基本层包括公共教育、政府节目等。基本层收视费是收订上一个节目层的条件。扩展层是在收订了基本层的节目之后才被允许收订的节目层，包括靠广告经营的有线电视网的节目额外付费层是在收订上述两类内容之后才被允许收订的节目层，绝大多数是电影类节目。其他层节目主要包括有线电视收视指南、数字节目、计次付费以及数字音乐快递等。

## 四、电视业的技术变革

下面主要从有线电视、三网融合、数字电视和新媒体电视四个方面阐述电视的技术变革。

### （一）有线电视

有线电视产生于有些电视用户无法接收到无线信号。有线电视公司通过卫星接收远程的广播电视信号而传输给本地的观众，之后开设诸如体育、电影、娱乐、财经、购物、儿童等专业的频道。有线电视公司在既定区域是垄断的供应商，政府会向有线电视公司颁发许可执照。当卫星传输覆盖到同一区域后则会产生竞争，但竞争程度取决于卫星信号提供者是否允许他们相互竞争。当有线电视公司拥有自己的节目频道且倾向于播放自制的节目内容时，将伴随着垂直合并，并会产生有关竞争政策的问题。

### （二）三网融合

三网融合是指电信网、广播电视网、互联网在向宽带通信网、数字电视网、下一代互联网演进过程中，技术功能趋于一致，业务范围趋于相同，网络互联互通，资源共享，能为用户提供语音、数据和广播电视等多种服务。三网融合具有从技术的融合、业务的融合到政策体制的融合这种层次性特征，是电视、通信和互联网这几种单一生产内容的独立经营媒介转变成多元化媒介、传递多样化内容的一种内容的集约生产和全民化参与。三网融合使不同介质的内容产品都可以进行数字化处理和传输，实现一次生产、多次加工，多功能服务、多载体传播，内容融合与渠道融合并存（汪迎忠，2011）。在大数据时代，三网融合技术实质上已成为数据融合，其关键在于对数据的分析与整合（邬建中，2013）。在3G技术的普及和通信手段的不断进步中，三网融合技术催生出互联网电视、手机电视等新兴媒体，使得观众的时间进入"碎片化"时代，这种"碎片化时间"以及手机电视 APP 终端的应用，成为手机电视"长尾效应"的价值部分（昝廷全和高亢，2013）。

### （三）数字电视

数字电视是一个从节目采集、节目制作、节目传输直到用户端都以数字方式处理信号，基于 DVB 技术标准的广播式和"交互式"的端到端系统。数字电视系统可以传送多种业务，如高清晰度电视（"HDTV"或"高清"）、标准清晰度电视（"SDTV"或"标清"）、互动电视、BSV液晶拼接及数据业务等。与模拟电视相比，数字电视具有图像质量高、节目容量大（是模拟电视传输通道节目容量的 10 倍以上）和伴音效果好的特点，能够为用户带来更多的节目选择和更好的节目质量效果。在三网融合的多媒体时代，数字电视的长足发展将以技术创新为驱动、跨区联运为方向、跨屏互动为突破（徐琦等，2013）。

### （四）新媒体电视

以数字电视为基础，在网络的飞速发展下，电视媒体结构正在发生革命性的改变，IPTV、手机电视、移动电视等新媒体应运而生。新媒体电视以数字信息技术为基础，以互动传播为特点，是所有人对所有人的传播，是富有创新形态的电视媒体，具有交互性与即时性、海量性与共享性、多媒体与超文本、个性化与社群化的鲜明特征。新媒体电视的出现，使传播者与接收者之间的位置不再是固定的或事先规定的，而是不断地在互相共享和移动。新媒体电视为创意时代的合作创造提供了可能，为消费者参与众创提供了空间和途径。

## 五、电视业的三维推动

电视业和电视企业的长足发展是经济、技术和社会三者交互影响、共同作用的结果。其中，通过产业运营层的利润驱动和消费层的需求驱动，形成电视业发展的市场推动力；通过技术供给、技术革新，形成促进电视业和电视企业发展的技术推动力；通过大众社会行为与价值观、政府的政策与规制，形成电视行业发展的社会推动力。由此，形成了电视业经济、技术和社会的三维推动钻石模型，如图5-1所示。

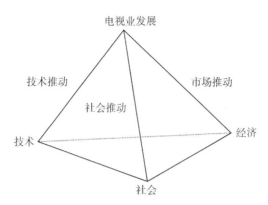

图5-1　电视产业经济、技术、社会三维推动钻石模型

**（一）经济维度推动**

经济维度对电视业发展的推动作用体现为企业对利润的执着、对消费需求的挖掘和满足，即市场推动力。一方面，为获取经济利润，满足消费者日益增长的体验性需求和个性化需求，电视运营企业将参与电视节目的创意制作、传输播放、增值业务和衍生产业链管理，开发和推广适销对路的电视节目，不断提高收视率。另一方面，针对消费进入"碎片化"时代，电视运营企业将千方百计地加强观众的"碎片化"管理和"注意力"管理，不断"生产"更多的受众，争取更多的广告投入。概括而言，是生产者对利润的执着追求和对消费者需求的挖掘和满足以及在利润追求与需求满足的循环中形成的一种市场驱动力，推动着电视业发展。

**（二）技术维度推动**

技术维度对电视业发展的推动作用体现为获取技术追赶和技术扩散的"后起之益"。[①] 这种后起之益具体表现为两种形式：一是直接引进先进国

---

[①]　所谓后起之益（The Advantage of Backwardness），是指后起国在推动工业化方面所拥有的由后起国地位所致的特殊益处，并且这种益处既不是先进国家所能够拥有的，也不是后起国家通过自身努力创造的，而完全是与其经济的相对落后性共生的。这里关于技术维度的分析，侧重于发展中国家。

家的电视技术与装备,这是技术追赶和扩散过程中"后起之益"最为显著的表现。技术后起者通过选择和比较直接引进与自身结合最佳的先进技术和设备,在替代技术与设备研究开发的同时,加快技术进步进程,缩短研发周期。二是学习和借鉴技术先起者的成功经验,吸取其失败的教训,选择更加合理与合适的技术发展模式与路径,提升经济效益。这种"后起之益"让后起者在该时代所提供的技术平台上,创造性地模拟、设计、探求各种电视节目,同时它又不断冲破"技术滤器"的制约,使电视传播达到更高的发展阶段。

### (三) 社会维度推动

社会对电视业的推动作用体现为政府的规范性引导和大众的价值观取向。社会对电视业的推动作用是由电视业的政治属性和意识形态决定的。一方面,电视业是政府的"政治喉舌",传递政府的治国理念,进行正确的舆论导向是电视传播的基本功能。另一方面,电视业作为内容产业,必须充分考虑大众的社会行为、价值观取向,研发符合大众需求的节目,才能最大限度地吸引和培养人们稀缺的注意力,以期形成"注意力经济"。

## 六、电视业面临的挑战

广告收入已经从传统的电视迁移到互联网,尽管后者相较于传统电视只是吸引了很小的一部分广告收入,但互联网广告的增长十分迅速。在美国,电视广告收入(包括广播)2000~2007年实质上没有变化,但其在所有广告媒介中的占比已经从18%下降到了16%;互联网广告上的所有支出增长了62%,市场份额从2.6%增长到了3.8%。在英国,互联网上的广告支出已经超过了电视广告。2009年,Google搜索互联网广告创造了210亿美元的收入,这一数据等于在美国消费类杂志上所有的广告收入,在美国报纸上2/3的广告收入。未来这些收入的流向和商业模式的发展,将会通过电视和互联网来决定视频传输的本质和程度范围。

在以上数据的背后,不难发现,电视的观众群体正在减少,尤其是在年轻人中间,这一人群正在将更多时间花费在电脑上进行邮件发送、网聊、游戏、家庭作业或者下载音乐,或者仅是消费通常由电视提供的内容。YouTube、Twitter、Flickr 和其他的网络站点被用于编织社交网络，在年轻人中间尤其盛行。其他休闲时间被用来买卖商品和服务、获取新闻和娱乐信息或在网上做科研。伴随着高速宽带运用性的提高，更多的人被吸引到这种可选方式上，这也是对于传统电视节目观众和广告支出管理的一种暗示。伴随着运用了数字技术的个人录像机的引进，消费者将获得对于节目编制更大的控制，凭借其自身的能力来创制属于自身的节目表（Maule，2011）。

# 第四节　广播业

本节的主要内容包括广播业概述、广播传播的内容、广播的经营与管理、广播收益分析以及新技术与广播业的变革等。①

## 一、广播业概述

广播产生于 20 世纪 20 年代，它是通过无线电波或导线传送声音从而为人们提供信息服务的工具。广播具有以下特点和优势：

广播是通过声音来传播的。主持人主持节目的风格对节目质量会产生极大的影响，他们的播音过程也是对稿件再创造的过程，融入了自己对稿件的理解，从而引导听众认识和理解并接受这些传播信息。由于以声音作为传播中介，这样，无论听众年龄大小、教育水平高低，都能够接受传播信息。

广播的运行成本较低。相对于其他传播媒体，广播节目的采访、制作和传输等成本较低。比如，由于广播是靠声音传播，通过电话就可以远距离采访和传输，从而节省了人力、物力和财力。

信息传播速度较快。虽然互联网在处理一般信息时优于广播，但对重

---

① 本节主要参考 Towse, R.. A Handbook of Cultural Economics（Second Edition）［M］. Cheltenham：Edward Elgar, 2011：69-76, 182-192.

大新闻，广播的传播速度要快于互联网。而且，随着移动电话的普及，广播节目的时效性也得到极大的提升，例如，记者只要一部手机，就可以随时跟进事件最新进展，将信息实时报告给听众。

广播也存在一些劣势。一是由于广播的传播方式是线性的，因此听众只能按节目顺序被动地收听节目内容；二是广播只有声音，没有图像和文字，听众较难长时间专注于信息接收。

广播常见的节目类型主要包括：一是新闻类节目；二是音乐类节目，主要包括流行音乐（舞曲、Rap、R&B 和当代 Hits 等）、乡村音乐、怀旧音乐、古典音乐等；三是宗教类节目；四是综合类节目，这类节目更加强调对社区服务的责任，更具当地特色，比如成都的夜夜夜声音杂志、芝加哥的 WGN 电台等。①

## 二、广播业的传播内容

同一国家不同地区之间、城市和农村之间、不同规模城镇之间、调幅台和调频台之间，广播节目的传播内容即知识存在较大的差异。②

这里将广播节目知识分成实用性知识、理智性知识、消遣性知识、心灵性知识等类型。其中，实用性知识是指为听众的日常生活提供便利的知识，比如天气预报、广告（仅适用于主动收听广告的听众）等。理智性知识是指"谈话"、"讨论"以及部分"新闻"类节目传播的知识。消遣性知识包括娱乐类节目以及部分"新闻"类节目传播的知识。心灵性知识主要是指宗教类节目传播的知识。以美国广播为例，联邦通信委员会曾经对 14 家电台进行调查，结果表明，电台的 65.6% 的时间是用来传播消遣性知识的，节目类型主要涉及娱乐节目和新闻节目；传播理智性知识的时间占 12%，主要涉及谈话类、新闻类、教育类、讨论类等节目类型。从中可以发现，电台以传播消遣性知识为主，其他知识类型为辅。

由于能用的广播频率有限，那么电台如何分配传播知识类型的时间

① 孙中有等：《美国文化产业》，外语教学与研究出版社，2007 年，第 104-105 页。
② 本小节主要参考 ［美］弗里茨·马克卢普：《美国的知识生产与分配》，孙耀君译，中国人民大学出版社，2007 年，第 213-214、第 216-218 页。

呢？在讨论这个问题之前，首先要解决频率问题。电台必须先向国家相关管理机构申请一个能用的频率。但并非是出资最多而是"为公众利益、便利和需要服务"的申请者才可能会得到委员会的免费许可，获得某频率准用证。在获得准用证后，电台有权直接决定分配不同知识领域的广播时间，比如知识类型的传播结构、传播时段等；或者间接地由"节目赞助人"即为广播出资的人决定。显然，不同收入来源的电台，其时间分配的决定权有所不同。① 比如，对于商业电台而言，分配时间的决定性受制于赞助人。赞助人对节目知识类型的选择由听众"收听率"来决定，因此，广播传播的知识应该尽可能满足大多数听众的兴趣和爱好。②

## 三、广播业的经营与管理

在讨论广播业所面对的外部环境之后，重点探讨广播节目和广告两个方面的经营与管理。

### （一）广播业经营管理的外部环境

广播业经营与管理的外部环境可分为宏观环境和微观环境。

宏观环境是指影响广播业经营与管理活动的一系列巨大的社会力量，主要包括政治法律环境、经济环境、人文环境、科学技术环境等。就政治法律环境而言，由于广播提供的内容和服务是一种公共产品，因此，政治法律环境势必会对广播节目类型、节目内容以及节目时段等产生约束，其目的在于最大限度地提升整个社会福利以及在 定程度上实现政府的政治目标。就经济环境而言，若经济发展良好，人们的生活水平将不断提高，对精神产品的需求也在增加，作为提供精神产品的广播理论上应受到越来

---

① 比如，英国广播公司（BBC）对外广播的经费由国家财政预算拨款，所以 BBC 对外播出的知识类型受到了严格的控制。

② 关于无线电广播频率的分配机制，新制度经济学进行了深入的探讨。科斯认为，只要对无线电广播频率的产权界定清晰，无论频率在初始阶段如何分配，市场最终会达到最有效率的状态。新制度经济学是用现代经济学的方法分析制度的经济学。与制度经济学相比，新制度经济学采用新古典主义的数学工具，较少使用价值判断；与主流新古典经济学相比，新制度经济学主要研究小范围的具体事件中出现的交易成本和边界分析。参见 Coase, R. H.. The Federal Communications Commission ［J］. Journal of Law and Economics, 1959, 2（Oct.）: 1-40.

越多的消费者青睐。就人文环境而言，一方面，人口总量和人口结构将影响广播的经营结构和经营战略；另一方面，大众的文化素养、价值观念、宗教信仰、审美观念等也会影响广播的经营与管理方向。就科学技术环境而言，科学技术的发展，一方面为广播发展提供了机遇，如广播的数字化；另一方面也为广播发展带来了挑战，如广播电台面临其他新兴媒体的竞争、听众对广播品质的要求等。

微观环境是直接影响广播业具体运营和管理操作的环境，主要包括竞争者市场环境、消费者环境、内容供应环境等。就竞争者市场环境而言，广播电台不仅要面对同类的竞争，还要面对电视、报纸、网络媒体等其他媒体的竞争，这些竞争者提供的产品和服务将部分或全部可以替代广播的产品或服务，并且随着新型媒介业态的不断出现，广播将处于越加激烈的市场竞争环境之中。就消费者环境而言，广播的消费者群体由听众和广告主构成。听众将影响广播电台节目的决策，广告主则影响广播节目类型和时段的分配。由于消费者在媒体发达的信息社会有更多的选择，这势必对广播的经营与管理产生更大的挑战。就内容供应环境而言，政策环境的放宽涌现了更多独立的内容制造商，这些制造商的出现无疑将促进广播节目品质的提高，进而提升广播电台的竞争力。

上述广播面临的宏观环境与微观环境，将共同影响广播的经营与管理。

### （二）广播节目的经营与管理

节目是广播的立足之本，节目管理直接关系到广播的持续发展。[①]

就广播节目生产制作方式而言，广播节目的生产制作主要有主持人中心制和制作人中心制两类。其中，主持人中心制是广播节目的生产制作以主持人为中心，主持人独立完成节目的采、编、播、控等各个环节的工作，其节目特点是大板块、直播式、开放性。主持人中心制是以产品为导向、强调内容优先的一种广播节目运作机制。制作人中心制是指在节目制作过程中以制作人为中心的节目运作机制。在这种机制下，制作人具有对

---

① 主要参考陆桂生、邹迎九：《广播媒介的经营与管理》，《广西师范大学学报（哲学社会科学版）》，2007 年第 3 期。

节目的策划、制作、包装、推介、优化等流程的实际操作经营权以及对相关工作人员的指挥权。与主持人中心制相比较，制作人中心制是以市场为导向，强调效益优先的一种机制。

就广播节目的市场管理而言，主要涉及节目交易平台、节目标准、监督机制三方面内容。在广播节目市场化的趋势下，节目交易平台为电台和节目制作商的市场交易提供了便利，节约了交易成本。目前我国的广播节目交易平台有全国广播节目展销会、全国交通台广播节目交易会等。在节目标准方面，受利益的驱使，节目制作商通常倾向于制作那些成本低、迎合大众口味偏好的娱乐休闲类节目，但由于竞争激烈，这些节目的质量往往难以保证，再加上价格机制不健全，将导致节目生产的恶性竞争，扰乱节目市场秩序，因此实施节目制作商的市场准入制度十分重要。在监督机制上，在媒体竞争激烈的时代，广播节目的市场管理除靠广播业自律外，还应完善市场监督机制，防止节目市场的不正当竞争发生。

**（三）广播广告的经营与管理**

广告收入是广播特别是商业广播最重要的经济来源。就广播广告的经营形式而言，主要有自营、代理以及自营与代理混合三种类型（丁俊杰和黄升民，2005）。

（1）广告自营。这一经营形式主要分为两种，即总台广告部经营和频率自营。前者是电台广告全部由总台广告部承担经营，后者是电台各频率自设广告部进行广告经营。通常广告自营是一种过渡性质的广告经营方式。

（2）广告代理。广告代理方式有助于分散电台或频率的广告经营风险，并通过广告代理公司之间的竞争促进广告质量的提升。广告代理主要有三种形式：多家代理、独家代理和内代理。多家代理是指电台或频率引入多家广告代理公司进行广告经营的一种广告代理方式，包括分行业代理和类别代理。其中，分行业代理是指广播电台或频率将广告客户按照行业划分类别，再将按行业划分的广告业务交给各广告代理公司代理，规定其代理的唯一性，并对广告经营额度进行宏观调控。类别代理是分行业代理的一种改进，广播电台或频率将分行业代理中的行业划分进行粗略化，按"类别"分类，同时采用累计代理法，允许类别代理公司与非类别代理公司共同代理广告，当非类别代理公司代理的广告量上升到一定额度时还给予优惠政策。独家代理是指电台或频率将广告业务委托给某一家广告代理公司经营，分为独家年度代理和独家买断式代理形式。其中，独家年度代理是指电台或频率将广告业务以年为单位委托给某一家广告代理公司经营；独家买断式代理是指电台或频率将广告经营全部交给一家广告代理公司经营，双方之间确定经营底线，电台或频率出让广告经营权，广告代理公司根据与电台或频率的约定支付费用。内代理是指由电台或频率内部成立的翻牌广告公司对电台或频率进行广告代理。这种代理方式便于电台进行广告经营控制，也可以通过公司化的运作促进台内的广告经营。但由于存在市场化程度不够和进入障碍，内代理方式限制了台外广告公司的介入，不利于真正的广告代理竞争。目前我国广播电台大多采用广告代理的经营方式。

（3）广告自营与代理混合。广告自营与代理混合经营是指电台或频率在引入广告代理制的同时，还有部分广告业务仍然由电台自营。这种方式是电台广告自营迈向广告代理制的一种过渡方式。

就广播广告的经营策略而言，主要有三种策略（陆桂生和邹迎九，2007）：一是以节目品牌促广告经营。由于广告主看重的是广播听众的时间和注意力，因此，广播电台应根据听众的需要和习惯来细分并巩固市场，进而吸引更多的听众并最终获得广告主的青睐。为此，广播电台的节目应充分体现不同频道的个性，不同的频道应各有侧重点，通过打造个性化的节目，在内容和形式上不断创新，使这些节目深入人心，形成具有影响力的品牌。这样，通过品牌效应提升其市场竞争力，从而提高频道的收听率，最终拥有一定份额的广告市场。二是以创意策划促进广告经营。即广告编辑结合听众的偏好、根据广告主的需求，综合考虑广播自身特点，发挥创造性的思维，创造出能够吸引听众的广告，从而达到广告促销的目的。三是以资源整合促广告经营。通过整合频道资源、节目资源，由总台统一经营各系列台，创办品牌节目，走规模化发展之路，大力开发各频道各节目的广告资源。

## 四、广播业的收益分析

一般地，广播收入由广告收入、听众支付以及政府补贴构成。通过比较这三类广播收入发现，政府补贴占总收入比重在增加，广告收入占总收入的比重在大幅度减少，而听众直接支付的规模则介于上述两者之间。

在发射频谱资源受限的时期内，广播主要依靠的是广告收入。在广告商的支付下，听众免费收听广播节目的同时，将听到那些试图说服他们购买产品和服务的广告信息。由此，广告商支付费用的多少在很大程度上取决于所播广告产生的效果。传统的私营广播的收入很大程度上依赖于广告收入，而这种收入模式正面临着更大的挑战。

听众的直接支付方式产生了作为独特的经济领域的广播分析学。听众支付的数额取决于听众购买节目和节目服务的意愿，包括自愿捐助。在这种方式中，广播节目采购非常接近于标准商品的采购。

广播收入中的资助主要包括社团捐助或者是由政府通过税收进行补贴，一般在公共广播领域采用。在绝大多数欧洲国家和澳大利亚，公营广播被看作是公共服务。在这里，广播获取补贴的多少取决于可用税源的多少。

## 五、新技术与广播业的变革

在过去的十几年中，广播业因技术而发生了一系列改变。① 传统广播媒体和新型数字媒体的界限正在变得模糊。数字化、卫星传输、宽带网

---

① 在无线电和电视早期，广播节目传送的主要技术是陆地发射平台，即从广播站的发射台发送频道信号到听者和观看者的接收器上。发射器的技术质量取决于所占频道的带宽、所发射信号的强度以及接收器的距离和地形。这是第一类发射平台。第二类发射平台则出现在太空时代，即卫星技术使得可以在地球上面绕地球轨道进行信号发射，从而使信号可以覆盖地球表面非常宽广的区域。第三类发射平台的使用起源于有线网络，即通过电话线或专用的分隔电缆线。通过电缆，地貌不会再影响信号，多频道传输能力的出现使得双向传输成为现实。参见 Withers，G. and Alford，K..Broadcasting. In Towse，R.（ed.），A Handbook of Cultural Economics（Second Edition）[A]. Cheltenham：Edward Elgar，2011：68.

络、在线节目下载和交流、移动广播和其他发展正挑战传统的广播定义。

随着音频/视频压缩技术和数字信号调制技术的发展，压缩数字信号极大地减少了传输容量，利用数字技术传输数字广播变得更加普遍。数字广播具备信号质量更佳，在给定频段下听众能够收听更多节目等优点。借助移动数字广播平台，听众可以随时点播节目，并且在使用音频/视频服务时并不会影响他人使用；对内容提供者而言，现场传输的同一内容也可以在其他时间传送到不同使用者，并且在特定范围内采用不同的商业模式传输给听众。不过，需要说明的是，此时，听众使用的收听设备需要连接到广播网络的特定移动终端。

在竞争市场之外，新技术并不能消除人们对广播带来的社会、政治和文化影响的担忧。在许多情况下，这些新技术反而还加剧了人们的这种担忧，而在其他情况下，新技术又为解决外部效应提供了新途径。关于负面的社会效应上，比如互联网使用中出现的色情作品，政府正在寻找新的技术和新的控制方式来保护儿童。

新技术的出现也让人们对广播的"质量"产生疑虑。广播内容和传送方式的扩展意味着电台收入来自于越来越多的零散听众群，这将限制高成本却优质的节目制作，制约无线广播服务质量的提升，降低广播行业服务标准。

新技术也迫使政府重新审视广播政策。例如，当地广播内容的管制一般为单向渠道媒体设计的，但在互联网的环境下这些管制措施显然是不可行的。

# 第六章　文化的数字化

子与人歌而善，必使反之，而后和之。

《论语》述而篇第三十二

数字化技术通过融入传统文化产业领域，进而催生出新的文化产品，对文化经济实践领域影响深远。本章将对这一新现象进行探讨，主要内容包括数字音乐、数字出版、数字娱乐以及虚拟博物馆四个方面。

## 第一节　数字音乐

本节在界定数字音乐以及简明阐述数字音乐的分类后，将分析数字音乐的特点，介绍与数字音乐的相关技术，然后重点探讨数字音乐几种典型的销售模式，最后讨论数字音乐的版权问题。

### 一、数字音乐及其分类

数字音乐是指在音乐的制作、储存、传播与使用过程中，利用了数字化技术的音乐生产和消费形式。由于在整个过程中是以数字格式存储，因此，无论被下载、复制、播放多少遍，其品质都不会发生变化。

根据数字音乐传播与使用方式的不同，数字音乐一般分为在线音乐和移动音乐两大类。在线音乐，就是通过互联网传播的数字音乐。在线音乐的使用方式可以是直接在线欣赏，也可以是下载到 MP3 等其他播放器上欣赏。移动音乐，是指通过移动增值服务提供的数字音乐，包括下载的手机铃声、彩铃、IVR 中的音乐收听，以及整曲下载到手机中的音乐等（李思屈，2006）。

## 二、数字音乐的特点

数字音乐改变了音乐产品的生产、分销流通乃至消费形式，使得音乐产品摆脱了以往用胶片、磁带或是光碟作为载体，并主要通过有形物理渠道进行分销流通的传统商业模式，取而代之的是数字化、无形化的纯数字音乐并通过互联网向消费者传递（芮明杰，2005）。

与传统音乐相比，数字音乐呈现出单曲销售、低边际成本、低进入壁垒、低市场集中度以及激烈的市场竞争等特点。

### （一）单曲销售

数字音乐市场一直不断开拓新的销售领域，如移动电话、电脑和数字便携式音乐播放器，不再受困于 CD 和磁带的空间，甚至不受困于展示橱窗的大小，可以推行单曲销售。根据 BPI 2009 的统计，在英国 2000 年的数字音乐市场可以完全忽略不计，但到 2008 年底已经占到了音乐产业收入的 12%。数字音乐打破了传统音乐以专辑形式的捆绑销售模式，从而获得了消费者的欢迎。到 2008 年，单曲音乐的下载已经占到英国音乐产业单曲市场的 95%；单曲发行数目也大幅增加，数量超过 7000 首。

### （二）较低的边际成本

音乐的数字传播方式消除了供应商对制作 CD 的需求，也降低了单位成本，并实现了音乐传播到最终用户的规模经济，因为传输一首音乐作品到某一特定地区的费用并不比传输 100 首音乐作品到这一地区的费用高很多。与传统的离线方法相比，在线营销可以充分使用互联网和在线社区等途径，更加直接、有效地将音乐传递到最终用户。

### （三）较低的进入壁垒

与传统唱片公司相比，数字唱片公司的最小有效规模和所需资金的不断降低，意味着进入壁垒不断降低。艺人不需要借助唱片公司就可以让大众消费者接受其作品，他们可以把自己的歌曲放到网络上进行传播。例如，庞龙的《两只蝴蝶》歌曲在一夜之间通过网络传遍了大江南北。

### （四）较低的市场集中度

随着数字音乐的发展，音乐产业的收入向在线方向转移，这进一步降低了音乐产业的集中度。根据 BPI 2009 年的统计，在英国实现数字音乐销售的大幅增加之前，每年前 100 首销售最好的单曲占据了单曲销售总量的半壁江山，但这一比例从 2004 年的 53% 急剧下降到 2005 年的 30%，并且 2008 年这一比例仅为 20%。市场集中度的降低是因为消费者搜寻成本降低，消费者在听到音乐以前将无需付费，可以在网络上寻找自己喜爱的任何歌曲，而不受到时间和空间上的限制。

### （五）市场竞争加剧

数字音乐的出现，使得音乐的生产和发行更加方便、快捷，在为更多的创作者和艺人提供崭露头角的机会的同时，也加剧了音乐市场的竞争。一方面，数字音乐与传统音乐竞争日趋激烈，主要表现在音乐唱片的销售量和销售金额在逐渐下降。国际唱片业协会（IFPI）的统计表明，2000年之后，全球实体唱片销量持续下降，特别是 2005 年以后，下降幅度进一步增大，连续 6 年呈现负增长。例如，2007 年的实体唱片销量比 2006年下降 3.3%，销售收入为 193 亿美元；2010 年则比 2009 年下降 8.4%，销售收入仅为 159 亿美元。截至 2010 年，与 6 年前相比，全球实体唱片销量收入骤降了将近 25%。其中音乐市场份额最大的美国 2010 年实体专辑销售量仅为 2.46 亿张，仅是 2005 年销售量的 35%。反观数字音乐，2005 年全球数字音乐的销售额在 15 亿美元，2010 年，这一数字已经迅速变成了 107 亿美元，并仍呈现持续增长的趋势。

另一方面，艺人和艺人之间、音乐公司与音乐公司之间的竞争也日趋激烈，原因在于：一是数字音乐增加了消费者的选择对象数量；二是消费者更加主动选择而不是被动接受音乐产品。

## 三、数字音乐的相关技术

数字音乐的发展主要是得益于数字技术的迅猛发展，包括数字音乐文件压缩技术、音乐播放器、P2P 技术和互联网。

## （一）音乐文件压缩技术

音乐文件压缩技术主要有 MP3 和 WMA 两种。

MP3 是 MPEG21 Audio Layer 3 的缩写，它是 ISO（International Standards Organization，国际标准化组织）与 IEC（International Electronic Committee，国际电工协会）共同发起的 MPEG（Moving Picture Experts Group，运动图像专家组）开发的一种音频压缩技术。MP3 的压缩率高达 10∶1~12∶1。这意味着 1 分钟 CD 音质的音乐，未经压缩需要 10MB 存储空间，而经过 MP3 压缩编码后只有 1MB 左右，同时能够保持音质基本不失真。

WMA 的全称是 Windows Media Audio，是微软推出的一种音频格式。WMA 格式是以减少数据流量但保持音质的方法来达到更高的压缩率目的，其压缩率一般可以达到 18∶1，生成的文件大小只有相应 MP3 文件的一半。此外，WMA 还可以通过 DRM（Digital Rights Management）方案加入防拷贝功能，或者加入限制播放时间和播放次数的功能，甚至可以对播放器进行限制，从而可以有效地防止盗版。

## （二）便携式音乐播放器

最初的 MP3 文件只能由电脑来播放，随着 MP3 的逐渐流行，音乐迷随时随地欣赏 MP3 音乐的需求越来越强烈，一些硬件生产厂商抓住机会推出了可以随身携带的 MP3 音乐播放器。数字音乐的火爆也激发了手机生产商的灵感，目前大多数的手机都具有 MP3 音乐播放器的功能。

便携式数码音乐播放器的意义不仅在于可以让人们方便地聆听数字音乐，更重要的是它促使数字化的音乐走下网络直接进入了音乐爱好者的生活。由于手机的普及程度远远高于数字音乐播放器，因此手机的出现进一步扩展了数字音乐的用户群。这两种产品共同刺激着人们对数字音乐的需求，使互联网和无线平台上的音乐下载量与日俱增。

## （三）P2P 技术

P2P（Peer-to-Peer）对等网络技术，是指以分散、分权思想为指导，为网络用户之间提供"端"到"端"直接联系的一种网络技术。P2P 使得网络上的沟通变得更容易、更直接，真正地消除中间环节，从而改变现在的 Internet 以大网站为中心的状态，重返"非中心化"，并把权力交还给用户。对于音乐产业而言，P2P 技术的影响主要在于其对内容搜索与文件共享领域的应用，它的出现使得音乐爱好者之间可以在不受中央服务器（Web Server）的监控下实现音乐文件的快速传递、分享和搜索音乐文件，这使得希望利用中央服务器来监督音乐产品版权的能力大大降低。

### （四）互联网的普及

互联网技术的出现所带来的巨大网络效应则更加快了计算机技术的应用与普及速度，为一个新兴的虚拟的网络社会提供了技术支撑，而这个社会中的人群——网民，正是 MP3 音乐消费的主力军。包括 Cable Mode、ISDN、DSL、ADSL 等多种类型接入手段的宽带技术日益普及，更使得网络传播速度大大加快。

## 四、数字音乐的销售模式

### （一）长尾式销售模式：以 Rhapsody① 的音乐销售为例

针对网络销售的特点，克里斯·安德森（2009）提出了著名的"长尾理论"（The Long Tail），即只要存储和流通的渠道足够多，成本足够低，非主流产品（尾部）也会有顾客愿意购买，并且这些产品所获得的利润和那些"关键少数"畅销品（头部）所获得的利润相匹敌。当前，数字经济网络销售时代的产品分布正在朝着"平而杂"的趋势发展，畅销产品的销量在减少，非主流产品的销量大幅增加。

由于每个人对音乐类型偏好各不相同，并且同一个人在不同的心情下对音乐的需求也可能不一样，这就导致数字音乐市场是一个主流与利基产品共同存在的市场。根据安德森的观点，数字音乐市场长尾现象的出现与三种因素有关，即数字音乐生产工具的普及；互联网使数字音乐消费更加便捷；传播工具降低了数字音乐的搜寻成本。

（1）数字音乐生产工具的普及。以前音乐的创作和制作只能由专业公司来完成，现在个人电脑和相关软件的普及，使每个业余爱好者也能成为音乐的创作者和制作者。这意味着"生产者"的队伍壮大了上千倍，

---

① Rhapsody 是 RealNetworks 公司旗下的流媒体服务商，美国在线音乐公司之一，开创了付费音乐订阅服务的先河。

数百万的歌曲被创作出来并发布到全世界。由此，可选的音乐产品的种类和数量迅速增加，促使数字音乐长尾向右延伸。数字音乐生产工具普及的最终结果是：数字音乐种类和数量更多，长尾更长。

（2）互联网使数字音乐消费更加便捷。音乐被创造出来之后，需要有人欣赏和购买，否则就失去了其意义。互联网降低了音乐消费者接触数字音乐的成本。音乐消费者在任何时间、任何地点，通过互联网就可以以最低的价格在世界范围内购买到不同风格、符合自己需求的数字音乐。互联网提高了长尾市场的流动性，带来了更多的消费。

（3）传播工具降低了数字音乐的搜寻成本。[①] 音乐消费者的兴趣已趋向多元化，构成了众多音乐消费小圈子。面对数量庞大的数字音乐产品，消费者从中选取满足自己偏好的音乐显然面临较高的搜寻成本。和传统音乐消费阶段不同，在数字媒介下，搜索引擎、推荐系统、微博、微信等各类信息传播工具能够让数字音乐迅速在消费者中传播，拓宽了潜在顾客的视野，降低了消费者寻找非主流音乐的搜寻成本。从长期来看，传播工具有助于提高数字音乐的销量，扩大整个数字音乐市场，这样一来，更长的尾巴也能变得更厚了。

此外，免费的力量也不容小觑。数字音乐市场成本几乎为零，即使价格为零也不会带来巨额亏损。30 秒的音乐剪辑和视频预览可以降低消费者的搜寻成本，可以对利基产品有一个初步的了解，让消费者找到符合自己的利基产品并为之消费。

以 Rhapsody 数字音乐销售情况为例。如图 6-1 所示，流行度排名靠前的歌曲下载次数非常高，但歌曲下载次数并没有随着歌曲流行度的下降而迅速下降至零，直到排名 90 万首后的歌曲仍有少量的下载量。通过观察可以发现，像沃尔玛这样的传统零售商，音乐产品的需求量止步于第 2.5 万首，但是，对 Rhapsody 这样的在线零售商来说，音乐市场似乎是无穷无尽的。在 Rhapsody，不光排名前 6 万首的曲目能每月至少被下载一次，甚至到第 90 万首都能被下载到。可以推测，只要 Rhapsody 添加新的

---

① 搜寻成本指任何妨碍消费者寻找目标物而引致的成本。有些成本是非货币性的，如时间浪费、争论、错误的时机或迷惑之处。其他一些成本是明码标价的，如错误地购买，或是因为没有找到更便宜的选择而被迫高价购买。

数字音乐产品，这一数字音乐极有可能会被消费者下载。因此，数字音乐的销售是一个无尽的长尾市场。

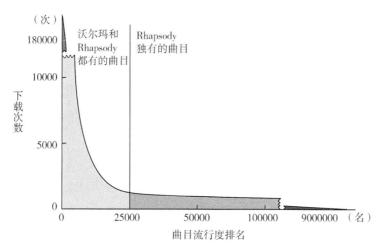

**图 6-1　在线音乐下载的长尾现象**

资料来源：王睿：《电信运营商须转换角色，利用长尾理论调整商业模式》，《世界电信》，2010 年第 9 期，第 67 页。

### （二）捆绑式音乐销售模式：以苹果音乐为例

苹果公司真正的创新不是令消费者心动的硬件，而是数字音乐软件和服务与其硬件融为一体的模式。利用 iTunes + iPod 的组合，苹果改变了音乐唱片产业的销售模式，开创了全新的音乐商业模式。苹果自身已经从纯粹的电子消费品生产商向以终端为基础的综合性内容服务提供商转变。这种将终端播放设备和音乐内容一体化的新型音乐销售模式直接催生了目前为止国际上最为成熟的在线音乐盈利模式。

iTunes 的出现意味着苹果转型的开始。iTunes 出现之前，苹果只是一家电子产品公司，虽然这些产品深受消费者青睐，但由于市场上存在众多功能类似的产品，苹果的产品仍是可以替代的。随着 2003 年 iTunes 的出现，苹果公司进入了音乐市场，它不仅是靠卖产品赚钱，还可以靠售卖音乐来赚钱。因为 iTunes 能够让更多人更方便地下载和整理音乐，从而大大促进了 iPod 的销售，让 iPod 和其他音乐播放器区分开来，短时间之内占领了美国近 90% 的市场。短短 3 年内，凭借 "iPod+iTunes" 模式，音乐等内容的下载量就突破了 10 亿，为苹果公司带来了近 100 亿美元收入，几乎占到公司总收入的一半。到 2008 年，苹果超过沃尔玛成为全美第一音乐零售商；2009 年 iTunes 占据美国音乐的销售逾 1/4，达到了 26.65%；2011 上半年 iTunes 音乐商店已售出 150 亿首歌曲，成为全球第一大音乐分销商。而且，2001~2010 年期间，iPod 销售额也呈现上升趋势，2002~2003 年为 141%，2003~2005 年更是接近和超过 250% 的幅度递增——这个时期正是 iTunes Stores 上市和快速发展时期，2008 年达到顶峰，达到了 91.5 亿美元，是 2002 年的 64 倍。

iTunes 打破了音乐爱好者必须整盘购买专辑的行规，开创了单曲销售时代。iTunes 音乐商店里的每首歌曲都可以单独付费下载，消费者可以自由选择自己喜欢的歌曲。0.99 美元/首的低价格策略，让普通消费者承受得起，促进了 iTunes 的良性发展。

iTunes 的成长也离不开版权的有效支持。盗版一直是数字音乐产业的顽疾，美国五大唱片公司都饱受数字盗版的困扰。苹果说服他们与自己签约在线音乐商店，代理销售他们的音乐产品，供苹果用户浏览、试听、购买后下载。这样，苹果在部分解决了五大唱片公司的盗版困扰的同时，也解决了自己音乐曲目的来源问题。在收益分配上，苹果采用了和合作伙伴分成模式，即提取 30% 的销售额作为公司留存，其余 70% 归唱片公司所有。苹果将具有物理渠道的百货业分成模式引入到数字内容产业的 B2C 销售模式中，是第一家整合这些内容资源企业的 B2C 公司，是首个虚拟交易渠道的 "沃尔玛音乐商店"。

苹果电脑公司的在线音乐销售（iTunes）模式一经推出，就获得了巨大的成功，并带动了其硬件产品 iPod 的销售。索尼公司很快就效仿这一销售模式，非音乐唱片公司的沃尔玛也紧随其后，RealNetworks 和 Microsoft 也推出了媒体软件。

（三）彩铃式音乐销售模式：以中国移动无线彩铃为例

盗版在中国尤为严重。据国际唱片业协会（IFPI）发布的《2012 数字音乐报告》统计显示，中国的盗版率为 99%，严重影响了中国数字音乐产业的发展。中国人对付费音乐的习惯很特别，不愿为下载一首歌曲而买单，付费音乐的销售在中国屡次遇阻。移动无线音乐的彩铃一定程度上解决了数字音乐的盗版和付费问题，使渠道和内容专有化，并增加了移动增值业务。

与一次性买断唱片的收听权不同，彩铃通常按时间付费。同时，由于铃声只能存储在增值运营商的服务器上，消费者根本无法从其他地方免费下载，到期后，如果消费者想继续使用，就必须续费。采取这种商业模式后，唱片公司不用制造新的唱片仍可持续地获得收入。因此，彩铃在一定程度上挽救了中国传统唱片业。

在无线增值业务的平台上，通过彩铃、彩信等业务模式，运营商正在慢慢改变传统唱片业的销售模式，业界甚至出现了"彩铃一响，黄金万两"的说法。比如，第二十九届奥运会主题曲《我和你》在北京唱响的同时，中国移动音乐基地同步首发了该歌曲彩铃，短短 26 小时内，该彩铃下载量达到惊人的 573 万次，创造了整个音乐史上的最快传播速度；不到一个月的时间，北京奥运主题曲的下载量达到 1001 万次，销售收入高达 2000 余万元。

## 五、数字音乐的版权问题

数字盗版是正版音乐产品销售的最大障碍，它通过盗版流媒体网站、P2P 文件共享网络、网络存储空间和聚合器、盗版流媒体和流翻录以及移动应用等不同形式和途径威胁正版音乐产品市场。①

传统的"看门人"——唱片公司，一直在为支持严厉的版权法而战，限制消费者复制、分发和修改其作品，直到能被"公平地使用"。这一战役体现为法律形式的大战，反对可以让个人间自由交换歌曲和视频的 NAPSTER 以及其他 P2P 的网络。

唱片公司也认为侵权和盗版使其遭受重大损失，通常采取司法手段捍卫音乐版权。比如，iMesh 的制造商同意为盗版赔偿 410 万美元；美国联

---

① 国际唱片业协会：2014 数字音乐报告［EB/OL］. http：//www.ifpi.org/downloads/dmr2014_chinese.pdf .

邦法院裁决 Grokster 和 StreamCast 为不合法的文件共享软件。虽然唱片公司获得了阶段性的胜利,但短期内很难杜绝盗版。

唱片公司还采用侵入式战略。例如,上传低质量的 MP3 到 P2P 网络来降低使用者从这些网络中的获益,或蓄意破坏这些网络使用者的个人电脑 (Corbett, 2003)。但是,这一侵入方式造成破坏的成本远高于盗版给音乐产业带来的损失。

唱片公司也可以通过数字版权保护技术限制用户非法复制和分享音乐。但是,也有人认为非法复制可以增加互补软件和硬件的需求,或由于网络效应,唱片产业也许可以从复制中获益。[1]

与唱片公司严厉打击盗版的态度不同,艺人对版权的态度分为截然不同的两类。有些艺人会自发组织起来,联合打击音乐盗版;[2] 另外一些艺人则欢迎新技术的出现,因为通过网络可以成名进而获得和唱片公司签约的机会。事实亦是如此,大量未成名的艺人在网络免费发布作品,并最终获得成功。[3] 网络免费发布音乐不只是限于新出道的艺人,对于已成名的艺人,甚至一些大明星也选择互联网发布作品。[4]

虽然媒体鼓吹盗版导致了音乐产业萎靡不振,收益减少,但是学术界的结果往往与此不太一致。一些经济学家在研究了唱片产业损失的情况后认为,如果严格执行版权法,很多消费者将不再消费音乐产品而转向其他娱乐方式,CD 的销售将重新回到应有的下降通道。[5] 面对这种困惑,可以从三个方面进行解释:[6]

第一,焦点主要集中在对唱片公司和成名艺人的盈利损失上。虽然对

---

① Shy, O., Thisse, J. F.. A Strategic Approach to Software Protection [J]. Journal of Economics and Management Strategy, 1999, 8 (2): 163-190.

② 以英国著名歌手艾尔顿·约翰 (Elton John) 为首的艺术家联合打击盗版组织 (Artists Coalition Against Piracy)

③ 法国女歌手 Lorie 的单曲《Près de moi》2000 年首先免费放到互联网上,两个月内下载量高达 15000 多次。2001 年,她才和 BMG 唱片公司签约,出版该单曲唱片,2001 年销量高达 60 万张。

④ 著名歌手 David Bowie 的专辑《Hours》在商店销售之前,首先在网络上发布。

⑤ Gayer, A. and Shy, O.. Copyright Protection and Hardware Taxation [J]. Information Economics and Policy, 2003, 15: 467-483.

⑥ Legros, P.. Copyright, Art and Internet: Blessing the Curse? [C]. In Ginsburg, V. A. and Throsby, D. (eds.), Handbook of the Economics of Art and Culture [A]. Cambridge : Cambridge University Press, 2006: 285-308.

唱片公司由于盗版的潜在损失进行了分析，但是衡量激发艺人创作最少所需的未来收入的相关研究几乎没有。因此，还不好评价盗版对艺人的损失。

第二，大多数与复制和盗版有关的讨论假设 CD 和 MP3 是包含艺人创意思想的唯一艺术作品。实际上，艺术可以从多种外部渠道获取收入。研究发现，MP3 的复制对演唱会的观众人数有正效应，对电视节目、视频片段也有正效应，这些都是艺人重要的收入来源。

第三，在实证中常常忽略网络扩散——无论合法与否，带给艺人的非金钱方面的收益。例如，即使艺人不能从 MP3 的扩散中获得金钱上的收益，他们也能通过增加声望间接增加收益。因此，为了获得 CD 销售收入，唱片公司反对弱版权法，而艺人更偏向弱版权法，他们可以从网络扩散中获得声誉，进而借助艺术的其他形式来增加收入。

# 第二节　数字出版

在对数字出版进行界定后，本节阐述了数字出版的特征，之后讨论了与数字出版相关的技术，接着探讨数字出版的盈利模式，最后探讨互联网技术与出版物的销售问题。

## 一、数字出版及其特征

数字出版源于 Digital Publishing 一词，可译为数字资源出版或出版的数字化。作为一个概念，"数字出版"是最近十年才开始流行起来。目前学者主要从产品形态、技术工艺和经济活动角度对数字出版进行定义（肖洋，2013）。

从数字出版产品形态视角，较有代表性的如数字出版是指依靠互联网并以之为传播渠道的出版形式。其产生的数字信息内容建立在全球平台之上，通过建立数字化数据库达到在未来重复使用的目的。数字出版主要源于全球电子出版业发展的数字化与网络化趋势，将图文信息与数字信息库技术的应用相结合，改变出版社的传统业务流程，生产以光盘或网络出版物为代表的产品形态，以此作为数字出版的萌芽业态（赖茂生，2000）。

从数字出版技术视角，较有代表性的如数字出版是指用数字化的技术从事的出版活动，广义上是二进制技术手段在出版环节的运用，主要包括原创出版物内容、编辑加工处理、现代印刷生产、营销发行和阅读使用五项数字化（张立，2006）。新闻出版总署 2010 年颁布的《关于加快我国数字出版产业发展的若干意见》中指出，数字出版是内容加工的数字化和数字出版物传播的网络化，具有生产、管理、形态和传播的数字化与网络化的鲜明特征。

从数字出版经济活动视角，较有代表性的如数字出版是传统出版的数字化改造和数字技术的出版化，强调内容作品的数字化加工和传播，以满足读者多媒体形式的知识行为需求（祁庭林，2007）。

数字出版不是把纸质出版物单纯进行数字化的过程，其特征主要有以下几个方面（张维等，2013）：一是内容生产的数字化；二是管理过程的数字化；三是产品形态数字化；四是传播渠道网络化；五是用超文本链接从而方便读者获取信息。

## 二、与数字出版相关的技术

数字出版主要涉及元数据、结构化信息、知识点标注技术以及数字版权保护体系等（张濮，2010；丁海珈等，2012）。

第一，元数据。元数据是互联网中用于管理和组织信息资源的信息处理技术。最常用的元数据标准是都柏林核心元数据元素集（Dublin Core，DC）。元数据一般特指基于诸如 HTML（超文本标记语言）和 XML（可扩展标记语言）等标记语言的网络信息资源处理方案。元数据标注是数字出版的核心工作之一，它是把稿件按其内容分解成一些基本单元并用特定的标记语言结构化符号标记出来。

第二，结构化信息、知识点标注技术。通过这种技术，编辑可以对稿件进行结构化加工，出版带知识标引的作品。这样，读者就可以对文献内部的某知识块进行检索，极大地降低检索结果的信息冗余度，方便他们根据自己的需要建立不同的知识元数据库。

第三，数字版权保护体系。数字化出版物主要采取加密、数字水印、数字指纹等技术以保护作品的版权。

## 三、数字出版的盈利模式

数字出版是由内容提供商、消费者、广告商与互联网构成的一平台多用户的双边市场结构，消费者、广告商、内容提供商、平台厂商之间存在需求的相互影响，即存在显著的交叉外部性特征，并依靠互联网平台发生交易。消费者通过平台获取内容产品，同时将"注意力"集中在平台上，于是平台厂商可以将"注意力"销售给另一个客户终端——广告商，从而获得广告费。内容提供商将吸引消费者的内容产品提供给网络平台，获得平台厂商的盈利分成。[①]

目前，我国数字出版产业的平台经营方主要分为六类：传统出版商如中国科学出版集团等；技术提供商如方正、阿帕比等；互联网原创平台如盛大文学等；电信运营商如中国移动等；搜索引擎运营商如 Google、百度等；互联网门户网站如新浪、搜狐等，其盈利模式还处于不断的摸索与创新中。根据双边市场中各个终端用户彼此之间的相关性与影响，可以把数字出版的盈利基本模式分为以下几类：

### （一）消费者的完全收费模式

当数字出版商不依赖于广告市场时，则双边市场的实质发生改变，近似于单边市场。出版社必须通过消费者市场获得收入，对消费者实行完全的收费。采用这种模式一般具有两个条件：一是所售内容产品不可替代性较高，消费者具有较高的付费意愿；二是网络平台不适宜大规模的广告投放，消费者群体规模小或者人群狭窄，广告效果有限。

专业内容产品的数字出版具有以上两个特征，其消费者完全付费的盈利模式发展比较成熟。互联网四大期刊数据库如中国知网、万方、维普和

---

① 本小节主要参考姚林青、杨文：《双边市场下数字出版产业赢利模式》，《产经论坛》，2012 年第 14 期。

龙源，专业数字出版类企业如超星数字图书馆、阿帕比、书生之家等，其收入直接来自消费者的付费。它们收录的文献专业性强，针对性强，价值含量高。对于有需求的专业消费者，这类内容产品不可替代，即使收费也愿意消费，但对于非专业消费者，即使免费他们也没有意愿去消费这类内容产品。因此这类数字出版的消费者群体不大，而且由比较单一的专业群体构成，不具备大规模吸引广告商的条件。

### （二）广告商补贴消费者模式

广告商补贴消费者模式是互联网产业发展之初所采取的主要模式，目前仍旧是数字出版产业的重要模式。2009 年我国数字出版产业的产值为799.4 亿元，其中网络广告的收入达到 206.1 亿元，占总收入的 25.8%。数字出版平台商对消费者群体免费或微收费，通过广告市场的收入补贴消费者市场，扩大消费者群体规模，进而提高广告市场的收入规模。比如数字出版领域图书搜索引擎的代表企业 Google，它将图书内容、音乐加入图书搜索频道和 MP3 音乐频道，并且进一步促进全球图书数字化。Google将出版社提供的图书免费提供给消费者，通过吸引消费者注意力获得广告收入。

理论上看，广告商补贴消费者模式是双边市场价格结构非中性的典型表现，广告商从消费者市场获得正外部性，消费者由于广告的存在而产生负外部性，通过两个市场方向的定价结构，正负外部性得以消除。

### （三）服务盈利模式

内容提供商在双边市场上处于一个特殊的地位，通常情况下与网络平台商处于同样的角色——内容产品经营者，它们之间通过分成共享利益，一般可以简化为网络平台的组成部分。例如，Google 会把广告收入的 50%分给内容提供商。但当内容提供者不再是经营合作者，而是被收费服务的对象时，它们就不再是平台的一部分，而是平台连接的另一市场主体。网络平台可以为有出版自己作品需求的作者提供数字出版平台，收取不同级别的服务费用，又形成了一种新的盈利模式。这种基于服务的盈利模式，经营得比较成熟的是美国两大数字出版网站 Iuniverse. com 和 Xlibris. com。它们将自己定位为网络技术出版提供商，主要提供作者服务、出版商服务和商业服务，所出版的图书都有独立的 ISBN 编号。

## 四、互联网技术与出版物的销售

就出版业而言，传统发行体系严重浪费出版业的资源，出版业在费用惊人、场地庞大、高度浪费的发行体系下苦苦挣扎，很多优质内容的书籍上架率不够。读者很难找到想要的书籍，作者无法接触到潜在读者，出版社因新书成本太高总认为书价定得太低。此外，一些内容毫无意义的、甚至不能称其为"书"的书籍因为是畅销书却在市场上大卖，而真正有意义的书籍却因为未能成为畅销书而最终被迫退出市场。

相对于传统的发行销售模式，在线零售电子商务（例如 Amazon 网络书店）的出现，给图书发行渠道带来了一场革命。在线零售是一种"先挑选再打包"（Pick-and-pack）的商业模式，可以为消费者提供优质的服务、优质的商品。与书店不同，在线销售由于消费者能够更加快捷地在网络书店寻找到所需要的任何图书，消费者的搜寻成本大大降低，他们可以以很低的成本关注正态分布曲线的"尾部"，关注"尾部"产生的总体效益甚至会超过"头部"。例如，一家书店通常可以摆放 10 万种书，但 Amazon 网络书店的图书销售额中，有 1/4 来自排名 10 万名以后的书籍。这些"冷门"图书的销售比例正在高速增长，预估未来可占整个书市的一半。这表明，在线销售使大规模的图书市场转化为无数的利基市场。从中可以发现，读者在面对无限的选择时，真正想要的图书和想取得的渠道都出现了重大变化，一套崭新的商业模式正在崛起。

另外，对于发行商来说，通过网络技术和数据挖掘技术，借助读者的历史搜索记录可以主动推荐与读者兴趣有关的图书。对读者而言，如果好的搜索机制能够让他们得到更准确的其他相关图书的信息，这势必会激发读者进一步搜索的兴趣以及唤醒对图书的热爱，从而创造一个更大的图书市场。

此外，从市场而言，网络书店的长尾效应推动了文化消费更加多元化，从而终结了因为长期以来图书分销渠道的单一而导致的流行文化处于绝对统治地位的局面。

但需要说明的是，网络书店集中度远远高于传统图书发行业的集中度。例如，Amazon 网络书店已经控制了美国 80% 以上的网络图书销售市场。

# 第三节　数字娱乐

本节在简要界定数字娱乐业之后，分别探讨了两类典型的数字娱乐类型即动漫和游戏。

## 一、数字娱乐业的界定

从字面上理解，数字娱乐业是以数字技术为基础，以娱乐为目的产业。在数字娱乐的内涵和外延的看法上，学界存在一定的争议。比如，有的学者认为数字娱乐包含了动漫、卡通、网络游戏；也有人认为，网络游戏、数字摄影、电子图书、彩信、3D 动画、Flash 动画等应纳入数字娱乐范畴；还有人认为，数字娱乐是以网络游戏、网络文学、数字短片、数字音乐、数字电影电视、动漫和数字出版物等为主体内容；也还有人认为，数字娱乐业包括动漫作品、网络游戏、数字音乐、数字电视、手机游戏、数码摄像机等。

从本质来看，数字娱乐是以文化创意为内容，以数字技术为生产手段，以经济利益为目标的娱乐产品。这意味着，数字娱乐内涵和外延较为丰富。从市场占有率而言，动漫和游戏占据数字娱乐业的绝大部分，因此本节侧重阐述动漫和游戏这两类娱乐产品。

## 二、动漫

动漫是动画和漫画的结合。在国外许多国家，动漫产品已由漫画延伸到影视、录像带等音像制品，并发展到以动漫人物、形象为背景的玩具、服饰、工艺品等其他衍生产品，甚至扩大到与此相关的公园、游乐园。我国《动漫企业认定管理办法（试行）》（2008）中规定，动漫产品包括：①漫画：单幅和多格漫画、插画、漫画图书、动画抓帧图书、漫画报刊、漫画原画等；②动画：动画电影、动画电视剧、动画短片、动画音像制品，影视特效中的动画片段，科教、军事、气象、医疗等影视节目中的动画片段等；③网络动漫（含手机动漫）：以计算机互联网和移动通信网等信息网络为主要传播平台，以电脑、手机及各种手持电子设备为接收终端的动画、漫画作品，包括 FLASH 动画、网络表情、手机动漫等；④动漫舞台剧（节）目：改编自动漫平面与影视等形式作品的舞台演出剧（节）目、采用动漫造型或含有动漫形象的舞台演出剧（节）目等；⑤动漫软件：漫画平面设计软件、动画制作专用软件、动画后期音视频制作工具软件等；⑥动漫衍生产品：与动漫形象有关的服装、玩具、文具、电子游戏等。

动漫产品主要有以下几个主要经济特征（胡江伟，2010）：

第一，动漫产品的制播周期较长。在制作方面，好的 3D 动画电影至少要一个制作团队耗费 3~5 年时间。在播出环节，动漫作品如动画片的播出周期通常比较长。

第二，动漫产品是以版权为核心的盈利模式。动漫产品的核心是版权，动漫企业将版权进行分割，通过授权其他企业或自主开发经营，可以实现版权的价值，由此获得利润。

第三，动漫产品的辐射效应较强。具有较高社会影响力的动漫产品的形象可以通过版权开发，延伸到产业领域。比如，三辰卡通集团凭借其知名动画品牌"蓝猫"，不仅向国外出口系列动画片，还开发了以"蓝猫"为品牌的特色图书与动漫图书，制作蓝猫系列动画片 VCD，还延伸到食品、玩具、日化、服饰等十多个行业。根据国际动漫产业发展规律，动漫产业利润的 70% 来自于衍生产品。

## 三、游戏

下面主要介绍游戏机游戏和网络游戏及其运作模式。

### （一）游戏机游戏

游戏机游戏主要由任天堂、世嘉和索尼等控制。游戏机游戏开发离不开软硬件的协同作用，游戏机硬件更新较快，几乎每过几年就会有新产品产生，竞争也比较激烈（赫斯蒙德夫，2007）。以上述三大游戏厂商为例，20世纪80年代至90年代初，任天堂相继开发了红白机、超级红白机、"游戏男孩"等掌上型电脑游戏机等，而世嘉则开发了第五代游戏机 Mega Drive。进入20世纪90年代中期，任天堂开发了64位机，世嘉开发了"土星"游戏机，而新进入者索尼则开发了PS游戏机。到20世纪90年代末至2000年后，任天堂又开发了"海豚"游戏模拟器，世嘉则开发了 Dreamcast 游戏机，索尼则开发了 PS2 游戏机。由于作为硬件的游戏机销售仅能获得相对较少的边际利润，而游戏软件则有很高的附加值，因此硬件公司主要依靠软件谋利（凯夫斯，2004）。

一般来说，游戏玩家往往是某种特定游戏机的忠诚消费者，同时也喜欢该游戏机的配套软件。在过去，这些游戏机产业的垄断者是自己设计游戏，但现在，这些工作也逐渐转包给其他更专业的公司制作，游戏产品不断增加，服务的市场日益细化。常见的游戏类型包括枪战游戏、平台动作游戏、格斗游戏、角色扮演游戏、战略游戏、益智游戏等。

### （二）网络游戏

人们普遍认为，1997年正式推出的《网络创世纪》是网络游戏的奠基者。网络游戏是利用 TCP/IP 协议，以互联网为依托，可以多人同时参与的游戏产品（奚声慧，2007）。网络游戏市场规模日益壮大，2012年全球网络游戏市场规模达到130亿美元，是2006年的3倍多，2007~2010间的增长率始终保持在20%以上，最高达36%。

网络游戏的类型主要包括角色扮演类游戏和休闲类游戏（奚声慧，2007）。角色扮演类游戏是游戏玩家把自己当作游戏中的人物，以操控游戏。在角色扮演游戏中，玩家可以在虚拟的世界互动交流，通过扮演不同的角色体验生活。较有代表性的如盛大运营的热血传奇、传奇世界等。休闲类游戏可进一步分为两大类：一类是游戏平台游戏，它是通过网络社区，将一些线下或者单机类别的游戏整合到一起，为玩家在网络上寻找其他玩家共同参加游戏的平台。这类游戏主要包括棋牌游戏（代表性的游戏如斗地主、麻将等）和对战游戏（代表性的如星际争霸、帝国时代等）。另一类是休闲动作游戏，这类游戏每款都是独立运营，不需要依托另外的游戏平台，基本没有或只有简单的故事背景，注重操作性，这类游戏主要包括体育比赛游戏（如街头篮球）、音乐舞蹈游戏（如劲乐团）、动作对战游戏（如泡泡堂）和其他（如冒险岛）。

目前，网络游戏的盈利模式主要有时间模式、广告植入、虚拟物品与增值服务等（黄娟娟，2013）。

时间模式是用户登录网络游戏后按照游戏的时间进行收费，这种模式分为混合制收费和包月收费。其中混合制收费即按照玩家的级别分类，在某一级别之下的玩家是免费用户，但是超过级别之后就需要按照游戏时长付费，如网易旗下的《梦幻西游》玩家在10级之前免费而之后则以游戏时间计费。包月收费是一种不常用的收费模式，一般与时长收费并行，玩家以月为单位购买游戏时间，在包月时限内玩家可以不限时在线游戏。

广告植入模式是通过将商品广告嵌入游戏界面或成为游戏的一部分，运营商从中收取一定的费用。较有代表性的，如2006年天联世纪与可口可乐公司达成为期1年、总价值近亿元人民币的广告合作，其合作内容为：在天联世纪免费运营的网游《街头篮球》中，出现以可口可乐为代表的厂商广告。

虚拟物品与增值服务模式是通过人民币兑换代币，同时在游戏中构建可能通过代币消费的商城，来出售部分虚拟物品，运营商从中获取收入。这种模式是国内网络游戏市场比较主流的盈利方式。比如，盛大运营的泡泡堂游戏通过出售娱乐型商品的方式获得了可观的收入。

# 第四节　虚拟博物馆

本节在阐述虚拟博物馆的定义及其分类之后，探讨了虚拟博物馆的特征，之后讨论了与虚拟博物馆相关的技术，最后分析了虚拟博物馆的运作策略。

## 一、虚拟博物馆的定义及其分类

现代技术与博物馆越来越紧密地联系在一起，虚拟博物馆的不断涌现就是一个活生生的例子。虚拟博物馆是应用可形成仿真、虚拟人造景物的虚拟现实技术所营造而形成的博物馆（王恒和朱幼文，1999）。虚拟博物馆除了原始博物馆实物加文化的收藏形式外，还包含了大量的与之相关的多媒体收藏，通过三维模型、视频、图像、声音、文献记录等数字信息为藏品提供更全面的信息（李媛和潘明率，2005）。

虚拟博物馆的发展经历了从博物馆数字化到数字化博物馆的过程（仝建国，2006）。博物馆的数字化是指利用数字化的手段对传统博物馆进行改造，如建立网站、办公自动化等，以方便馆际之间的交流，为公众提供信息服务，方便研究等。其作用在于利用数字化技术使得实体博物馆更好地发挥其功能。数字化博物馆是以文化遗产为中心，通过各种数字化信息技术，将主题文物的相关信息保存，以网络为媒介，以互动方式进行浏览参观、信息查询与研究。

从形式上看，虚拟博物馆有三种类型：一是不包含虚拟场景，整合了文字、图像等多媒体信息的数据为中心的系统，不使用三维展示技术；二是提供了三维场景和三维展品的展示功能，但参观者没有自己的主动观察路线和角度；三是建立在虚拟环境下的形式，参观者可以随意走动观看，还具有交互和协同功能。

## 二、虚拟博物馆的特征

与传统博物馆相比较，虚拟博物馆具有以下特征（迪克斯，2012）：

第一，参观者可以在家里不限次数、在任何时间都可以参观某个数字博物馆，从而潜在地增加了博物馆的可接触性。

第二，有利于传统博物馆的持续发展。诚然，数字化不太可能取代保存现实物品的功能，但未来的博物馆可以将空间用于收藏物品然后再利用虚拟形式进行展览。或者，博物馆完全用数字化的方式建立起来，该博物馆在现实中并不存在。

第三，数字化可以通过提供更多背景材料来提高阐释能力。

第四，具有很强的互动功能，这一功能将吸引更多的观众参观实物博物馆。

第五，数字化博物馆的出现意味着，无须修建昂贵的展览空间也可以展示特定的文化，从而更加有利于文化的传播。

## 三、与虚拟博物馆相关的技术

虚拟博物馆的建设主要涉及虚拟现实技术、J2EE 开发技术、虚拟现实建模语言、多媒体技术、网络技术、无线数字通信技术等诸多技术。这里主要介绍虚拟现实技术、J2EE 开发技术、虚拟现实建模语言等关键技术（刘刚，2006）。

### （一）虚拟现实技术

虚拟现实（Virtual Reality，VR）技术出现在 20 世纪末，它融合了数字图像处理、计算机图形学、多媒体技术、传感器技术等多个信息技术领域，用计算机生成逼真的三维视、听、嗅等感觉，使人作为参与者通过适当装置，自然地对虚拟世界进行体验和交互作用，使人和计算机很好地"融为一体"，给人一种"身临其境"的感觉。一般的虚拟现实系统主要由专业图形处理计算机、应用软件系统、输入设备和演示设备等组成，不同的项目可以根据实际需要选择头盔式显示器、跟踪器、传感手套、屏幕式、房式立体显示系统、三维立体声音生成装置等工具。

现有虚拟现实的主要技术包括动态环境建模技术、实时三维图形生成技术、应用系统开发工具以及系统集成技术等。其中：

动态环境建模技术：虚拟环境的建立是虚拟现实技术的核心内容。动态环境建模技术的目的是获取实际环境的三维数据，并根据应用需要，利用获取的三维数据建立相应的虚拟环境模型。

实时三维图形生成技术：三维图形的生成技术已经较为成熟，其关键是如何实现"实时"生成，为了达到实时的目的，至少要保证图形的刷新率不低于 15 帧/秒，最好是高于 30 帧/秒。

应用系统开发工具：虚拟现实应用的关键是寻找合适的场合和对象。选择适当的应用系统将大幅度地提高生产效率、减轻劳动强度、提高产品开发质量。

系统集成技术：虚拟现实中包括大量的感知信息和模型，因此系统集成技术起着至关重要的作用。系统集成技术包括信息的同步技术、模型的标定技术、数据转换技术、数据管理模型、识别和合成技术，等等。

### （二） J2EE 开发技术

J2EE（Java 2 Platform Enterprise Edition）是一种利用 Java 2 平台来简化组织机构解决方案的开发、部署和管理相关的复杂问题的体系结构。[①] J2EE 技术的基础就是核心 Java 平台或 Java 2 平台的标准版。J2EE 不仅巩固了标准版中的许多优点，同时还提供了对 EJB（Enterprise Java Beans）、Java Servlets API、JSP（Java Server Pages）以及 XML 技术的全面支持。

J2EE 平台使用了一个多层的分布式的应用程序模型，这个应用程序可以分为不同的层，包含了四个部分：运行在客户端机器的客户层组件；运行在 J2EE 服务器中的 web 层组件；运行在 J2EE 服务器中的商业层组件；运行在 EIS 服务器中的企业信息系统层件软件。

### （三） VRML 与 Java 技术的结合

VRML（Virtual Reality Modeling Language）是虚拟现实建模语言，其发展的初衷是用来创建基于浏览器的、具有实时漫游特性的虚拟现实场景，实现了基于 B/S 结构的客户端三维动画和基于对象的用户交互，从而改变了传统网页的单调、交互性差等缺点，能够根据不同层次水平的要求来实现虚拟现实技术的"沉浸感"和"交互感"。其特点是交互性强、网络流量小、多用户支持和极强的临场感、脚本支持功能。

VRML 中的 script 节点是 Java 和 VRML 通信的桥梁，VRML 只负责对场景表现的描述和以 Route（路由）方式定向情景表现的顺序，而不能决定场景改变的逻辑。因此，要实现对这种逻辑的支持，script 节点是首选。

## 四、虚拟博物馆的运作策略

虚拟博物馆与实体博物馆是互为依存、相互补充的关系。事实上，一些虚拟博物馆是实体博物馆的延伸。未来，虚拟博物馆在和实体博物馆共存的基础上其比例将逐渐增大。与实体博物馆采用各自为政的"土围子"运作不一样，数字世界中的虚拟博物馆将采取不一样的运作策略，才能突

---

[①] Java 是一种可以撰写跨平台应用软件的面向对象的程序设计语言。Java 技术具有卓越的通用性、高效性、平台移植性和安全性，广泛应用于 PC、数据中心、游戏控制台、科学超级计算机、移动电话和互联网，同时拥有全球最大的开发者专业社群。

现其自身独有特征，充分发挥其作用。

在加拿大遗产部文化遗产信息中心的推动下，加拿大国家虚拟博物馆，无论在文博机构和专业人员的参与规模、参与程度，或者全民共享文化资源的可行性、高科技引入以及数据信息的开发和储存等方面，均处于世界领先地位。我们以加拿大国家虚拟博物馆为例，探讨虚拟博物馆的运作策略（张海云，2011）。

首先，推动和支持博物馆之间以及专业研究人员之间的网络合作。具体做法如下：一是协调研发项目，重点解决博物馆所面临的问题和博物馆受众的需求，提供合作管理软件、可移动技术等；二是创造合作机会，使博物馆能够开发新的专业领域，比如鼓励博物馆与私人企业、国家科研机构以及加拿大太空总署合作，研发三维立体扫描技术等；三是引导和资助当地人参与合作研发，如表现原住民艺术品的创意项目。

其次，为博物馆机构专业人员开发并提供专业技能资源和服务。具体做法如下：一是专门为加拿大本土的博物馆和文化遗产保护工作者设置课程科目，提供一对一的学习机会和专业技能培训，同时也根据具体要求，为国际同行提供有偿培训科目。二是提供在线服务。

最后，创建虚拟博物馆，充实虚拟博物馆数据库内容和条目。协调信息资源的分享、维护资源的完整性是信息中心工作的重中之重。目前，经常性参与信息资源收集的文博单位超过300个。

# 第七章　文化的地理

子曰：“里仁为美。择不处仁，焉得知。”

《论语》里仁篇第一

本章在探讨艺术的“毁灭”问题之后，主要从创意区的形成与文化产业景象、创意区与地方发展两方面进行探讨。[①]

## 第一节　艺术的毁灭问题

凯夫斯（2004）对纽约艺术中心的研究表明，现代艺术品市场的空间分布具有一种“自我毁灭”的特性，这种“开始是艺术，结束是商业”的生命周期演进规律在市场经济自发形成的创意产业集聚中普遍存在。20世纪80年代以来，纽约东区不到十年就经历过一次“自我毁灭”的循环。我国有名的文化区798历经十年左右的发展似乎也难以逃脱这一规律。

### 一、商业繁荣为什么会排挤艺术生产

传统意义上，商业繁荣对艺术生产具有一种天然的排挤效应，下面以

---

① 本章的内容主要参考杨永忠等：《创意产业聚集区的形成路径与演化机理》，《中国工业经济》，2011 年第 8 期；以及林明华、杨永忠：《文化产业景象：以成都锦里为例》，2014 第十一届中国文化产业新年论坛会议论文，北京大学，2014 年 1 月 11~12 日。

图 7-1 所示的长期平均生产成本曲线进行解释。图 7-1 （a）中 LC 表示一般产品的长期平均生产成本曲线，LC 向右下方倾斜表示即使商业繁荣带来房屋、土地等租金的相应上升，一般产品的生产厂商也会由于规模经济、技术进步等原因实现平均生产成本的下降。但是，就艺术产品生产而言，由于传统意义上的艺术产品，如油画、雕塑等，是通过艺术工作者的个体创作完成，一般不存在规模经济、技术进步带来的成本节约，因此，商业繁荣引致的房屋、土地等租金的上涨，将必然带来艺术产品的长期平均生产成本的上升，如图 7-1 （b）中随着产量增加而向右上方倾斜的艺术产品的长期平均生产成本曲线 LC 所示。可见，艺术产品的发展带来了区域的商业繁荣，但商业繁荣最终引致的成本上升又将艺术生产者排挤出去，从而出现"开始是艺术，结束是商业"的生命周期演进。

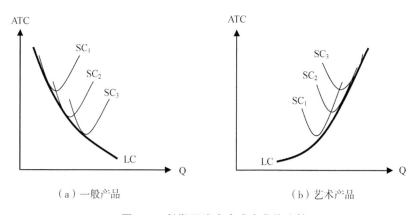

（a）一般产品　　　　　　　　（b）艺术产品

**图 7-1　长期平均生产成本曲线比较**

## 二、商业繁荣是否一定排挤艺术生产

现代意义上，商业繁荣并不必然意味着对艺术生产的排挤。原因有两个方面：一是艺术正日益与经济、技术融合发展，这正是创意经济、创意产业在最近十年蓬勃发展的主要原因。如以传统文化为素材，通过现代艺术工作者与多媒体、软件结合而实现的动漫产品设计，就呈现出图 7-1 （a）中所示的一般产品的长期平均生产成本下降的特征，甚至比一般产品的长期平均生产成本更低。二是艺术与商业融合可以通过组织变革实现。实际上，图 7-1（a）中所反映的是产品生产要素在尚未形成约束情况下的长期平均生产成本分布。一旦规模经济、技术进步出现"瓶颈"，一般产品的长期平均生产成本曲线也将出现类似图 7-1（b）中所示的上升趋势。在此情况下，一般产品的生产通常是通过厂商的组织变革实现长期平均生产成本的再下降。如厂商会将产品生产部门转移至低成本地区，而将研发、营销等部门保留在商业繁荣地区，即所谓的总部加基地模式；或者将技术含量高、附加值高的产品生产保留在商业繁荣地区，而将技术含量低、附加值低的产品生产转移到低成本地区，即所谓的垂直分离模式。由此类推，艺术产品在商业繁荣的趋势下，也可以借鉴一般产品的组织变革模式实现商业繁荣与艺术生产的合理配置。

## 三、艺术与商业融合的基本模式

归纳起来，现代意义上艺术与商业的融合发展有四种基本模式：

第一，技术融合模式。即通过文化与现代技术的融合，创造出传统艺术新的生产形态、新的产品形态和新的服务形式，使现代艺术生产同样体现规模经济和技术进步。

第二，连续融合模式。即通过艺术家与企业家在战略层面的分工与协作，形成双方的连续型身份，以企业家的商业创造刺激艺术的市场化渗透，以艺术家的文化创造推动商业的艺术化发展，从而实现艺术、经济的有机融合。

第三，一体化融合模式。即通过艺术家向文化企业家的高度一体化的身份拓展，实现艺术与商业在管理上的高度融合。如电影导演是传统意义的艺术家，但如果通过资本运营发展为像华谊兄弟这样的影视公司的大股东，就成为文化企业家，从而可以更好地在组织与空间层面，完成艺术与商业的共同繁荣。

第四，地区融合模式。或采取总部加基地模式，或采取垂直分离模式，将不同的部门，将文化与技术、经济融合程度高的艺术产品与融合程度低的艺术产品，分别在商业繁荣地区与低成本地区进行合理配置，从而实现艺术创作与市场推广在不同地域的空间分离与价值融合。

# 第二节　创意区的形成与文化产业景象

本节主要围绕创意区的形成、文化产业持续发展即文化产业景象，以及创意产业集聚区与文化产业集聚区、制造业集聚区的差异逐一展开。

## 一、创意区的形成

产业集聚的形成一般经历了企业在地理上的集中、企业间逐渐建立联系、形成一个稳定系统的过程（韦伯，1909；Ottaviano 等，2002；金祥荣等，2002）。创意产业虽具有特殊性，但仍不失产业的基本特征。因此，从产业集聚的一般过程来看，基于演化经济视角，创意区即创意产业聚集区的形成一般会经历单元聚集、界面构建、网络发展三个阶段。其中，单元聚集反映已经进入和即将进入创意产业集聚区的微观个体、企业或组织，界面构建表示微观单元间的相互联系及联系方式，网络发展显示了微观单元间的复杂组织结构和空间结构。如图 7-2 所示，横坐标表示演化阶段，反映了创意产业集聚区从单元聚集、界面构建到网络发展三个阶段的序列推进。纵坐标表示演化程度，对演化程度的判别，本节借鉴国内外一些学者对共生系统评价体系的相关研究（Boons 等，1997；袁纯清，1998；王兆华，2007），通过单元信息共享程度和合作关系固化程度两个指标进行综合判别。其中，单元信息共享程度体现为微观单元间关于知识、技术等信息传播的广泛度，广泛度越大，信息共享程度越高，演化程度越高；合作关系固化程度表现为微观单元间的合作时间长短及交易频率的大小，合作时间越长，交易频率越大，合作关系固化程度越高，演化程度也越高。总之，随着三个阶段的有序推进，创意产业集聚区的演化程度不断提升。

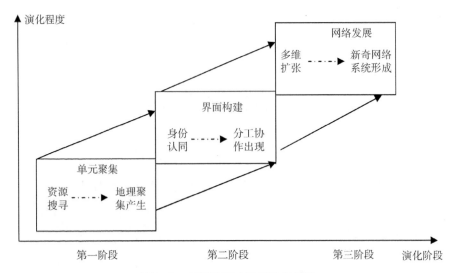

图7-2　创意区形成的三阶段假说

**（一）单元聚集**

微观单元在区域上的地理集中现象，从时间上表现为同类企业到上下游企业、再到辅助性机构。由于创意产业的劳动力具有较大的自由度，消费者也有更多的机会参加合作创造（Co-creation）（Ross，2009），因此，作为创意产业的一个特点，广义的单元聚集还包括消费者的集聚与参与。

该阶段主要是由于经济因子与身份因子的存在，吸引了微观单元的进入。经济因子与一般产业集聚相似，主要来自低成本因子和外部经济效应因子，而身份因子则与创意产业的特殊性有关。身份之所以对创意产业的微观单元产生吸引力，主要是由于社会对创意产品的价值判断，较之一般商品具有更大的不确定性（Potts，2011），因此，创意工作者如果要实现其产品价值，会尽可能借助各种信号以显示其现实的或潜在的艺术价值，而身份就是一种重要的信号。创意工作者通过进入创意产业集聚区，利用创意产业集聚区的艺术氛围和艺术定位，将有助于其信号显示与身份确定。身份因子体现了创意产业发展的社会属性，在身份因子诱导下，创意产业的微观单元可以借助社会网络搜寻合适区位并进行集聚。

在单元聚集阶段，由于微观单元合作时间很短、交易频率较小，技术、知识等信息传播的广泛度较弱，因此单元的信息共享程度和合作关系固化程度均较低，演化程度不高，主要是一种地理上的简单扎堆。

**（二）界面构建**

随着微观单元的关系互动增加，单元间的联系形式逐步显现，单元界面逐步从不稳定走向稳定。此时，微观单元的合作交流不断深入，信息共享程度和合作关系固化程度都得到强化，演化程度普遍提高，创意产业集聚区从简单的地理集聚走向分工与协作。

在创意产业集聚过程中，微观单元的界面构建实际是一种身份建构。Akerlof 和 Kranton（2000）认为，身份函数依赖于个体行为与其他个体行为的相互关系。由于身份函数是创意产业微观单元的一种重要效用函数，因此微观单元间的相互联系及联系方式，即界面构建，在创意产业就更加突出地表现为微观单元关于彼此身份的一种认同与确立。即随着微观单元的关系互动增加，微观单元的身份认同逐步清晰，界面间的彼此身份逐步从非均衡走向均衡，从而也相应地建立起稳定的分工与协作关系。

界面（或身份）的构建机制主要包括正式机制和非正式机制。正式机制是微观单元在其设计、研发、生产、营销等过程中，通过正式协议或契约与其他企业结成长期稳定的身份关系。非正式机制，则是微观单元基于共同的社会文化背景，在长期的交互作用中形成的非正式或非契约的认同关系。

通过正式和非正式机制的作用，创意产业集聚区的单元界面逐步形成，并表现为不同的身份特征。其中，单元间的点型身份反映出微观单元的联系极不稳定，这种点型的联系形式的生成具有随机性，机会主义的风险极大。随着互动程度的提高，微观单元间可能进入间歇型身份，这时微观单元的联系表现出非连续的、间歇的稳定性，这种联系形式已脱离了完全随机性，身份生成具有某种必然性和选择性。之后随着互动程度的进一步提高，将促使创意产业集聚区的微观单元建立长期的合作关系，此时单元界面表现为连续型身份，单元间的联系已具有内在必然性、较强的选择性和更高的稳定性，双方机会主义行为明显降低。当创意产业集聚区的微观单元有了形成，如战略联盟的互动需要时，它们之间就可能形成一体化身份。这四种身份中，以连续型最为理想，因为点型和间歇型意味着较大的市场交易成本，而一体化则由于制约微观单元的创新而不一定适应市场发展的要求（冯德连，2000）。

## （三）网络发展

Potts、Cunningham、Hartley（2008）等经过研究认为，创意产业本质是生产者和消费者适应新奇观念的社会网络市场，可见网络发展是创意产业空间集聚形成的重要标志。当创意产业集聚区内各种单元聚集到一定程度，不仅两两单元间的交易频率越来越高，技术、知识等信息的传播越来越丰富，而且更多的单元加入了相互交易，使得单元信息共享和合作关系固化在更广泛、更丰富的空间进行，这时单元身份也从简单的线性关系向复杂的网络关系进行多维扩张和固化，从而形成一个完整的充满新奇观念的社会网络系统。一般而言，创意产业集聚区最早出现的同类单元之间容易形成竞争型网络，随后上下游单元的加入，包括具有创意产业特征的消费者单元的加入与合作创造，使供需型网络逐渐显现，而一些辅助性企业的入驻则完善了互补型网络。一个创意网络系统通常包括多种类型，在多种类型中往往有某种或某几种居于主导或支配地位，其决定了创意产业集聚区网络系统的演化方向。

综上所述，从图7-2中可以看出，在创意产业集聚区形成的三阶段演化中，每一阶段都体现了随着时间的演变，微观的单元行为引出群体的共生结果，即微观单元出于自身利益考量的行为引起整个创意产业集聚区的变化。如第一阶段"单元聚集"中的个体资源搜寻行为到群体的地理聚集产生；第二阶段"界面构建"中的单元身份认同行为到群体的分工、协作出现；第三阶段"网络发展"中的个体多维扩张行为到群体的新奇网络系统形成。阶段与阶段间则体现为创意产业集聚区的演化程度不断提高，就微观单元而言，在三个阶段的发展中，经历了从资源搜寻、身份认同到多维扩张的演化过程；就群体而言，则随着信息传播的广泛度、合作时间、交易频率的增强，共生群体从简单的地理聚集产生、分工协作出现，到最后形成具有较高信息共享程度和较高合作关系固化程度的具有新奇特征的网络系统。

应该注意的是，在经济演化分析中，任何假说或模型都只是对真实世界的一种简化和抽象的描述。因此，图7-2也只是一个简化和抽象的创意产业集聚区形成的三阶段分析框架。实际上，创意产业集聚区的演进过程，并不意味着一个阶段结束、另一个阶段的开始。通常的是，一个阶段尚在进行中，下一个阶段已经出现。例如，在第一阶段"单元聚集"过程中，个别或部分具有新奇能力的微观单元在偶然的非正式机制互动中，就会逐渐构建第二阶段的身份界面，而身份界面构建反过来又会不断吸引和促进单元聚集。同时，随着"身份资本"较为雄厚的微观单元率先进行网络扩张的探索，在界面构建中，也会推动第三阶段的网络发展，使新奇的共生系统逐步显现、适应和稳定。

## 二、文化产业景象

接下来，探讨创意区的可持续发展问题。

一般意义上的产业集群是以专业化分工和协作为前提，通过纵向专业化分工和横向经济协作，集群内的企业提高了交易效率，降低了交易费用（陈柳钦，2006）。然而通过观察我们可以发现，受人文景观的影响，某些特定区域聚集了众多企业包括文化企业、咖啡店、酒吧、餐饮店等，这些企业不一定存在真正意义上的专业化分工关系，相反很多企业经营的产品甚至具有替代性。这是一种与一般产业集聚区有本质区别的集聚区即创意产业聚集区。与一般集聚区相比较，创意产业集聚区除了表现为经济溢出、技术溢出外，还有很重要的文化溢出，并且消费者会充满兴趣地一次次去参观，甚至与区内企业一起合作创造（杨永忠等，2011），这种创意产业集聚内所独有的空间表现形态我们称之为"文化产业景象"。

文化产业景象是文化区的高级发展形态，是各类群体利益冲突与合作的可持续展示场所。其可持续发展主要取决于三个关键因素：一是文化氛围；二是文化与技术、经济的有机融合；三是消费者的合作创造程度。其中文化氛围是文化产业景象形成的基础；文化与技术、经济的有机融合是文化产业景象的实现手段；消费者的合作创造程度是文化产业景象持续发展的助推器。

### （一）文化氛围

在《中国大百科全书》中，文化有广义和狭义之分，"广义的文化是泛指人类创造的一切物质产品和精神产品的总和；狭义的文化专指语言、文学、艺术及一切意识形态在内的精神产品"。这意味着，文化具有时间性，同一地区不同时期都有与其相适应的文化；同时文化也具有空间性，同一时期不同地区都有与其相适应的文化。文化的时空性造成了文化具有唯一性、多样性、易逝性和不可复制性的特点。文化是人类活动的产物，但反过来文化又反作用于人类活动，文化特别是当地文化对本地社会和经济的发展影响深远。

基于上述广义的文化定义，我们把文化氛围分为有形文化和无形文化两种类型，其中有形文化是指人类社会实践中创造的物质财富，比如建筑物、历史遗址、文学作品、产品等；无形文化是指人类社会实践中创造的精神财富，比如语言、思想、习惯、价值、风格等。

有形文化是产业景象形成的物质基础。形成文化产业景象的地区大多数位于城市中心或城郊，并且与当地知名景点相邻，交通较为便利。区内建筑物一般都具有时代特色或者地方民俗特色，是地方无形文化的物化。除含有真实价值外，大多数建筑物也同时具备审美价值、精神价值和象征价值等（Throsby，2001）。审美价值表明这些建筑物拥有美的特征这一客观特性，人们通过参观更加能真实体验并感受到美的存在。精神价值会给当地居民带来文化自信心，使本地区或个体形成身份意识，有助于吸引人们参观这些建筑物或者在那里工作。象征价值意味着这些建筑传达一些意义和信息，帮助所在地区解释其身份并确立其文化特征，这种价值无疑将使得这些建筑物成为垄断性的自然资源。因此，区内有形文化是吸引各类群体汇集在该地区的有形载体。

然而，仅仅是有形文化并不一定能形成产业景象。实践中，虽然有些地区存在大量的颇具地方特色的建筑，而且这些建筑也具有便利的区位优势，基础设施比较完善，但却没有形成产业景象，其原因在于区内建筑物这种有形文化与当地无形文化难以形成耦合，从而难以吸引足够多的、不断累积的参与群体。必须看到，建筑物是可以复制的，但地方无形文化却是这一地区独一无二的社会精神特质。这种特质具有传承性、渐变性的特点，复制成本非常高昂。这种特质使得这一地区的产品具有独特风格，从而为这一地区在空间层面带来独具特色的商业氛围（Cowen，2011）。这样，该地区无形文化实质成为了该地区企业获得持久市场势力的源头，通过充分挖掘这种无形文化极有可能使企业获得立足于市场的差异化机会。而且，由于企业提供了具有当地无形文化蕴意的产品和服务，更多的是一种品位，消费者在消费过程中也获得了身份认同的满足。因此，从根本上说，地方无形文化是吸引各类群体聚集在一起的内在原动力，是文化产业景象形成的关键和不可复制的资源。

总之，有形文化是无形文化的物化形式，通过当地有形文化与无形文化的相互兼容，才能构成文化氛围，才能构成产业景象形成和发展的引擎。

### （二）文化与技术、经济的有机融合

劳动价值理论认为，一般物品的价值取决于包含在该物品中的劳动量，这种经济价值实质是物品的绝对价值。除此之外，有些物品如艺术品还具有文化价值，这种文化价值与一般物品的经济价值有时是正相关，有时是负相关（Throsby，2001）。与物品的经济价值不同，文化价值是多元的，又是可变的，难以用定性或定量工具来测量；它由这件商品所体现的美学质量、身份意识、历史联系、文化意义以及象征意义等因素决定并受到评价者主观判断的影响（Throsby，2001）。由于文化价值会刺激经济价值，因此文化商品的价值可能会因为其文化价值而得到比较显著的提升。这意味着，蕴含着文化元素的商品，其价值大小由经济价值和文化价值共同构成。这样，在消费者认同文化商品所体现的文化价值时，企业将获得超额利润。可见，创意产业集聚区的健康发展，即产业景象的形成，客观要求文化与经济的有机融合。

但超额利润的获取，要求企业必须理解进而挖掘消费者认可的文化元素，从中获得创作灵感并通过其创造性的活动生成内容创意。然而，并不是说所有的内容创意都有利可图，原因在于，有的内容创意在现有技术水平下根本不可能转化成样品；有的内容创意在现有技术水平下生产批量产品将面临着巨大的生产成本以至于企业不能获得正常利润。因此，内容创意转化成产品要受到现有技术水平的制约，内容创意只有和生产技术相结合，才能生产出具有经济价值和文化价值的产品。

随着生产技术的不断发展，企业在文化与技术的结合方面，一是可以借助于现代技术把更多的内容创意转化成产品；二是借助于各种现代科

技，企业还可以把相同的内容创意转化成更多产品类型，实现"一意多用"，或者进行低成本的生产以实现规模经济；三是企业可以借助现代技术特别是互联网技术拓展产品的销售渠道、提高产品的知名度，进而为企业带来更多的收入。因此，不断发展的技术与当地丰富的文化资源相结合，将增加企业获得更多利润的机会，并降低企业进入产业景象区内的壁垒。因此，文化与技术的有机融合带来了产业景象的形成与发展，将为聚集区内企业带来倍增的利润并吸引更多的企业进入区内。

总之，文化与技术、经济的有机融合，才可能使当地文化的不可复制性转化为商品，转化为经济资源，转化为市场需求。由此在为消费者带来精神愉悦的同时，也将吸引更多的企业开发更丰富的创意产品，进而实现更高的价值，维系和提升产业景象的可持续发展。因此，文化与技术、经济的有机融合是实现产业景象持续发展的重要手段。

**（三）消费者的合作创造程度**

作为一种体验产品，文化产品的价值增值主要在于产品的创意（Hutter，2011），但创意价值的最终实现取决于消费者主观判断。因此，创意更加紧密地体现出与消费者内在联系的要求。这样，企业选择与消费者进行合作创造，成为文化产品创造的内生性需求。

区内企业与消费者合作创造主要体现在以下几个方面：一是消费者为区内企业提供创作素材。区内众多消费者来自四面八方，他们具有不同的知识背景、风俗习惯、价值观念等，这些消费者无疑是企业活的文化资料库。二是消费者直接参与企业的内容创意生产过程。此时，消费者实际上是企业的编外参谋人员，他们从消费群体角度为企业提供参考意见，企业可以从中筛选出具有市场潜力的信息，为新产品的研发提供参考依据。三是消费者直接参与文化产品的制作过程。这时消费者具有双重身份，他们既是产品的需求者也是产品的生产者，更是企业的合作者，他们与生产者一起设计出符合自己偏好的产品。四是消费者亲身体验文化产品的制作过程或其中的某一个环节，有助于提高消费者对这种文化产品价值的认同。

对区内企业而言，通过与消费者进行合作，一方面可以降低企业的生产成本，如在区内直接接触潜在消费者进而搜集消费信息，可以为企业节约市场调研成本；另一方面，可以提高消费者对产品文化价值的估值进而提高企业的利润。因此消费者的参与将极大地提高企业经济效益，反过来又将吸引更多的企业进入区内，增加区内的商业氛围。对消费者而言，消费者的合作创造能够让消费者身临其境地体验到当地文化的魅力，这种体验反过来又会通过消费者的口碑效应为该地区带来更多的消费者。可见，消费者的合作创造是产业景象的助推器，将使得产业景象更加繁荣，加速产业景象的发展。

## 三、创意产业集聚区与文化产业聚集区、制造业集聚区的差异

创意产业聚集区与文化产业集聚区、制造业集聚区在形成路径和演化机理方面存在较为显著的差异。

从形成路径而言，首先，创意产业集聚区不同于文化产业集聚区。文化产业集聚区在形成过程中主要表现为文化溢出，而创意产业集聚区除了文化溢出外，还呈现出显著的经济溢出。此外，正如艺术与商业融合发展的模式所揭示，技术对文化的影响正日益彰显，创意产业集聚区的技术溢出也日趋突出。因此，如果说文化产业集聚区形成的主要是一种静态的文化景观，那么创意产业集聚区则呈现出富有文化底蕴、充满经济活力、展现现代技术的具有新奇特征的动态景观。对一种静态的文化景观，消费者很容易产生审美疲劳；但对一种动态的创意景观，则让人们始终充满好奇与兴趣。这正是创意产业脱胎于文化产业、不同于文化产业、又超越文化产业的魅力所在。

其次，创意产业集聚区不同于传统制造业集聚区。传统制造业集聚区主要表现为经济溢出、技术溢出，而创意产业集聚区除了经济溢出、技术溢出外，还有很重要的文化溢出。消费者可能很少会去参观制造业集聚区，但却会充满兴趣地一次次流连于创意产业集聚区，甚至参与合作创造，其行为不仅是经济偏好、技术偏好，更是一种文化偏好。消费者在创意产业集聚区获得的不仅是经济效用、技术效用，还获得了文化效用，即消费者通过参观、参与，也获得了对自身潜在的文化身份的一种追求和认同。因此，创意产业集聚区对社会和国民的发展，均具有制造业集聚不可替代的重要意义和独特特征，并在国家和地区的空间分布上呈现出与制造

业集聚交相辉映的价值。

最后，创意产业集聚区是文化与经济、技术的有机融合。文化与经济经历了从分离到融合的发展过程，目前正成为引领经济发展的新的引擎，并从产品、企业、产业及区域层面推动着与经济的融合发展（李海舰、王松，2010）。创意产业集聚区正是产品、企业、产业以及区域层面实现文化与经济融合发展的重要平台。技术与文化的关系也经历了从排斥到吸收的发展过程，目前正成为催生文化发展的重要动力，3D 技术、多媒体技术、软件技术等正在不同的文化领域产生越来越广泛的应用。创意产业集聚恰恰为文化与技术的融合提供了重要渠道和拓展平台。可见，文化与经济、技术的有机融合，是创意产业重要而独特的产业特征，也是创意产业集聚区重要而独特的空间特征。

从演化机理来看，创意产业集聚区与其他产业集聚区也具有显著差异。首先，单元的新奇特征。在创意产业集聚区，不管文化产品或服务最后与经济、技术是以何种方式结合、是以多少价值权重出现，其本质上都体现出微观单元的新奇特征。这种新奇特征，或表现为创意单元构思的新奇理念，或表现为创意单元创造的新奇产品，或表现为创意单元的新奇行为，或表现为创意单元开拓的新奇市场。新奇成为创意产业集聚区形成的重要动力，而缺少新奇特征的创意单元，必然会导致创意产业集聚区走向衰落与枯竭。

其次，界面的身份特征。身份构成了创意单元的效用函数，体现了创意界面的认同关系，是创意产业集聚区形成的独特而重要的资产性纽带。这意味着，在创意产业集聚区的界面构建中，必然伴随鼓励身份形成的宽容氛围，从而有利于创意阶层的崛起（Florida，2002）；必然伴随降低身份交易成本的知识产权保护体系，从而有利于界面身份的均衡发展。对创意单元而言，即使具有新奇的才能，如果丧失了身份的认同，则最终也会导致新奇这一思想火花的熄灭。

最后，网络的合作创造特征。创意产业集聚区的合作特征与一般产业集聚区相比，更强调合作创造，因而具有更深刻的内涵。这种合作创造，不仅包括竞争单元间的合作创造，上下游单元间的合作创造，主导单元与辅助单元的合作创造，还特别重视供给单元与消费者的合作创造，甚至消费者与消费者的合作创造，通过合作创造实现创意产业集聚区的无边界演化。合作创造是实现创意产业集聚区成为一个稳定的、自我进化的高层次的网络新奇系统的重要保障。

# 第三节　创意区与地方发展

本节主要围绕创意区与地方经济发展、地方社会发展的相关问题展开讨论。

## 一、创意区与地方经济发展

创意区的倡导者认为，文化产业对地方经济会产生积极的影响。创意区一般集聚了众多的文化企业、非签约的文化从业者和文化服务机构，对当地经济的影响是直接消费和间接消费的影响之和（Santagata，2011）。

### （一）直接消费

直接消费是创意区的文化机构对商品和服务所进行的消费。此外，还包括聚集在这一地区的非签约的艺术家，因为他们也在当地进行艺术创作。

文化机构和个人的消费数据很难确定，这些数据往往需要通过相关的公共机构采用问卷调查的方式进行。另外，在统计时，也有必要排除用于购买该地区以外的商品和劳务所产生的费用。例如，若一家文化机构装修所用的材料或画家购买的颜料来自于其他地区，则这部分消费不能包括在直接消费之中，应作为消费中的"漏出量"。显然，漏出量的比重越高，创意区对当地经济的影响越小。

### （二）间接消费

文化机构的经济影响并不仅限于直接消费，因为其购买的商品必须要由其他企业生产出来，从而引起当地支出的进一步循环。例如，某文化机构要印刷纸质广告宣传单，他对印刷厂的支付属于直接消费，这是对当地经济产生影响的一部分。为了印刷广告宣传单，印刷厂除需要支付房租外，还要购买纸张、油墨以及电力等。若纸张和油墨是外地进口的，显然不属于对当地活动带来的影响，但印刷厂的建筑空间是当地产品，若房东购买当地材料装修后进行出售的话，印刷厂对这部分的支付就产生了第二轮影响。若装修材料的生产商是本地企业，并且这个企业也购买本地原材料进行生产的话，那么将产生第三轮影响。按此购买和生产方式，这种影响将会持续下去，但其影响强度将逐渐递减。在第一轮"直接"支出之后引起的消费，都属于该文化机构生产活动引起的"间接"消费。需要注意的是，若中间的消费的漏出量比重越大，对当地经济的影响则越小。

另外，文化机构支付给员工的工资属于直接消费，而员工拿到工资后在当地进行的一系列消费活动也会引发对当地经济的影响，这也是文化机构生产活动所起的，可以看成是另一类间接消费。

### （三）乘数效应对总消费的影响

采用观察的方式，似乎更容易估算文化机构的直接消费，而更难估算文化机构的间接消费，从而无法获得总消费额。但我们可以将"乘数"应用于观察到的直接消费水平进而获得文化机构带来的总消费额，即总消费＝直接消费×乘数。

乘数值的变化方向与当地经济中消费的"漏出"变化方向相反。我们可以观察到每次消费循环中的漏出量，并且，漏出量越少，说明每轮中的当地再消费所占的份额越高，从而间接影响同直接影响之间的比例越大。若用 k 表示乘数值，e 表示当地再次消费的边际倾向，则 $k = 1/(1-e)$，其中（$0<e<1$）。这样，若当地再消费的边际倾向越高即 e 越大（此时漏出量越小），则 k 越大，那么文化机构对当地的总消费额越大，对当地的经济影响也越显著。

由此，假设创意区内有 n 个文化机构和 m 个个体从业者，其中第 i 个文化机构的总消费额为 $CF^i$，第 j 个个体从业者的总消费额为 $CI^j$，则该创意区总的直接消费额为 $\sum_{i=1}^{n} = CF^i + \sum_{j=1}^{m} CI^j$。这样，若将创意区对当地经济产生的影响 V 用函数表达出来，其表达式为：

$$V = k\left( \sum_{i=1}^{n} CF^i + \sum_{j=1}^{m} CI^j \right).$$

## 二、创意区与地方社会发展

创意区若能吸引足够多的文化机构和个体艺术家，这无疑有助于提升城市的形象。例如，北京的798艺术区、成都的红星路35号等创意区都成为了解当地的窗口，是城市的地标。创意的存在，特别是创意区由众多文化机构和艺术家个体自发聚集而形成时，意味着当地社会的生活质量达到了一定的水平，人们变得更加关注精神产品，并且当地社会也更具包容性和开放性。一项研究发现，那些关心经济发展的政府工作人员都倾向于证明，文化机构是衡量社会文明和文化总体水平的一项重要的指示器。它的存在意味着当地社会是进步的、富足的、自我关注的，并且是积极向上的（Cwi和Lyall，1977）。

越多的创意区出现在某地区，意味着该地区越具有较宽松、包容的社会氛围。这将吸引更多的创意人员来到该地区工作和生活，从而促进本地区的社会进步和多样性发展。但是，由于创意人员张扬的个性、叛逆的性格、无规律的作息时间、丰富的夜生活等，也会对当地社会原有的内在结构产生不同程度和不同效应的冲击。

# 第八章　公共政策、规制、私人支持与公共治理

子曰："为政以德，譬如北辰，居其所而众星共之。"

《论语》为政篇第二

本章在对文化产品的失灵进行分析之后，逐一讨论文化产业实践领域的公共政策、规制、私人支持以及公共治理问题。

## 第一节　文化产品的失灵分析

本节探讨文化实践领域制定公共政策、进行规制、获得私人支持以及公共治理的理论依据，讨论的主题涉及文化产品的市场失灵和社会失灵问题，以及文化和艺术品定价的 Dupuit—Samuelson 困境。

### 一、市场失灵的问题

市场失灵为政府干预提供了理论支持。市场失灵主要原因包括垄断、外部效应、公共产品、不完全信息等。实践证明，文化产品市场也存在不同程度的市场失灵（海尔布伦和格雷，2007）。

（一）垄断

当生产者或要素投入品的供给者拥有市场势力时，会产生无效率，因为拥有市场势力的垄断者可以将产品价格定在高于边际成本的水平，从而

达到限制产出和获得超额利润。比如，在同一城市，很少会有一个以上的艺术博物馆、歌剧院等艺术机构，它们可以在当地市场上垄断经营。

根据曼昆的研究，垄断可以分为三种类型：行政垄断、自然垄断和市场垄断。① 行政垄断是指政府给予一家企业排他性地生产某种产品或劳务的权利，包括特许经营、专利权、版权等法律授予或行政授予，如政府对媒体的独家授权经营。

自然垄断是指如果某种产品需要大量固定设备投资，大规模生产可以使成本大大降低，那么，由一个大厂商供给全部市场需求时平均成本将最低，在这种情况下，该厂商就形成自然垄断。如由于网络投资巨大，有线电视通常在某一区域内独家垄断经营。

市场垄断是指市场竞争自发形成的，是少数公司利用其资本、技术或管理上的优势，取得具有市场势力的垄断地位。市场垄断属于"结构性垄断"，即企业通过正当竞争实现的市场瓜分，有提高资源配置效率的积极作用，有时候甚至是受消费者欢迎的，如迪斯尼。只有当已经处于垄断地位的企业采用操纵价格、划分市场、价格歧视、联手抵制、非法兼并等不正当手段排斥竞争的时候，消费者的利益才会受到威胁，才构成"行为垄断"。②

### （二）外部效应

当某一生产者或他人的活动对其他生产者或个人产生影响但没有任何人对这种影响负责时，就会产生外部效应。由于这种正的或负的外部效应不受市场调节，所以价格体系不能有效地运作。外部效应是市场失灵产生的又一重要原因。比如，当某个人免费观看现场表演艺术或者参观展览时获得了某种启发；文物古迹或旅游景点可以带动周边的酒店、餐饮、交通等行业的发展；等等。事实上，文化艺术行业的兴盛已经带来了巨大的社会效益。但是没有人会因为这些外溢效应而向文化艺术产业本身付费。但如果不付费，在完全市场经济条件下，社会的文化供给量就会低于文化需求量。

---

① ［美］曼昆：《经济学原理》（第 5 版），梁小民等译，北京大学出版社，2009 年，第 315-317 页。

② 过勇、胡鞍钢：《行政垄断、寻租与腐败》，《经济社会体制比较》，2003 年第 2 期。

福利经济学认为，如果一项活动能产生正外部效应，政府就应该对其进行补助，从而提升社会总体福利。比如公益演出、艺术节、艺术展等文化活动，可以使人精神愉悦、乐观向上，政府应该给以补助。消极的文化和艺术则可能给社会带来负外部性，比如赌博文化、低俗文化等，可以将人类本性中最颓废的一面呼唤出来，在满足个人欲望的同时逐渐毁掉个人，在给社会带来短期局部经济利益的同时造成长期整体利益的损失。因此，政府应该限制这些消极文化，从而保证社会整体福利的健康增长。

### （三）公共产品

许多文化艺术品都具有公共产品或半公共产品的特性。一是非竞争性。早在 1844 年，Dupuit 提出了一个生动的例子，一个有许多空位的剧院和一个很少有人参观的博物馆，非常类似于一座不拥挤的桥，多增加一位消费者的边际成本是零，也就是这些座位和空间在一定范围内属于非耗竭的。但是由于排他成本并不高，剧院和博物馆不可能会自愿免费开放这些空间，因为这样的话它们就无法保障已付费的消费者的权益。这样就造成了社会福利的净损失。二是非排他性。无线广播、公共图书馆、露天影院、文化公园、文物古迹等具有更加典型的非排他性。只要愿意收听的人随时都可以免费收听无线广播并不影响他人收听，一个人对文化公园美景的欣赏也不会影响到其他人的欣赏（在可承载的人数范围内）。也就是说，它们具有非排他性。如果文化公园开发商一定要实现消费的排他，那么就需要付出很高的成本，从而使其收费变得很高，以至于消费者不愿意支付如此高的价格，转而选择替代产品。由于这些产品具有非排他性，市场的投资意愿会明显不足，因此，也需要政府的投入。

### （四）不完全信息

如果消费者对市场价格或产品的质量没有准确的信息，市场体系就不会有效运作。这种不完全信息（Incomplete Information）会带来诸如生产者可能生产过多的产品或者消费者可能购买到劣质商品等后果。比如，与收藏家相比，国画的普通消费者通常缺乏专业的书画知识，这样普通消费者极有可能购买到伪劣的画作。

不完全信息中，最为典型的现象是信息不对称（Asymmetric Information）。信息不对称指的是某些参与人拥有但另一些参与人不拥有的信息。

信息不对称将带来委托代理问题（Principal-agent Theory）。委托代理按照信息不对称发生在事前（签约前）或是事后（签约后），又分为逆向选择（Adverse Selection）和道德风险（Moral Hazard）两种类型。①

逆向选择是指在买卖双方信息非对称的情况下，差的商品总是将好的商品驱逐出市场；或者说拥有信息优势的一方，在交易中总是趋向于做出尽可能地有利于自己而不利于别人的选择。

在古玩市场上，假定有若干件质量不同的古玩要卖。卖主知道自己要卖的古玩的质量，质量好的索价高些，质量差的索价低些。但买主不知道古玩的质量，在这种情况下，买主只能按好的古玩和差的古玩索价的加权平均价格来购买。这样，由于买主无法掌握古玩的准确信息，从而其出价并不区分古玩质量的好坏，质量好的古玩会退出市场，质量差的古玩留在市场上。一旦发生这样的情况，质量差的古玩比例增加，买主会进一步降低出价，使质量稍好的古玩也退出市场，如此循环下去，古玩市场就会逐渐萎缩，出现所谓的"柠檬市场"。

逆向选择的存在使得文化产品的市场价格不能真实地反映市场供求关系，导致文化市场资源配置的低效率。解决逆向选择问题的方法主要有：政府对文化市场进行必要的干预和建立市场信息识别机制。

在信息不对称的情况下，当代理人为委托人工作而其工作成果同时取决于代理人所做的主观努力和不由主观意志决定的各种客观因素，并且主观原因对委托人来说难以区别时，就会产生代理人隐瞒行动而导致对委托人利益损害的"道德风险"。

道德风险发生的一个典型领域是艺术人才市场。艺术人才与文化企业订立委托代理关系后，企业的效益是通过人才能力发挥来实现的。但是人才的能力发挥是无形的，对它的监督和控制很困难。特别是艺术的专业性和创意性，企业更是无法判断出艺术人才现在的努力程度和艺术人才行为在多大程度上符合企业的利益等。由于存在信息不对称，根据"理性人"假设，艺术人才往往倾向于做出有利于自身的决策，从而增大企业损失的

---

① 关于信息经济学的研究，进一步地可参考张维迎：《博弈论与信息经济学》，格致出版社，2012年。

可能性，由此导致艺术人才雇用过程中的"道德风险"。

道德风险的存在不仅使得处于信息劣势的一方受到损失，而且会破坏原有的市场均衡，导致资源配置的低效率。解决道德风险的主要方法是风险分担与建立激励和约束机制。

## 二、社会失灵的问题

文化产品的社会失灵产生的原因主要是文化产品的意识形态性、消费的代际不公平性以及消费的群体不公平性。[①]

### （一）文化产品的意识形态性

由于文化产品的精神属性，讨论其意识形态性不可避免。但在谈到意识形态时，总让人觉得它与政治联系在一起。实际上，并不像有些人片面认为的那样，意识形态就是执政者维护统治的工具。除了少数消极的意识形态以外，如中世纪的基督教神学、法西斯主义等，大多数主流意识形态对社会都具有积极作用，如凝聚民心、制造国家和民族归属感、相信政府、避免动乱等。任何明智的政府都会非常重视主流意识形态的作用，并力求让其贴近民众、与时俱进，这样对其执政以及增进其执政的国家福利都是非常重要的。

### （二）消费的代际不公平性

对部分经济学家而言，艺术是人类文明中最有价值的东西。这一价值之所以没有得到与之相匹配的市场需求，是因为公众的教育水平不足，还有待提高欣赏美好事物的能力。现在的人们不能领悟到的价值不代表未来不能被领悟，所以我们应该让市场需求保证其当前价值的同时，用财政补贴和社会捐赠保护其未来价值，以满足后代人的精神需要。比如，有的视觉艺术品，如文物古迹，政府花巨资进行修缮，一部分原因是为了让当代人可以享受，更重要的是保护后代人享受的权力，附带扩大国家的文化影响力。

### （三）消费的群体不公平性

从历史数据中可以看出，对文化艺术的消费群体主要集中在收入水平

---

① 社会失灵问题是与发展文化产业要把社会效益放在首位的内在要求一致的。

和教育水平都相对较高的社会群体，社会低收入群体对文化艺术的享受度最低。虽然低收入或低教育水平的人可能对文化艺术价值的领悟程度较低，但是不代表他们就没有文化艺术享受的需求。从"幸福主义"理论出发，任何社会群体不仅需要生存性物质保障，还需要包括享受文化艺术在内的精神性满足。但是这一享受需求却被高进入费用所遏制，并且享受性越高的文化艺术活动进入费用就更高，这就造成了社会机会的不均等。从福利经济学而言，也许艺术品带给低收入或低教育水平的人群的享受程度不低于甚至高于高收入或高教育水平群体，那么不让他们享受到文化艺术品，就是社会总福利的损失。

## 三、Dupuit—Samuelson 困境

文化和艺术的许多形式都具有公益的性质，其消费具有外部效应和非排他性。因此，对文化艺术品的定价显然不能沿用价格等于边际成本的经典经济学原则。针对这一问题，度比（Dupuit，1844）和萨缪尔森（Samuelson，1954）分别提出了对文化和艺术品定价的两难困境。

比如，放在互联网上的文化艺术资源可以在供给者不知情的情况下由消费者享受资源，可以在供给者边际成本为零的情况下无限增加消费者的数量，任何以非零的价格阻止任何潜在的消费者都是社会福利的净损失。另外，零价格不是社会的最优状态，因为供给者的文化艺术生产并非零价格，并且生产某些艺术形式要承担高风险（如电影、舞台剧、新歌曲等都有可能由于得不到消费者认可而无法收回沉没成本），因此供给者必须要能获得成本和风险补偿，否则就不愿意生产和供给。这就是所谓的 Dupuit—Samuelson 困境。为解决此困境，经济学家们提出了以下思考：

### （一）政府买断知识产权

Kremer（1998）提出，为了鼓励创新，政府可以授予专利，让知识产权的创造者在法律的保护下排除未授权的使用者；为了消费者以近似零价格获得文化艺术品，政府可以进行"专利收购"。这样，创造者得到了本该向使用者收取的回报，使用者可以继续无成本使用，在鼓励创造的同时也实现了社会福利最优。如 1839 年法国政府购买了达盖尔银版法照相技术，

使得这种摄像技术在世界范围内迅速推广，并得到了无数次的改进。

Kremer 的设想是一大进步，但是依然存在许多弊端：一是政府收购专利的金钱来自于非零的税收，不可避免地扭曲了纳税人的意愿，从而导致社会的福利成本上升；二是专利和版权是对知识产权创造者垄断权力的赋予，那么如何评判这一垄断权力的价值，政府的收购价格怎么确定才合理，也存在评估的技术问题；三是随着文化艺术成本的不断上升和形式种类的不断增多，政府也存在是否能够维持这一消费者零价格或低价格的偿付能力。

### （二）拉姆齐定价法

当按边际成本定价不可行时，拉姆齐定价法是一种次好的定价方法。拉姆齐定价法主要回答了如果文化艺术品以非零的价格向社会提供，怎样定价才是合理的。简单回顾拉姆齐定价的基本内容：价格等于边际成本并不能补偿固定成本，因此价格要适当高于边际成本才能补偿产品的总成本。价格偏离边际成本的距离应该与产品的需求弹性成反比。也就是说，需求弹性越大，价格就应该越接近于边际成本；反之，需求弹性越小，价格可以越偏离边际成本。

文化艺术产品的沉没成本有可能很大（如电影），也有可能会不断重复产生（如舞台剧改编），如果要以非零的价格向社会提供，那么边际成本定价法就不能补偿其固定成本，所以价格应当与边际成本有所偏离。但是另外，从社会福利的角度出发，对于替代品最少（需求弹性最小）的文化艺术品实行最高的价格不符合社会福利的预期。但是除了拉姆齐定价法及其某些变形外，确实还没有找到更好的办法。为了兼顾社会福利的问题，政府可以允许奢侈性的、对价格不敏感的文化艺术产品定高价格（如最新 3D 大片），并对其征税，然后用这一部分税收去补贴需求弹性较大的文化艺术（如京剧、科技博物馆、农村巡回演出艺术团等）。

# 第二节　公共政策

本节在探讨公共选择问题之后，围绕公共财政、公共支持两个方面讨论公共政策的相关问题。①②

## 一、公共选择问题

在大量的一般经济学分析中，文化政策往往基于这样的假设：文化政策是由民主选举产生的、追逐公共利益的、理性明智的、目光长远的、信息充分的决策者制定的，所以只需要关注于研究文化政策的科学性。事实上，这一假设将公共决策问题严重简单化了。在这里，我们试图用经济学的方法系统研究政治决策过程中的社会选择（个人偏好对决策的影响）、集体行为、官僚主义、体制机制等问题，这些问题统称为"委托代理"问题，公众是委托人，政府、社会组织等公共机构是代理人。

### （一）社会利益集团之间的博弈

公共决策的委托方（社会公众）并不是单个分散地存在的，而是以利益集团的形式存在的。个人利益不可能被平等地代表，公共政策往往是利益集团之间博弈的结果。利益集团可以通过为候选人提供财政支持或者有价值的信息以帮助他赢得选举；有的利益集团在非选举时间可能采取贿赂、寻租等不正当手段影响决策者；财力不足的利益集团往往会通过一些政治代价高昂的行动（如罢工）来威胁公共决策者，以对其施加压力。

Downs（1957）认为单个人对选举的影响是微不足道的，因此也没有获悉政治的积极性，他们会保持"理性的无知"。Olson（1965）认为当政策对一小撮特定群体产生巨大的可选择性福利时，同时也会产生社会其他群体获悉政治的强烈动机，并由此愿意支付用于组织和游说的交易成本。由于信息的不对称，社会福利很有可能由选民转移向强势的利益集团，如果被转移的利益小于 Olson 所指的交易成本，人们就依然会保持"理性的无知"，因为每个人在积极干预政治的过程中，只能得到一小部

---

① 本小节内容主要源自 Mazza, I.. Public Choice 和 Frey, B. S.. Public Support, In Ruth Towse (ed.), A Handbook of Cultural Economics（Second Edition）[A]. Cheltenham: Edward Elgar, 2011: 362-369, 370-377.

② 胡惠林运用政策科学理论，结合我国的文化政策实践，对我国当代文化政策运动的历史和现状、内容和结构进行了系统研究，在此基础上探索和建构了具有我国特色的文化政策学理论体系。参见胡惠林：《文化政策学》，书海出版社，2006 年。

分边际收益。因此，从社会总体情况而言，只要公共政策不会造成利益分配的极端情况，利益集团之间都可以实现动态平衡，"搭便车"成为主流。

芝加哥学派对利益集团的影响持肯定态度，认为利益集团之间的竞争使政策制定的程序更加民主和透明，从而最终达到一个有效率的结果；弗吉尼亚学派则持否定态度，认为一旦决策者成为了利益集团的代理人，公共资源就可能不公平地向强势集团转移，并且这一转移往往会带来资源的浪费和配置的低效。

在现实生活中，文化艺术团体往往是社会中较为弱势的利益团体，这就可以解释为什么一直以来，相对农业、科技、教育、交通、国防等领域，国家对文化产业的支持力度始终是最少的，不是因为文化产业与它们相比更不重要一些，而是因为文化机构的博弈力量太弱小了。近年来由于国外的强势文化入侵，我国才意识到建立自身文化强国的重大意义，而这一战略意义一点不比农业、科技教育等次要。

此外，国家总是倾向于支持那些已经取得很大成功和知名度的文化团体、艺术机构和艺术家。越是贫困落后地区的文化艺术和艺术家越可能被政府忽略。而不到万不得已，受到支持较少的文化艺术团体和艺术家是不会主张自身的权益的，这样的分配结构可以基本保持稳定。

### （二）促进文化政策科学合理的体制设计

以上问题实际上都是讨论政治决策的"委托—代理"问题。为了使代理人的行为能更接近委托人的期望，就需要将好的经验不断常态化、规范化，并用法律将它们固定下来，这一过程就是形成体制的过程。那么什么样的体制才是合理的呢？

选举可以使能代表大多数民意的代理人脱颖而出，但是在实际执政时他有可能受利益集团的影响，使得其执政行为更多的是将社会利益进行转移，而不是实现社会福利的最大化。因此，选举出的代理人需要权力的制约和监督。代理人权力的制约主要是指权力在决策制定者和执行者之间的分离，立法者具有民意方面的信息优势，但是在时间、项目专业知识、市场信息等方面都是非常有限的，因此需要将决策的执行委托为政府官僚机构。另外，官僚的自由裁量权不能太大，过度的自由裁量权会演变成对委托人意愿的随意解读。我们可以通过许多途径限制官僚的自由裁量权，例如，在获取资源方面实行部门之间的竞争；设计一套法律体系使立法者和人民群众可以随时监督官僚的行政行为；设计一套体系，使民意成为除了GDP 以外的另外一套官僚政绩考核的指标等。实际上，这些方面的努力，政府一直都在尝试，只是立法者、政府和民众都需要进一步努力，共同将我们的体制设计变得更好。

## 二、公共财政

公共财政主要包括中央政府和地方政府的税收和补贴政策。税收政策关注的是对消费者（如鼓励购买）和纳税人（如鼓励捐赠）的激励作用，补贴政策关注的是再分配和公平问题。自由主义社会学家 Gorz（1989）认为："改革是可取的，财富的生产和分配应该改革，劳动报酬的分享应该更加公平。"麦圭根（2010）认为我们当今的社会已经被经济理性（Economic Reason）宰制，完全的自由经济已经不可能存在。

公共财政对文化艺术部门的补贴有可能被批驳是对纳税人意愿的扭曲。对于这个问题，我们可以从两方面进行辩解：首先，实际上，数量巨大的纳税人是愿意支持文化艺术产业的。相关研究显示，不愿意参加艺术或遗产活动的人们，也愿意为这些设施付出一些代价以确保其存在或者作为以后他们自己消费的一种选择。其次，只要"委托—代理"关系存在，扭曲就在所难免。只要代理人的决策是符合大多数人意愿的，是符合社会历史发展需要的，也就是能增进社会总体福利的，这一代理性决策就是可行的。

具体而言，公共财政通过以下几种方法来实现文化艺术的支持和补贴：

### （一）集体所有制形式

集体所有制是中央政府或地方政府对公共产品属性特别强的，依靠市场力量可能完全不能够正常运行的文化艺术活动进行直接所有的方式。这里的政府不是资本家，而是全体人民或者地方人民利益的代表，因此叫做集体所有制。典型特点就是政府出资、政府收益、政府管理，最终实现全民受益的目的。集体所有制形式主要适用于民族文化、民族传统、民族遗产，以及影响民族身份认同感的其他产业。不过不同的国家和政府对这一问题的看法不同。

在欧洲，中央政府或地方政府直接拥有几乎所有文化遗产的产权，既是所有者也是开发者和管理者，与文化遗产有关的部门都是依附于政府而存在的公共部门。不过，私人拥有的历史意义重大的建筑遗产例外，政府往往采用特殊政策对其进行管理和支持。

此外，在欧洲许多国家，广播公司曾经一度完全被政府垄断。虽然后来政府实行的对国有广播公司所有权和经营权的分离将其推向市场，并放宽了民间广播公司创办的条件，但是伴随着政府的直接财政支持，国有广播公司的市场竞争优势依然十分明显。

### （二）税收工具

这里的税收工具主要指的是税收减免。税收减免是中央和地方政府通过降低或免除相关税收的方式支援文化艺术机构的发展。在美国和日本，政府主要通过对慈善捐赠的税收减免和文化艺术产品的增值税减免来实现对文化艺术机构的支持。英国、澳大利亚、新西兰、爱尔兰等国家慈善捐赠相对较少，因此它们采取了折中的方式，文化艺术机构在特定时期获得税收减免，其销售和捐赠收入作为税收支持的补充。

### （三）直接补贴

直接补贴是指中央政府和地方政府采用项目补贴或个人补贴的方式直接支援文化艺术机构和艺术家个人的行为。项目补贴的例子很多，如国家出资入股鼓励私人企业开发文化遗产项目、旅游项目等，开发成功以后，私人企业拥有在政府规定年限以内收益的权利，或者拥有在项目周边一定范围内开办住宿、餐饮、休闲、交通等业务的权利。又如，国家以项目基金的形式直接补贴艺术家，规定艺术家在一定时间段内完成特定主题的、一定数量的艺术创作。个人补贴则包括国家对特定文化艺术工作给予岗位津贴、对获得一定成就的艺术家进行奖励、对贫困的艺术家进行最低生活保障补贴等。从实践结果看，总体而言，项目补贴的效果优于个人补贴，地方政府支持的项目优于中央政府支持的项目。前者可能是由于项目补贴的体制性更强、公平性更高，后者应该是由于地方性项目更加贴近具体情况、贴近当地群众心理，自由度更好，创造性也就更强。

以上三种方式并不是绝对的，国家会根据实际需要在三种方式之间进行变换，有时候针对一个项目还需要三种方式的组合。政府在实际决策过程中，情况比想象的要复杂得多，应然和实然之间往往存在巨大的鸿沟。因此讨论文化产业的公共性就有必要首先研究文化政策制定中的公共选择问题。

如果一个国家的文化公共政策对社会干预太少，这样的政策符合自由、自治、自决等自由主义理想，但是有可能会造成文化艺术匮乏、人情淡漠、物欲横流等消极影响；如果文化公共政策对社会干预太多，这样的政策表达了平等主义的崇高理想，但是有可能会导致对人权的践踏，或者国家意志凌驾于社会之上。因此，建立适度的公共政策就十分重要。

## 三、公共支持

下面，我们从更加广泛的角度来探讨文化经济领域的公共支持问题。

### （一）艺术家需要公共支持的原因

Abbing（2011）指出："艺术家的低收入是艺术高象征性价值的结果，艺术领域的贫困是体制结构性的，旨在提高艺术家收入的公共补贴是徒劳的，而且容易适得其反。"Frey 和 Pommerehne（1989）、Montias（1987）、Hoogenboom（1993）、Stolwijk（1998）都分别指出，以往的西方艺术家们实际上收入并不低，但是随着 20 世纪以后艺术门槛的降低，艺术家人数激增，艺术家的收入变得越来越微薄。许多艺术家不得不依靠第二职业来养活自己，70%~90%的艺术家拥有第二职业。Throsby（1994）认为，艺术家不同于一般人的特点是具有强烈的工作偏好。Throsby（1994）和 Rengers（2002）都从艺术工作的时间偏好模型中找到了艺术家具有强烈工作偏好的证据。Solhjell（2000）在对挪威人的数据统计中也发现了艺术家强烈的工作偏好。Frey（1997）指出，艺术家的工作不仅是为了挣钱，只要能保障基本收入，他们更希望在工作中获取乐趣，收获他人的欣赏和赞扬。

从以上经济学家的已有研究中，我们可以将艺术家的工作偏好解释为，他们对艺术工作怀有强烈的兴趣，在艺术工作中能够获得快乐与满足，并且对艺术带给他们的非金钱回报更感兴趣。艺术家的第二职业仅仅是为了维持自己的艺术生涯，并且一旦艺术收入可以维持其基本生计，他们就会立刻停止第二职业，并用全部的时间来沉迷于艺术创作或表演。一旦艺术家获得一些金钱收入，他们会将其用于购买艺术材料或设备，如昂贵的颜料、特殊的摄像机、专业录音设备、独特的戏服等，从而使自己的物质生活条件始终得不到大的改观。

那么，为什么艺术工作对艺术家就这么有吸引力呢？我们可以解释为：一是艺术具有让少数人获得极大声誉和关注的潜力。因此，艺术家一般会更加具有冒险性（Towse，1992）。但是这对于政治家、军事家、运动员等也同样适用。二是艺术家能享受到创造性和自由独立的工作乐趣。但是这对于科学家、农场主也是一样的情况。三是艺术具有非常高的象征性价值（Abbing，2011）。这个原因也许真的是艺术所独有的，能真正解释艺术家强烈工作偏好的原因。

18 世纪以来，艺术在西方社会一直具有非常高的象征性价值。艺术以"A"字母开头赋予了艺术家一种特殊的荣耀，他们通常被认为是更加优等的人。艺术是美丽和深刻的，艺术家是充满创意和独特见解的。也许这些特质并没有或者暂时还没有商业潜质，但是绝对拥有实在的价值，即象征性价值。现在和将来的人们都会认同这一象征性价值，并且给予高度的评价和荣誉，认为这是艺术品和艺术家与一般产品和一般人的区别之所在。也许正是因为这一象征性价值，才会使得艺术对艺术家们如此具有吸引力。

但是，市场经济讲的是商品的使用价值，只有具有使用价值的商品才能够顺利地被卖出去，艺术的高象征性价值不是每个人都必需，或者说它在一定程度上属于奢侈品行列。有的人对某件艺术品的象征性价值有非常深刻的体验，他会非常看重这一价值，也许愿意花重金买下这件艺术品。但是更多的人对特定艺术品的象征性价值没有认识，或者没有体验，或者虽然认识到了却不认为自己非得占有，或者认为仿冒品也可以替代等原因，这使得艺术品没有商业利益可图。如果要让艺术家按照商业利益，创作更多人们当前更愿意付费的象征性价值，这反而会成为艺术家创造性工作的威胁，因为在商业规则面前创作的艺术品，是不太具有象征性价值的。因此，艺术家宁愿贫困，也要坚持艺术的本身价值，而不愿意降低艺术的等级，哪怕是不被社会理解或者遭到社会的排斥（如凡·高的作品在当时的遭遇）。

那么，这些沉迷于自己的艺术生涯、坚持着艺术的象征性价值的艺术家幸福吗？学术界至今对这一问题的研究还比较少。但是，我们可以很容易地想到，艺术家可以忍受贫困，但是他绝对无法忍受自己的艺术作品不被认同，他们需要在与世隔绝的生活状态中添加一点自我价值实现的佐料，他们需要对未来充满希望。因此，政府和其他社会主体需要去帮助他们，以使大量存在的"苦难的艺术家"能够安心地为社会创造出源源不断的象征性价值。

**（二）公共支持增加了艺术家的贫困**

既然艺术家是贫困的，有的还是苦难的，那么我们就用财政去直接补贴艺术家，或者政府直接购买了艺术家暂时没有商业潜力的作品，这样做行不行呢？非常奇怪的是，正如 Abbing（2011）指出的，公共资金的支持加重了艺术家的贫困。

我们把艺术家分为三类。第一类是既有艺术天赋又有商业头脑的，或者自己的艺术为当时的世人所接受和喜爱的，或者有幸被商业化炒作成为名人的艺术家，这一类艺术家并不贫困，甚至收入会非常高。这类艺术家通常占社会的少数。第二类是以上所描述的，占社会大多数的贫困的艺术家。他们的总收入等于或者略高于生存线，但是通常不会超过社会平均水平。他们的时间在艺术工作和第二职业之间弹性转换，他们的金钱在生活上必须和艺术开支之间弹性分配，一旦生活发生变化，如结婚、生孩子等，家庭开支大量增加，他们就不得不放弃艺术生涯。第三类也是占社会少数，但是处于绝对贫困状态的艺术家。他们坚持自己的艺术追求，几乎将所有的时间和精力都投身于艺术，他们没有稳定持续的收入，有时甚至生存都举步维艰，但是他们在艺术方面非常有天赋和才华，也许他们所创作的艺术作品不被多数人或者当代人理解，但是少数人或者后代人会发现他们天才的主见。

现在，假如更多的补贴资金流入艺术领域并且不被第一类艺术家占有，那么第二类和第三类艺术家就会将所有生存必需以外的资金全部用于艺术，因而生存状况并不能得到多大改观。这是短期来看的状况。从长期来看，由于艺术工作是如此特殊而具有巨大的吸引力，以至于许多中途被迫放弃艺术的第二类艺术家和新的想要进入艺术领域的年轻人在政府的资金流向中看到了希望，他们很可能会回到或者纷纷进入艺术领域，从而使艺术家群体的总人数不断地增加。当贫困艺术家的比例等同于政府补贴资金进入之前时，进入暂时停止。结果是，由于政府资金的流入，艺术家群体的总人数增多，贫困艺术家的比例不变，但贫困的绝对人数增多了。

有的国家政府为艺术进行宣传，以鼓励公众对艺术品的消费来支援艺术。结果是在社会舆论的误导下，进入艺术领域的民间资本增多了，但是涌进艺术的人数更多了，贫困的艺术家也就越多了；有的国家规定，政府定期收购达到一定标准的艺术品，也是同样的效果，并且在收购的过程中难免会产生对艺术品等级鉴定的官僚主义和贿赂，又进一步加重了艺术家的负担。正如 Menger（2006）所说："艺术劳动力市场和其成长是矛盾的，就业、不完全就业和失业都同时稳步地增长。"

此外，对艺术家的补贴中还容易导致一个恶性循环。有的国家不能允许工作如此特殊而有意义的艺术家群体如此的贫困，因此就不断地用补贴来增加他们的贫困。结果是，补贴增加，艺术家的贫困也增加；补贴再增加，艺术家的贫困就再一次增加，如此循环，永无休止。

因此，艺术家的贫困是结构性的。政府的补贴看起来有些无能为力，但是这并不意味着政府就可以放任不管了，因为政府的补贴确实已经惠及到了一部分艺术家。如果其他新进入的艺术家感觉自身无法维持，他会去寻找第二职业、寻找亲人和朋友的帮助或者干脆暂时离开艺术。而且年轻的艺术家许多都是来自相对富裕的家庭，否则他不会有艺术功底进入这个行业。从根本上来讲，要解决艺术家贫困的问题还得有赖于艺术象征性价值的相对降低。也就是说，随着社会经济的发展，首先，人们的整体生活水平提高了，对精神性商品的需求就越来越大；其次，随着社会教育水平的提高，人们的整体素质提高了，与艺术品价值之间的鸿沟就越来越小。这样，艺术品的象征性价值相对降低了，需求量增大了，艺术品就越来越可能像正常商品那样获得市场份额，艺术家也就越来越可能通过市场渠道获得资金收入。不过，这又会带来悖论性的质疑：如果艺术家的水平也越来越高，以至于创造的象征性价值也越来越高呢？如果未来的艺术家将自己通过市场销售渠道获得的收益依然统统投入艺术创作呢？这样的话，真正能使艺术家摆脱贫困的途径有待我们进一步的探讨。

### （三）常见的公共支持工具——税收减免

国家对文化产业的公共支持主要指政府通过资金援助、税收减免等方式扶持文化和艺术部门，激励国家文化艺术事业的发展。不同国家对文化产业公共支持的方式不同，力度不同，资金来源也不同。在直接补贴形式中，政府官僚直接决定支持的规模和接受者；在税收减免形式中，政策被赋予消费者或者捐赠者，这可能会导致不同地域、不同类型、不同规模的文化艺术被支持，但也可能带来更大范围的、政府也许没有关注到的艺术得到支持。事实上，大多数国家公共支持的主体部分都来源于"税收减免"。Frey（2011）指出，艺术性礼品在许多国家都是免费的，这样，国家适用的边际税率越高，给予艺术的成本就越低，能带来的对艺术的捐赠也越多。

许多国家将政府支持文化艺术写进宪法条文，以使议会和政府首脑的更迭不会动摇国家的文化政策。但是实际上这些宪法条文的执行力度和效果都取决于政治家和政府官僚的素养和偏好。总体而言，他们会倾向于支持已经成熟的文化艺术形式和已经运行良好的艺术机构，而对尚不成熟或者存在争议的文化艺术避重就轻。因为文化艺术是精神性、意识形态性的产品，不成熟或者有争议性的文化艺术容易给政治家的职业生涯带来风险，不利于自身的连任选举或竞选更高层面的公共职务。但实际上我们知道，新生的文化艺术往往是最需要政府支持的，因为新事物的生命力往往还比较脆弱（如创意产品通常会需要一个孵化过程），新事物有可能不被当时的人们认同（如凡·高的作品），新事物有可能缺乏其他方面物质条件设施的配套（如3D技术的推广需要新的能支持3D的电视机），但新事物也可能引领人们到达一个划时代的新世界（如14~16世纪的文艺复兴）。通过税收减免的间接支持形式就可以有效地规避这一问题，因为如上所述，税收政策能对社会各层面和文化艺术各领域赋予更加平等和更加广泛的惠及和关注。

税收政策的实质是社会财富的二次分配，文化艺术税收政策也就是将纳税人的钱向文化艺术领域转移，Weil（1991）指出，税收政策比政府的直接补贴要好得多，因为它在实现补贴的同时更具有激励作用。O'Hagan（1996）和 Schuster（2006）都指出，税收政策已经促使美国的慈善捐赠和礼品捐赠成为主要形式。Feld 等（1983）估计，就国家税收放弃部分而言，个人慈善税收减免几乎是财产税收减免的两倍，是企业慈善税收减免、资本收益税减免和财产税加总的三倍。

Feld 等认为，无论我们认为艺术税收减免的成本是增进了社会福利还是减少了社会福利，这一财政政策都是非常重要的。这些税收减免被艺术界非常看重（仅从如将其取消会招致的反对呼声中就可以得出判断），因为虽然准确计算包括内含补贴在内的具体规模很困难，但可以肯定的是每一条措施都给艺术部门带来了切实的利益。一个相关的问题是，即使内含补贴可以被精确计算，将其为直接补贴所代替也会遭到艺术团体的反对，理由很明显，一旦税收优惠政策取消，政府将很难兑现其直接补贴的承诺（Hagan，2011）。

美国对文化艺术的税收减免分成三个方面：个人慈善所得税减免、企业所得税减免和资产收益所得税减免。慈善捐款所指向的主要是非营利组织、慈善机构和文化艺术团体。慈善捐款税收减免占财政支出的绝大部分，也构成美国联邦政府援助文化艺术的基石。

欧洲国家对文化艺术主要适用增值税（VAT）减免。对政府而言，增值税是财政收入的主要税种，它对市场上所有的商品和服务征收统一的税率，不会影响个人对商品的选择，也使得政府对税收的计算和管理非常便利。但实际上，实践操作中已经越来越倾向于对不同种类的商品采用不同的增值税率，对文化艺术行业采用低税率或者零税率，从而起到激励或补贴的作用。据统计，增值税减免部分占演艺公司总票房收入的 15%～20%，并在一定程度上演变成为文化艺术团体的主要集资工具。

# 第三节　规　制

本节在分析了文化领域规制的类型之后，探讨文化领域中规制的变迁，然后对几个主要文化产业的规制实践进行讨论。

## 一、规制的类型

根据政府规制的特点，规制可划分为经济性规制和社会性规制两大类型（王俊豪，2008）。日本学者植草益认为，经济性规制是指在自然垄断和存在信息偏在的领域，为了防止发生资源配置低效率和确保利用者的公平利用，政府机关用法律权限，通过许可和认可的手段，对企业的进入和退出、价格、服务的数量和质量、投资、财务会计等有关行为加以规制；社会性规制是以保障劳动者和消费者的安全、健康、卫生、环境保护、防止灾害为目的，对产品和服务的质量和伴随着它们而产生的各种活动制定一定校准，并禁止、限制特定行为的规制（植草益，1992）。与经济性规制相比较，社会性规制是一种较新的政府规制。

### （一）经济性规制

经济性规制的领域主要涉及自然垄断领域和存在信息不对称的领域。就文化领域的经济性规制而言，其内容主要包括以下四个方面：一是价格规制。和其他产品与服务一样，文化产品和服务同样要受政府价格调控的影响。例如，在"国际博物馆日"，有些地方规定博物馆要免费向公众开放。二是进入和退出市场的规制。限制新的企业进入主要是为了获得规模经济性和成本弱增性，而限制企业自由退出则是为了保证供给的稳定性。我国政府对出版业、电视、广播等媒介行业以及博物馆等实施了审批、许可等方面的规制。三是投资规制。例如，《国务院关于非公有资本进入文化产业的若干决定》明确将文化产业领域分成鼓励、允许、限制和禁止类型的产业，以引导非公有资本进入文化市场。四是质量规制。这一规制主要是要求文化企业生产合格的产品或提供合格的服务。在文化领域，政府衡量文化产品质量的一个重要指标就是产品的内容，比如，美国对电影实施分级制度就是典型的案例。

### （二）社会性规制

社会性规制往往与外部性和信息不对称密切联系。显然，政府有必要对文化领域进行社会性规制。文化领域中，社会性规制的内容主要有消费者、健康、质量、遗产保护等内容。具体而言，一是消费者保护。文化产品和服务消费者的基本权利受到消费者权益保护法的保护，主要的规制方式是民事责任。对文化领域的广告仍要受到广告法、广告管理条例等的约束，主要的规制方式如进行内容审查、许可证等。二是健康。为了避免消费者世界观、人生观和道德观等受不良内容的影响，国家对产品内容会进行审批、发放经营许可证等。三是质量。文化产品往往带有某种意识形态和价值观，因此文化管理机构往往会对文化产品和服务的质量进行规制，避免与国家意识形态相背离、与主流价值观发生严重冲突。为此，各国政府均会对文化产品特别是进口文化产品采取必要的规制措施。四是保护。主要针对文物、历史遗产遗迹、非物质文化遗产等进行保护。例如，为使我国非物质文化遗产保护工作规范化，2005 年国务院发布了《关于加强文化遗产保护的通知》，制定了国家、省、市、县 4 级保护体系，要求各地方和各有关部门贯彻"保护为主、抢救第一、合理利用、传承发展"的工作方针，切实做好保护、管理和合理利用非物质文化遗产。

## 二、规制的变迁

与规制相对应的名词有"放松规制"、"重新规制"。① 在文化领域，放松规制的呼声非常强烈，这是自由观念让人们对政府干预个人和政治表达产生了焦虑的直接反映。比如，美国公共服务广播领域的放松规制主要包括对不受欢迎的私人垄断者（AT&T）的拆分，以及产业集中政策方面重要但又令人费解的变化。与放松规制相对应的是重新规制，这意味着，法律法规以及规制并没有因为文化领域发生了一些变化——这些变化足以构成放松规制的理由——而被废除，相反会将新的法律法规和规制引入。

规制的变迁与规制理论依据的变化密切相关。以国外广播为例，最早的广播是一种"一对一"的传播形式，它广泛应用于军事，1910～1919年间由业余的人际传播爱好者频繁使用，不受政府的规制。之后，在许多国家私人企业开始尝试利用广播播放音乐和其他娱乐形式，但多年来广播波段都不受规制，其收听效果并不太好。当广播成为国家的有限资源——是一种稀缺资源时，因为波段有限而自由地利用波段会影响收听效果，此

---

① 大卫·赫斯蒙德夫在《文化产业》一书中对规制的变迁进行了较为详细的论述。

时人们自然地认为广播波段应由国家相关部门进行分配从而使广播公司的波段之间不会相互重叠以达到最佳收听效果。这实际上是大众接受了对广播的规制。此外，广播作为一种信息传播媒介，其信息显然会对社会产生显著的影响，因此为了确保权利不被滥用（比如用于个人宣传政治观点），政府也有必要对其传播内容进行规制。在 20 世纪 80 年代之前，由于对广播进行规制的理论依据没有发生根本变化，各国政府都对广播进行了严格的规制。到了 20 世纪八九十年代，广播规制的主要理论依据遭到了攻击，尤其是来自私人公司、评论家的抨击。因为新电缆、卫星和数字技术几乎为信息和娱乐传输提供了无限的容量，这意味电磁谱的稀缺性走向了终结，因此放松规制的支持者认为，国家为了确保收听效果而对广播进行干预不再合理。此外，广播的传播内容会受到权力滥用的影响进而不利于大众而从严规制，似乎也难以立足，原因在于信息传播媒介的多样化（如电视、互联网等）。这些规制依据的瓦解似乎足以支持政府放松广播的规制。在这一时期，政府对广播的某些方面也确实放松了规制，比如，对一些公共广播机构实现了私有化，放宽了对内容的限制等。

我们不难推断，若支持其他文化领域规制的理论依据发生了变化，政府对该文化领域的规制也势必会进行相应调整：在规制、放松规制、重新规制之间进行切换，但这种切换并非只是线性的。

## 三、主要的行业规制实践

### （一）文化遗产的政府规制

文化遗产领域的市场失灵是政府干预的理由，而各国在遗产保护方面运用最广泛的工具就是规制。[①] 对文化遗产进行规制的目的在于从质和量

---

① 本小节的内容主要参照 Rizzo, I.. Heritage Conservation：The role of heritage authorities ［C］. In Ilde Rizzo and Ruth Towse（eds.）. The Economics of Heritage：A Study in the Political Economy of Culture in Sicily ［A］. Cheltenham：Edward Elgar, 2002：31－47；Rizzo, I. and Throsby, D.. Cultural Heritage：Economic Analysis and Public Policy ［C］. In Victor A. Ginsburgh and David Throsby（eds.）. Handbook of the Economics of Art and Culture ［A］. Amsterdam：Elsevier Science Publishers, 2006：983－1016；以及 ［澳］戴维·思罗斯比：《文化政策经济学》，易昕译，东北财经大学出版社，2013 年，第 113－135 页。

上控制遗产存量，以增强国家或地方人民的身份意识、提高审美水平和促进当地的经济发展（Rizzo 和 Throsby，2006）。由于文化遗产一个重要的特征是：一旦遭到破坏，新创造的文化艺术资源无法将其弥补，也就是说，它是一种不可再生资源，因此，遗产保护应满足当代人的需要，并同时保证后代人需要的满足。

1. 文化遗产规制的措施

对遗产的规制措施一般包括鉴定、规定、限制、监督等。

鉴定是指政府对遗产的价值进行核定，如文物古迹、非物质文化遗产等，政府将核定有价值的遗产列入权威的名录（Listing）；Schuster（2004）指出，"名录有许多名称，如清单、存货清单、目录、分类、调查表、注册簿、档案、碑文等，不同的国家和地区叫法不同，但大多数国家的名录有一个共同点，那就是私有的建筑物在名录中占相当大的比例"。在有的国家，文化艺术品一旦被鉴定为遗产收入名录，就会被国有化——当然同时会给予私人一定的补偿，这种方式可以使遗产得到更好的保护，但是也有侵犯私人利益的嫌疑，因为所得到的补偿一定是小于文物的未来总价值。

规定和限制与鉴定直接相关，政府对列入名录的文化艺术一般都有详细的规定，如对文物古迹的修缮和开发的规定、对影响遗产的土地使用权的限制和规定、对非物质文化遗产使用和开发的规定、对红色旅游景点开发的规定、对文物流通的限制、对历史建筑使用和修缮的限制等。有时中央和地方政府一起对各种规定和规则进行解释，从而使各种保护措施具有条理性（Peacock 和 Rizzo，2008）。

监督是政府设立的一套监视和检查系统，对违反规则的行为进行惩罚，以保障鉴定、规定和限制措施的权威性和强制执行性。

以上描述的动态过程，就构成了政府对遗产的规制体系。

2. 可能存在的风险

毋庸置疑，遗产的规制对遗产的保护和遗产所包含文化价值的保存是非常有必要的，保证了一个国家和民族历史文化的传承和可持续发展。但是如果仅从经济学角度出发，在实施遗产保护的政府规制的过程中，可能存在以下几个方面的负面影响：

首先，政府对遗产价值的鉴定往往依靠的是具有信息优势的专家。专家的鉴定对遗产除了会带来规定和限制以外，还往往会带来相应的经济价值和开发潜力，以及政府的税收优惠和财政补贴等，从而专家的鉴定成为了一种自由裁量权，有可能会产生相关的寻租行为。

其次，政府的规制也会带来相应的规制成本，并最终将这一成本转嫁给纳税人、遗产项目开发人和消费者。规制成本包括许可、授权、标准、指令等与规制行动相关的行政成本和监控规制实施的行政成本，以及被规制者（包括私人的和公共的）的遵循成本。有的成本可以较为精确地核算，如保护和修缮文物或古建筑的材料、专业技术人员成本等；有的成本可以被相对地估算，如为保护文物古迹而造成限制旅游的收入损失、为保护古建筑而造成限制拆建的城市开发损失等；有的成本很难估算，如由于限制开发而造成的潜在收益损失、阻止在考古遗址附近进行道路或其他建设施工造成的损失、由于限制性规定的威胁而诱使文化遗产所有者加快遗产开发而造成的遗产存量价值的损失，政府在遗产项目开发中对具体模式的要求不一定适应市场需要而造成的损失等。

最后，如果规制造成市场经济主体负担太大而相关的监管又相对薄弱，追逐利益的个人就有可能违反规则，给社会带来更大的损失。因此，过度的保护会打击市场投资的积极性，规制的过度扩张还会导致规制目标的反方向结果。

3. 需要注意的问题

为了最大限度地减小遗产规制带来的机会成本，政府应该注意以下几个方面的问题：

第一，政府在做出规制决策时需要引进公众对决策过程的参与。虽然遗产规制决策需要专业的知识和技能，但是纳税人也应该有权力知晓决策内容和程序，并有合法、有效的渠道反映自身的意见和建议（如果遗产是国有的或者集体的，就更应该如此）。只有这样，政府的规制政策才能够更好地综合专家、公众和市场经济个体的意见，使规制措施带来的机会成本能最大限度地减小。

第二，政府机构内部尽量地放权。中央政府直接制定政策的优点在于效率高、权威性强，但是缺点在于对变化中的信息掌握不充分，决策主观性较强。Rizzo（2004）认为权力下放可以增强地方政府的责任，因为地方政府与遗产存在紧密的联系。同时 Rizzo 和 Towse（2002）指出，权力下放必须伴随着公民投票等民主工具和对地方政府的考核激励，否则权力下放的正面效应会非常有限。

此外，Rizzo 和 Throsby（2006）认为，在有关遗产艺术品的国际贸易中，为了维护民族特性、荣誉和后代的利益，规制往往会限制正常的全球流通。如果这样的限制范围太广，一方面会造成政府的海关监控成本太大；另一方面有可能导致收藏家或商人脱离正式经济轨道，转而通过非法渠道进行交易。因此，限制越是影响文化艺术品市场的正常运行，限制越是趋于无效率。

### （二）文化娱乐的规制

文化娱乐产业中的"贿赂"，是指为了使自身的创意产品推销出去而进行的非正当交易行为。它有时表现为对"守门人"的行贿，有时表现为"串谋"，极少时候对创新性产品的推出有利，大多数时候会给文化娱乐产业造成很大的损失。因此，贿赂问题是政府规制的对象。

#### 1. 文化娱乐产业中的贿赂问题

贿赂事实上是市场经济竞争中经常被采用的策略，只要市场卖方售出的产品价格高于边际成本，那么通过降价、折扣和贿赂的方法都能使自己获得竞争优势，从而完成超额的销售。文化娱乐产业的商品几乎都与创意有关，创意产品的典型特点是风险高、固定成本比重大，而且无法回收，因此，在文化娱乐界的贿赂问题历史悠久、影响甚大，需要我们重点关注。

在这里，我们以音乐出版商与电台的关系来说明这一问题，当然除了音乐出版商和电台的贿赂实例之外，还有赞助商与电影剧组、电视连续剧与电视台、出版商与书店等领域都存在相似的问题。

音乐出版商的新音乐要在电台播放通常需要给电台或者电台主持人一定的贿赂，但是电台如果播放一些听众并不喜欢的音乐，其收听率就会降低，从而影响节目中的广告收入。因此电台通常会列出一个能给自己带来最大利润的曲目单，这个曲目单会使收受音乐出版商的贿赂减去因贿赂而损失的广告费用的值最低。但是在这个贿赂交易过程中，最有才能的艺术家和最有可能让听众喜爱的歌曲如果得不到具有实力的音乐出版商的支持，可能永远都无缘与观众见面，听众被迫听一些次优的歌曲，从而造成社会福利的损失。但有的人可能会质疑，音乐出版商当然希望找到最好的音乐人和新音乐以拓展自己的市场，扩大自己的销量，但是如果某位并不是最有才华的歌星受到某个大财团的支持，这个大财团愿意给音乐出版商大笔的贿赂将他（她）捧红呢？而且大财团为什么愿意捧红这名并不是最优选择的歌星呢？这样就会形成一个不正常的链条：歌星贿赂财团—财团贿赂音乐出版商—音乐出版商贿赂电台—电台在以部分经典音乐贿赂听众的同时充斥许多次优音乐，这个贿赂链无疑会造成链条两端的、也是最弱势的艺术家和听众福利受损，而中间环节的经营商获利。此外，音乐制作商为了减少贿赂，通常会设法兼并电台、电视台、音乐网站等播放终端，从而形成超级娱乐公司。这样做确实可以减少贿赂，并在一定程度上实现了范围经济，但是却增加了企业内部的协调成本，并且也促进了垄断，不利于市场竞争的发展。

此外，贿赂过程还可能滋生出更为严重的问题，如美国出现的"独立宣传者"。从 1980 年起，唱片公司对播放支付的酬金越来越高，每次电台将一张唱片放入其歌曲排行榜中的费用从 500 美元增加到 3000 美元，从而使单张唱片所谓促销成本上升至 15 万美元。这一可观的费用吸引了一个庞大的群体进入娱乐行业，这就是"独立宣传者"。他们收取各唱片公司的贿赂，帮助唱片公司推广业务，以庞大的保镖群体作为后盾，并非常可能与黑手党有关。他们内部对电台进行分配，控制电台的节目单。这样，唱片公司不是与电台直接联系，而是与掌握了某个电台的独立宣传者进行交易。"在 20 世纪 80 年代早期，CBS 每年花费 800 万到 1000 万美元用于独立宣传，整个行业花费近 4000 万美元。到 1985 年，行业宣传费用最多时达到 6000 万到 8000 万美元，而其时的税前利润最多只有 2 亿美元"（凯夫斯，2004）。

贿赂将严重侵犯听众的独立选择权，也会阻碍艺术的健康发展。一名很有天赋却找不到后台的艺术家要成名的可能性会非常小，已经成名的艺术家也会经常被迫举办和参加赞助商要求的活动，能够真正用在艺术上的时间越来越少。或许是因为贿赂滋生出的一系列问题，所以我们才会经常感觉到排名 Top20 或者 Top50 的新音乐总是不尽如人意。

2. 政府对文化娱乐产业贿赂的规制措施

政府可以对文化娱乐产业的贿赂问题采取以下规制措施：

第一，完善法律法规的制定和监管，鼓励采用公开招投标的方式进行资源分配。不过所有的交易都采用招投标的形式势必大大增加营销成本，并且招投标也存在竞标企业之间的贿赂问题（甲企业贿赂乙企业让其放弃竞标，避免恶性竞争，而甲企业中标以后可将贿赂成本转嫁到项目经费上）。

第二，政府继续推进反垄断法案和措施，竞争越是充分，贿赂的空间也就越小：如果电台之间竞争激烈，音乐出版商对其贿赂的必要就越小，消费者也就可以放弃充斥此等音乐的电台；对音乐出版商也是一样的，竞争越是激烈，其生存的基础就越是依靠最优秀的艺术家和最好的作品，他们就会通过各种可能途径寻找人才，而不是艺术家去贿赂他们。

第三，解决问题的根本是切实提高消费者的权益，完善消费者权益的维护途径。毕竟消费者是贿赂成本的最终承担者，从而也最有监督的积极性。因此，以消费者的选择作为方向指针的市场才是真正健康的市场。

### （三）电视传媒产业政府规制

1. 基于经济性规制的分析

从电视传媒产业的发展来看，随着需求扩大和技术进步，其成本劣加性不再突出，非排他性特征显著弱化，这些因素正是导致电视传媒产业放松规制的经济基础；但也必须看到，成本劣加性、非排他性只是政府规制经济基础的一部分而非全部，其他一些经济基础，我们也可以理解为政府规制的剩余经济基础，如垄断势力、非竞争性等，在电视传媒产业依然存在。因此，放松规制不等于放弃规制。[①]

（1）成本劣加性与规制需求。电视传媒产业具有显著的成本劣加性。在规模经济层面，体现在电视传媒产业随着需求增加而出现平均成本下降的趋势；范围经济层面则体现在电视传媒作为一种利用电波频道介质传输节目的产业，其内容产品可分为新闻、时事、综艺、生活服务、专题、电视剧等多种类型，同时播出可以有效降低平均成本。正是由于上述显著的

---

① 本小节内容主要参见杨永忠、吴昊：《电视传媒产业分析的 SCPR 框架：对产品黑箱的初步打开与新有效竞争理论的提出》，《四川大学学报》（哲学社会科学版），2013 年第 1 期。

成本劣加性特征，电视传媒产业在较长的时间内主要实施强规制。进入20世纪80年代，由于消费需求的日益膨胀和技术进步带来的最小规模经济的下降，导致电视传媒产业的市场需求曲线超出了成本劣加性的临界点，因此，放松规制引入竞争成为必然。

放松规制后，产业组织合理性的评价基准从成本劣加性为主调整为适度规模与适度竞争兼容的有效竞争，但有效竞争并不必然实现。其一，由于电视传媒产业的网络经济特征，引入竞争后的在位企业，在缺乏约束的市场环境下较之一般产业，更可能利用其接入优势阻碍新进入者的进入，从而制约竞争效率的发挥；其二，由于信息不对称，放松规制后的在位企业在利润最大化的追求下，更可能利用产品价格、产品质量的信息优势获取垄断利润，从而影响竞争效率的实现；其三，随着竞争的加剧，企业可能会出现合谋，也会削弱竞争效率；其四，市场也可能出现过度竞争，由此既损害了竞争效率，也抑制了规模经济。要避免以上情况，必然需要政府的合理与适度规制。

（2）公共产品性与规制需求。技术进步也改变了电视传媒产业的公共产品特征，从而也带来了电视传媒产业的放松规制需求。但是，就公共产品的具体内容而言，技术进步对电视传媒产业放松规制的影响主要是公共产品的非排他性，非竞争性的影响并不突出。

非竞争性。电视传媒产品属于典型的内容产品，其消费具有典型的非竞争性，即在电视传播、覆盖范围一定的前提下，增加一名消费者，对生产者来说，其成本增加极小甚至为零。同时，增加一个受众消费也不会减少其他受众消费的机会，对其他受众也不会产生效用损失。比如，电视节目可采用光盘、U盘等介质储存，原受众在看过或消费之后，将其借与或转赠他人继续观看，原受众从中所得到的效用并不会发生损失。

非排他性。电视传媒产品消费的非排他性比非竞争性复杂。对于无线电视，如卫星电视，主要是通过微波传送电视节目的信号，在一定区域内，消费者只需要电视机这一终端设备，就可以直接收看电视节目。在这种情况下，对无线电视台而言，针对具体受众收费比较困难；一方面，电视台如果要将受众的范围锁定在某一特定范围，技术难度较大；另一方面，若真要实行排他性手段，其成本也非常高昂。鉴于此，世界上大多数国家都采用政府立法的形式，确定无线电视的收视费用。可见，无线电视节目具有非排他性，加之其非竞争性，因此具备显著的公共产品特征。[1]

而从有线电视的传送来看，由于其节目的传送是通过线路连接到接收的电视机上，可以对具体用户收费，这样比较容易实现排他性。随着技术的进步，许多国家都开始推广数字电视，通过数字加密与内置芯片技术的运用，使得电视台播放的电视节目必须在用户付费后才能收看，因此排他性不再是技术难题。根据公共产品的划分标准，有线电视与数字电视具有排他性和非竞争性，属于准公共产品（尹斌，2007）。

可见，基于技术进步的影响，电视传媒产业尽管排他性增强，但非竞争性仍非常显著，公共产品的部分特征仍明显存在。因此，也需要特殊的规制制度以保障其充分和稳定的供给。

综上所述，在放松规制的背景下，电视传媒产业对规制的需求，不仅有一般竞争性产业的特征，如因为垄断势力、信息不对称而存在的有效竞争冲突；而且，还有更重要的不同于一般竞争性产业的特征，即显著的非竞争性和部分非排他性，由此使得规制这样的公共政策对电视传媒产业的作用不能等同于一般竞争性产业。以 SCP 框架[2]为基础的产业规制分析框架，是以新古典经济学为基础，在市场结构对市场绩效的内生性影响下，主张公共政策作为市场绩效的纠偏和补充，因此，应用该范式分析电视传媒产业，就可能在"纠偏和补充"导向下，仅从一般竞争性产业视角考虑其规制安排，从而削弱或忽略政府规制在传媒产业放松规制后的合理定位，诱发"放松规制"等于"放弃规制"的规制幻觉。

2. 基于社会性规制的思考

以上放松规制下的分析，主要侧重于经济性规制。当考虑电视传媒产

---

① 电视传输中我国无线传输仍然是最重要的传输方式。2009 年，全国使用电视人口 12.97 亿人，按每户 3.15 人计算，约 4.12 亿户。其中有线用户数为 1.75 亿户，余下 2.37 亿户主要为无线传输用户。数据来源于国家统计局社会和科技统计司：《2010 中国社会统计年鉴》，中国统计出版社，2010 年。

② SCP 框架是市场结构（Structure）—市场行为（Conduct）—市场绩效（Performance）分析框架的简称，由哈佛大学产业经济学学者贝恩和谢勒等于 20 世纪 30 年代提出，其基本分析思路是，市场结构决定企业市场行为，而其行为又决定市场运行的经济绩效。在市场结构对市场绩效的内生性影响下，主张公共政策作为市场绩效的纠偏和补充。

业的社会性规制时，SCP 范式更存在"分析失灵"的问题。导致"分析失灵"的主要原因，系由于该范式建立在"产品黑箱"的基础上，在微观层面忽略了产品内在属性。事实上，从产品属性的角度看，规制不仅是电视传媒产业市场失灵的一种补充，更是一种内生性的产业发展需求。

（1）社会性规制的一般解释。经济学一般通过外部性理论，对社会性规制给以解释（植草益，1992）。作为一种内容产品，电视传媒产业无论是正外部性还是负外部性，均对社会生活的各个层面产生巨大影响，有效控制外部性将有助于电视传媒产业的发展（吴克宇，2003）。

如一些富于教育和启发意义的电视传媒产品，有利于受众提高自身素质与修养，他们的行为可能会带来整个社会的改善与进步，使得社会收益大于电视传媒机构的私人收益。但由于生产者承担了全部成本却未得到全部收益，因此电视传媒产品的生产如果由私人进行，必然存在供给不足的风险。但电视传媒产品这一正外部性对社会发展不可或缺，因此，一种可修正的思路是将规制变量引入，如对具有明显正外部性的电视传媒产品建立合理的补贴机制，将促进经济效益和社会效益的融合。

与正外部性相反，对于很多以传播暴力、色情等不良内容为主的电视传媒产品，受众接受类似信息则可能会导致模仿行为，造成他人伤害，使得社会收益小于电视传媒机构的私人收益。特别是当电视传媒机构只为某个利益集团服务时，更可能威胁到公共利益和社会秩序，社会其他主体为抵消这种消极影响必然追加成本，从而使社会收益远远小于私人收益。同样，对于发布虚假信息、失真信息、过时信息、错位信息的电视传媒产品，也会导致社会成本大于私人成本，社会收益小于私人收益。此时，电视传媒产品的生产如果放任私人进行，必然存在供给过剩的风险，因此同样需要将规制引入。如对具有负外部性的电视传媒产品实施明确的内容限制，将促进经济效益和社会效益的统一。

（2）产品属性的进一步思考。外部性理论解释了电视传媒产业社会性规制的必要，但该理论却没有厘清外部性强弱与社会性规制强弱的关系。也就是说，强的正外部性或强的负外部性，是否意味着强的社会性规制需求或弱的社会性规制需求？对这一问题的思考，促使我们的思维不能仅仅局限在外部性层面。我们发现，影响社会性规制强弱的因素，与更复杂的产品属性有关。长期以来，西方主流经济学一直忽略对产品属性的系统分析和深入思考。

1）产品属性的基本假设。经济学经历了古典经济学、新古典经济学发展，经由新制度经济学的修正后，使企业行为在更丰富、更真实的制度环境与制度安排中演变。在企业这一"黑箱"逐步打开的同时，"产品黑箱"却仍然表现出较单纯的特征。我们注意到，西方经济学长期建立在抽象产品的基础上，其尽管也提出了产品差别，但这种差别也只是按照产品经济关系的一种区分，如互补品与替代品，奢侈品与劣质品，均属经济属性这同一范畴。随着经济学研究在假设条件上的逐步打开，让我们意识到，与其他假设一样，产品单一的经济属性假设也可能存在较大局限。产品除了经济属性外，还可能存在其他属性。这些属性会与经济属性一起，共同对产品供给和消费产生影响。也就是说，产品与企业一样，其内部也可能存在多元属性或多维结构，需要一种类似"组织制度安排"的"产品制度安排"、一种类似"公司治理"的"产品治理"。诸多的通过经济、社会现象表现出来的内生性矛盾，恰恰是忽略了对产品这些内在属性、内在结构的制度设计和有效治理。

2）"产品黑箱"的初步打开。这里，我们将产品属性简略地划分为二元属性，即与经济活动有关的经济属性，与社会活动有关的社会属性。实际中，经济活动和社会活动并不截然分开。

产品经济属性的强弱，建立在规模经济、范围经济、排他性、竞争性等共同作用的基础上。如产品的规模经济和范围经济显著，排他性和竞争性较强，则意味着产品潜在收益较好，该产品具有较强的经济属性；相反，产品的规模经济和范围经济不显著，非排他性和非竞争性较强，则意味着产品潜在收益较差，该产品具有较弱的经济属性。

产品社会属性体现出产品对社会、国民的安全、健康、教育、地位、环境等方面的影响。产品社会属性的强弱，与外部性、非排他性、非竞争性等显著相关。如产品的外部性明显，非排他性、非竞争性显著，则意味着产品潜在的社会效应较强，该产品具有较强的社会属性；反之，如产品的外部性不明显，非排他性、非竞争性不显著，则意味着产品潜在的社会效应较弱，该产品具有较弱的社会属性。

　　对产品社会属性的认识，马克思在《资本论》中较早就产品价值进行过论述，之后一些西方经济学者也陆续注意到了产品社会属性的存在。进入20世纪80年代，在经济性管制逐步减弱、社会性管制逐步强化的管制理论变迁中，更是非常强烈地反映和透视了产品社会属性在经济分析中的必要性和不可避免性。但是，由于西方主流经济学抽象产品的理论基础和"华盛顿共识"后新自由主义向全球的蔓延，导致国民经济的社会属性被弱化，使产品的社会属性长期以来未能引起足够重视。

　　上述有关经济和社会的二元属性构成了国民经济的微观产品基础。为了更好地观察产品属性对社会性规制所产生的影响，我们将经济属性按强弱区分，将社会属性在强弱区分上考虑其对社会的正面或负面影响，形成八种典型的从产品1到产品8的离散组合（见表8-1）。同时，我们将私人厂商视为西方主流经济学通常所假设的追求利润最大化的行为主体，考虑产品所实现的社会效益。

**表8-1　产品属性与社会性规制需求**

| 产品类型 | | 产品1 | 产品2 | 产品3 | 产品4 | 产品5 | 产品6 | 产品7 | 产品8 |
|---|---|---|---|---|---|---|---|---|---|
| 产品基础 | 经济属性 | 强 | | | | 弱 | | 强 | |
| | 社会属性 | 强，正面 | 强，负面 | 强，正面 | 强，负面 | 弱，正面 | 弱，负面 | 弱，正面 | 弱，负面 |
| 私人厂商行为 | | 激励 | | 抑制 | | 激励 | | 抑制 | |
| 产品社会效益 | | 显著增加 | 显著下降 | 显著缺失 | 影响较小 | 增加 | 下降 | 缺失 | 影响很小 |
| 社会性规制 | | 较弱 | 强 | 强 | 较弱 | 弱 | 较强 | 较强 | 弱 |

　　资料来源：杨永忠、吴昊：《电视传媒产业分析的SCPR框架：对产品黑箱的初步打开与新有效竞争理论的提出》，《四川大学学报》（哲学社会科学版），2013年第1期。

　　就产品1和产品2而言，由于产品具有强的经济属性，将对私人厂商的利润最大化行为形成激励。同时由于产品1具有强而正的社会属性，这种激励在主观上实现私人利益时在客观上必然增进社会效益。此时，私人厂商自发地实现了产品正的社会效益，因此市场对社会性规制的需求较弱。对产品2这种强而负的社会属性而言，其利润最大化的激励行为虽然可以实现微观经济效益的提升，但却显著降低了产品社会效益，此时，政府必须提供强社会性规制，如对安全、健康等方面的限制。

就产品 3 和产品 4 而言，由于产品具有弱的经济属性，产品潜在收益较差，因此将抑制私人厂商的利润最大化行为。对产品 3 这种强而正的社会属性而言，这种抑制不利于产品社会效益的实现，但又恰恰是社会所需要的，是社会所缺失的。因此，要求政府提供强社会性规制，如价格补贴、声誉激励等，以促进厂商的市场进入行为，推动产品的社会效益提升。对产品 4 这种强而负的社会属性而言，厂商对利润追求行为的抑制恰好弱化了负的产品社会效应扩散，对社会效益影响较小，此时，私人厂商的自发行为恰好有利于社会发展，因此对社会性规制的需求也相应较弱。

对产品 5 的分析类似产品 1，产品 6 的分析类似产品 2。此时，尽管产品具有强的经济属性，具有利润最大化的激励行为，但由于产品社会属性较弱，所带来的社会效益的影响相应减弱。因此，产品 5 和产品 6 对社会性规制需求的程度分别较产品 1 和产品 2 弱化。就产品 7 和产品 8 而言，其分析也类似于产品 3 和产品 4，由于其弱的经济属性和弱的社会属性，在利润最大化行为的抑制下，其社会效益相应减弱，对社会性规制的需求程度也分别较产品 3 和产品 4 弱化。

可见，正是由于产品内在属性的差异性和复杂性，才导致了产品宏观社会效益呈现不同的特征，由此决定了社会性规制的需求程度。因此，产品的结构性属性，而不仅是外在性，才是影响社会性规制水平的重要原因。而且，通过以上的分析可以发现，产品具有强的负社会属性，不一定意味着强的社会性规制；具有强的正社会属性，也不一定意味着一定是强或一定是弱的社会性规制，社会性规制的强弱取决于产品社会属性和经济属性的共同作用。但经典的经济学分析由于忽略了产品内在的不同属性，忽略了产品的社会属性，从而使现实经济运行中一些固有的冲突没得到充分揭示。

（3）电视传媒产业对社会性规制的内生需求。在表 8-1 的基础上，我们进一步结合电视传媒产业的特征，从产品属性的角度分析其对社会性规制的内生需求。前述分析可知，电视传媒产品系内容产品，具有显著的意识形态属性，由此决定了无线电视、有线电视和数字电视均具有强的正面或负面的社会属性。其中，数字电视由于强排他性使得传媒企业具有较好的潜在收益，产品呈现强的经济属性，因此具有产品 1 和产品 2 的典型特征。此时，对具有正社会属性的数字电视产品而言，其社会性规制的需求较弱，亦即通过市场行为即可以较好地实现产品社会效益。但对具有负社会属性的数字电视产品而言，则政府必须提供强社会性规制，如对内容的严格审查，才能降低社会效益损失。

有线电视也由于较强的排他性，使得传媒企业的潜在收益具有较好保障，产品也呈现较强的经济属性，接近产品 1 和产品 2 的特征。因此，其规制需求类似于数字电视的分析。

无线电视则由于较强的非排他性，制约了传媒企业的潜在收益，因此产品的经济属性不如数字电视和有线电视强烈，介于产品 1、产品 2 和产品 3、产品 4 间。由于利润追求行为的激励受到一定抑制，在产品正社会属性下，产品社会效益存在明显缺失，因此要求政府提供较强的社会性规制。在负社会属性下，产品的社会效益也有明显下降，因此也相应要求政府提供较强的社会性规制。以上情形如表8-2所示。

表8-2　电视传媒产品属性与社会性规制需求

| 产品类型 | | 数字电视 | | 有线电视 | | 无线电视 | |
|---|---|---|---|---|---|---|---|
| 产品基础 | 经济属性 | 强 | | 较强 | | 一般 | |
| | 社会属性 | 强，正面 | 强，负面 | 强，正面 | 强，负面 | 强，正面 | 强，负面 |
| 私人厂商行为 | | 激励 | | 激励 | | 一定抑制 | |
| 产品社会效益 | | 显著增加 | 显著下降 | 显著增加 | 显著下降 | 明显缺失 | 明显下降 |
| 社会性规制 | | 较弱 | 强 | 较弱 | 强 | 较强 | 较强 |

资料来源：杨永忠、吴昊：《电视传媒产业分析的 SCPR 框架：对产品黑箱的初步打开与新有效竞争理论的提出》，《四川大学学报》（哲学社会科学版），2013 年第 1 期。

从上述分析可知，由于产品内在二元属性的共同作用，在追求利润最大化的厂商行为下，必然导致产品社会效益不同情况地增加或下降，由此决定了相应的社会性规制安排，这是由产品属性所内生出来的产品治理结构。但是，经典的 SCP 分析框架其微观经济学基础是新古典理论，其假设的微观产品基础是单一的经济属性。因此，如果简单地套用 SCP 框架进行分析，必然忽略产品社会属性的内在特征，看不见产品社会属性和经济属性的相互影响，由此得出的"看不见"的规制，必然加剧产品属性的内在冲突，不可能根本上解决电视传媒产业经济效益和社会效益的兼容。

导致 SCP 框架对电视传媒产业"分析失灵"的原因，正是由于 SCP 框架建立在"产品黑箱"上。因此，打开"产品黑箱"，引入产品的内在属性，内生性地建立社会性规制，在私人厂商的商品行为基础上引导其合理的意识形态行为，将有利于电视传媒产业的可持续发展。

3. 放松规制下电视传媒产业的分析框架重构

综上所述，无论是 SCP 框架关于公共政策仅仅是市场绩效纠偏从而削弱政府规制在电视传媒产业的合理定位，或是 SCP 框架在西方经济学基本假设上存在的与电视传媒产业固有的产品属性缺失，都要求我们立足于电视传媒产业的现有特征，重新思考其规制定位与分析框架重构。

（1）电视传媒产业 SCPR 框架的提出。鉴于 SCP 框架的局限性，我们提出了一个修正的产业组织 SCPR 分析框架（Supply Chain Performance Metrics Reference Model），即"市场结构（S）—市场行为（C）—市场绩效（P）—政府规制（R）"，用于分析放松规制时期，电视传媒产业的市场作用与规制约束。在此框架中，市场结构、市场行为、市场绩效、政府规制的逻辑关系，如图 8-1 所示。SCPR 各部分的内在关系可概括为以下两方面。

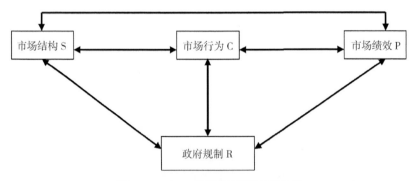

图 8-1　SCPR 分析框架的逻辑关系

资料来源：杨永忠、吴昊：《电视传媒产业分析的 SCPR 框架：对产品黑箱的初步打开与新有效竞争理论的提出》，《四川大学学报》（哲学社会科学版），2013 年第 1 期。

第一，SCP 的内在传导。市场结构 S 与市场行为 C 之间的相互影响。规制放松后，电视传媒产业的市场结构不再是外生变量，与企业行为的相互影响增强，并成为产业组织中的重要现象。一方面，随着放松规制，电视传媒企业行为出现由垄断行为向竞争行为的明显变化，包括定价行为、产品行为与创新行为等。这种改变主要是由竞争性的市场结构引发，而不是由规制主导实现。另一方面，在市场结构影响企业行为的同时，企业也将试图通过行为改变市场结构，如在位者会借助掠夺性定价、合谋等手段将对手排斥出市场，而新进入者也会千方百计采取各种策略抢夺在位者的市场份额和利润，这些由市场主导的行为将会影响电视传媒产业的市场结构形成。

市场行为 C 与市场绩效 P 之间的相互影响。强规制时代，规制减弱了市场行为与市场绩效之间的相互作用。规制放松后，电视传媒企业的市场行为会更加直接地影响到市场绩效，如放松规制、引入竞争后，电视传媒企业以规模经济、范围经济为核心的企业多元化行为，以合作博弈为策略的企业联盟行为，将更加显著地有助于经济绩效的提高。与此同时，市场绩效对电视传媒企业行为的影响也趋于灵敏，如电视传媒企业会更加迅速地对市场绩效做出反应，适时调整自身的定价行为、技术创新行为和兼并重组行为。

市场结构 S 与市场绩效 P 之间的相互影响。规制主导下，规制同样会削弱市场结构对市场绩效的影响，而市场绩效对市场结构的影响，也会通过规制调整以改变不合理的市场结构。放松规制后，电视传媒产业市场结构与市场绩效间的相互作用更加明显。市场结构会更加显著地影响市场绩效，如规制壁垒降低后所产生的可竞争市场结构，将直接威胁和改变市场的绩效水平；同时，市场绩效也更加直接地影响市场结构，如标尺效应将更加突出，对新企业的市场结构选择、在位者的市场结构调整都会产生更显著的影响。

第二，R 与 SCP 的相互影响。政府规制 R 与市场结构 S 之间的相互影响。在电视传媒产业放松规制背景下，市场结构主要依赖市场竞争内生形成，政府的合理规制主要是维护经济效益与社会效益兼容的市场结构运行。这与强规制时期，政府规制对电视传媒市场结构的影响具有决定性且主要是经济性规制显著不同。另外，市场结构对政府规制亦有反馈响应，通过市场集中度、规模经济以及进入壁垒等状况，促使规制当局不断地对经济效益与社会效益失衡的市场结构进行修正。

政府规制 R 与市场行为 C 之间的相互影响。政府可以通过合理规制，使企业的经济行为与社会行为有机结合，推动企业在追求经济效益的同时，也体现出较强的社会责任意识。如政府对电视传媒主导企业在普遍服务上的规制，将有利于产业发展和社会进步。另外，企业行为对政府规制存在反作用。由于放松规制使电视传媒市场由垄断变为竞争，在出现合谋、操纵等经济性行为，以及暴力、色情等社会性行为时，将促使规制机构调整与完善规制制度。

政府规制 R 与市场绩效 P 之间的相互影响。政府对市场绩效有直接的作用，如政府可以采取税收优惠、财政补助、转移支付等政策影响产业的经济绩效，也可以通过出台有关意识形态、普遍服务的法律法规，推进社会绩效的实现。另外，市场绩效也具有反馈效应，如通过经济绩效的表现，政府可以判断市场结构是否处于良性竞争，是否提高了消费者剩余。通过社会绩效的表现，政府可以判断产业是否保持了正确的舆论导向，是否实现了普遍服务，从而采取相应的经济性和社会性规制措施。

（2）SCPR 框架与 SCP 框架的比较。SCPR 分析框架式以 SCP 框架为基础。就是说，放松规制引入竞争后，市场对电视传媒产业的资源配置起着决定性的作用，电视传媒产业市场结构、市场行为、市场绩效的相互影响是市场内生的、市场主导的影响。

SCPR 分析框架以 R 调整为重要保障。由于电视传媒产业存在的剩余经济基础及产品的内在属性，决定了电视传媒产业的可持续发展离不开规制，规制是电视传媒产业发展的内生性需求，而不仅是一种补充。电视传媒产业放松规制后的重新规制，是经济性规制在规制的经济基础变化后的重新调整，是社会性规制在产品社会属性上的进一步强化，是对规制结构的重新定位与修正。通过 R 的明确引入与强化，将有助于电视传媒产业在引入竞争后更好地实现经济效益和社会效益。

# 第四节 私人支持

私人支持的主体可以是个人或者诸如营利性企业以及非营利性基金会等组织机构。本节主要讨论私人支持的几种主要方式，包括捐赠、众筹、合作。

## 一、捐赠

个人捐赠者向文化产品组织机构尤其是非营利性组织捐赠源自利他主义者的动机（凯夫斯，2004）。按照经济学假设，人们极有可能为实现自己利益最大化而采取自利行为。但事实上，人们还有其他各种喜好，比如在知道别人从自己捐赠的歌剧演出获益，他们自我感觉会更好。但需要引起注意的是，若政府介入资助某个文化活动，捐赠者在觉得自己的捐赠无足轻重时，他们会撤回资助。利他主义者的动机可以解释为什么经济学所说的理性人、以自我为中心的个人会为某些文化机构开出支票。另外，艺术机构也会通过某些优惠措施来鼓励个人捐赠者的积极性。比如，博物馆会给予不同捐赠规模等级的支持者以不同的待遇：捐赠者都享受"会员制"待遇，可以免费参与日常展览活动、可以享受博物馆内商店的打折优惠；高额捐赠者除享受上述待遇外，还可以参观一些特殊展览、预订座位的优先权；等等。

企业的捐赠动机与个人捐赠动机略有不同。一个纯粹追求利润的企业向文化机构进行捐赠，其目的是为了扩大或增强其预期利润（Navarr，1988）。捐赠企业要想最终实现有利可图，要么必须降低产品生产成本，要么增加产品的需求量。降低成本的方法之一就是降低企业招聘和雇用员工的预定工资水平。对文化机构特别是非营利性文化机构的捐赠，可以提升该地区的文化品位，将会吸引更多的人特别是高素质的人员选择来该地区工作和定居，进而增进这个地区劳动力市场的供给量和供给质量，间接降低企业的生产成本。此外，捐赠也可以为企业带来社会声誉，提高其社会知名度和美誉度，增强消费者对该企业的信心。通常，消费者不能确定一个企业的产品质量时，会做以下推断：一个支持慈善活动的企业一般不会生产劣质产品，进而提高对这类企业产品的需求量。实证研究也表明，企业的捐赠行为很明显是为了降低成本或提高产品需求或者二者兼而有之，企业的捐赠行为最终服务于利润的需要（凯夫斯，2004）。

捐赠是否会绑架艺术？也就是说，捐赠会不会使得文化机构过度迎合重要捐赠者的偏好而偏离其原有的发展方向。这一点应引起人们的警惕，但这种理由似乎不足以支持艺术机构应避免接受他们的捐赠（海尔布伦和格雷，2007）。

## 二、众筹

"众筹"即大众筹资，译自于英语"Crowdfunding"一词，它是一种"预消费"模式，指采用"团购+预购"的形式，向公众募集项目资金的筹资方式。首次使用"众筹"一词的美国学者迈克尔·萨利文（2006）将其定义为：众筹是指群体性合作，人们通过互联网汇集资金，以支持由他人或组织发起的项目。① 利用互联网传播特性，众筹能够让小企业、艺术家或个人向公众展示其创意，以争取公众的关注和支持进而获取所需要的资金援助。现代众筹的构成元素包括发起人即具有创意力但缺乏资金的人；支持者即对筹资项目有兴趣且有能力支持的人；平台即连接发起人和支持人的互联网平台，如国外的 Kick Starter、国内的众筹网等。

众筹具有进入壁垒低、项目多样性、广泛参与性、注重创意、承诺兑现等特征。具体而言：一是进入壁垒低。任何人和组织，只要有很好的创意，并且认为这种创意能够说服支持者，都可以发起项目。二是项目多样性。众筹的项目包罗万象，既涉及音乐、影视、漫画、游戏、出版等文化领域，也包括科技、农业、旅游等领域的其他项目。三是广泛参与性。人人都可以是众筹项目的支持者，包括企业、风险投资机构等。四是注重创

---

① 转引自黄健青、辛乔利：《"众筹"——新型网络融资模式的概念、特点及启示》，《国际金融》，2013 年第 9 期。

意。众筹项目的发起人一般事先要将自己的创意（如设计图、成品、策划等）利用可展示的介质在网络平台上展示，这样才有可能通过平台的审核。五是承诺兑现。众筹发起人一般会给项目支持人支持的金额数量给予相应的回报，众筹发起人有义务、有责任履行承诺。

众筹模式开始主要广泛存在于艺术领域。一些创意阶层如音乐家或艺术家，为了完成其作品向粉丝筹资，粉丝自愿向自己喜爱的艺术家无偿提供资金。例如，著名摇滚歌手 Amanda Palmer 就为自己的新专辑、新书和新旅行募集了 100 万美元的资金，约有 2000 多名粉丝提供了资助。国内某知名众筹网站显示，2014 年 1~11 月期间，涉及文化领域的众筹项目接近 500 项，这些项目都给予了项目支持人一定的回报，支持金额越高回报也相应更高。下面以某寿山石艺术品项目为例说明。这个项目是由一名年青的雕刻家发起的，他设计了五个等级的支持金额和相应的支持回报，其中，最少支持金额为 1 元，随机抽取 10 名支持人，每人获得印章一方（字数限制 4 字以内，字体不限，朱文白文不限，免运费），以及免费参与线下寿山石品鉴会活动；最高支持金额为 7500 元，除免费参与线下相石品鉴会活动外，相应的回报还有由发起人监制、其工作室制作的最新作品一尊（附收藏证书）。

可以说，众筹是文化领域的另一私人支持方式，并且这种筹资方式是基于给予支持者预期的回报，和个人捐赠略有差异。

## 三、合作

私人对文化领域的支持也可以通过合作的方式进行。

以艺术品市场为例。艺术品市场存在画商、画家和购买者（包括收藏家）。一般地，画商不仅是艺术作品的经营者，还可能是画家的经纪人以及画家职业发展的推动者。画商的动机在于从作品销售中赚取利润。画商可以选择只购买他认为具有市场潜力的画作，此外，还可以与理想的画家签订合同，但要签订一份完整的合同是一件十分棘手的事情，因为双方的实际工作投入一旦达不到合同约定的水平，结果会导致双方不欢而散。

除通过合同方式对画家进行支持外，画商和画家也可以进行实际合作。比如，画商可以口头承诺，他负责推广画家的作品并定期举办作品展，而画商要成为这个画家的独家代理并获得销售提成。实际合作可以避免合同所带来的双方权利和义务由于不可预知性而难以履行这一事实性问题。通过合作，双方各取所需，画家可以专心地绘画，而画商则可以通过代理画家的作品而获取一定的佣金。

一般地，私人与艺术家或艺术机构之间的合作是一种以盈利为目的的行为，双方既可以签订正式的合作协议也可以口头协议。这种合作关系的稳固则是建立在一方对另一方工作满意程度的基础之上，一旦低于预期，这种合作关系极有可能名存实亡。

# 第五节　公共治理

本节在对文化产业公共治理进行界定之后，讨论文化产业公共治理主体的责任问题，最后探究文化产业公共治理的内容。

## 一、文化产业公共治理概述

公共治理兴起于 20 世纪 90 年代，公共治理是治理理论的一个重要研究内容，是治理理论在公共事务管理领域中的运用。[①] 在公共治理理论应用之前，公共管理主要采用两种方式：一种是层级制的集权式政府管理方式；另一种是市场化的管理方式，但在资源配置的实践中，若仅采用其中一种方式，要么存在政府失灵，要么存在市场失灵，最终均很难达到资源配置的最优化。[②] 公共治理理论则弥补了上述两种管理方式的缺陷，它在综合两种管理方式的基础上，引入第三部门，即由政府、市场和第三部门共同参与资源配置，最终达到资源配置的最优化。公共治理的概念至今没有统一，西方学者从不同角度对它进行定义。全球治理委员会（1995）

---

① 娄成武、谭羚雁：《西方公共治理理论研究综述》，《甘肃理论学刊》，2012 年第 2 期。
② 政府失灵问题，是现代经济学关于公共选择理论的核心问题。政府失灵与前述的市场失灵和社会失灵，共同构成了文化经济实践领域的失灵体系。

认为，治理是各种公共的或私人的机构管理其共同事务方式的总和。它是使相互冲突的或者不同利益得以调和并且采取联合行动的持续过程。[①] 公共治理理论的权威专家 Stoker（1998）在对不同治理概念进行系统梳理后指出，治理有五个核心论点，分别是：①治理关注一系列源于政府但又不限于政府的公共机构和参与者；②治理明确指出在解决社会和经济问题的过程中存在边界和责任上的模糊；③治理明确肯定了在涉及集体行动的公共机构之间存在权力依赖；④治理意味着参与者将形成一个自治性的自组织网络；⑤治理认为政府办好事情的能力并不是依赖于政府的权力与权威，而是能够利用新的工具与技术实现调控与指导。[②]

某种意义上，文化产业的产品和服务具有公共产品属性，若单纯依靠市场力量，企业没有足够的动力提供能够满足人们需求的产品和服务，或者企业为了获利而无视其产品和服务对社会造成的负面效应，从而产生市场失灵。为了解决市场失灵，理论上可以依靠追求公共利益的政府，但实践中，由于官僚的自利行为、利益集团的俘获、内部竞争机制的缺乏等原因极有可能使政府偏离追求公共利益最大化的目标，最终产生诸如缺位、借位、越位等政府失灵现象。公共治理理论认为，通过政府、市场、第三方组织和个人的共同管理将有助于解决公共利益的上述难题。因此，有必要将公共治理理念引入文化产业管理活动实践之中。文化产业公共治理是指以文化产业为治理对象，以政府、企业、第三方组织和社会公民等为多元治理主体，在文化产业运行的整个过程中，综合运用行政、法律、经济、行业自律、自我管理等手段维持文化市场秩序，引导、控制和规范文化产业的各项活动，从而最大限度地满足文化产业的健康发展和社会公众的文化需求。[③] 从外延来看：一是文化产业公共治理的主体是多元化；二是文化产业公共治理的对象是动态化，即随着文化产业新业态的不断出现，其公共治理范围也随之调整。

---

① 转引自任声策、陆铭、尤建新：《公共治理理论评述》，《华东经济管理》，2009 年第 11 期。

② Stoker, G.. Governance as Theory: Five Proposition ［J］. International Social Science Journal, 1998, 50（1）: 17-28.

③ 这里借鉴国内学者解学芳（2012）网络文化产业公共治理的相关观点，其关于网络文化产业的公共治理的相关观点参见解学芳：《网络文化产业的公共治理：一个网络生态视角》，《毛泽东邓小平理论研究》，2012 年第 3 期。

## 二、文化产业公共治理主体的责任

文化产业公共治理的行动主体包括政府、文化企业、第三方组织和社会公民等行动者。这些行动者之间发展成为一个多元的网络，集体行动代替了单边行动，行动者之间通过一系列博弈，共同管理文化产业。政府、文化企业、第三方组织和社会公民之间通过建立广泛伙伴联系，将有助于它们之间进行及时沟通和合作，从而分担政府的管理责任。公共治理主体的多元化，必然导致治理的多中心化格局。就权力结构而言，公共治理意味着治理权威在市场、政府和第三方组织和社会公民之间的分化和扩散。多中心治理格局允许这些治理主体在具体约束条件下运用各自的知识和经验，从而有利于提升治理的责任和有效性。

在多中心治理①格局中，政府必须承担元治理角色，积极引导不同行动者发挥其在公共治理中的作用，始终维护公共利益。在制度层面上，政府应为文化产业的健康发展提供各种机制，以便有利于整合文化企业、第三方组织和社会公民的利益诉求和政策主张，从而弥补各行动主体的利益损失，助推不同主体的生存与发展；在战略层面，能够促进不同行动者共同建立一致的远景，进而鼓励并及时采用不同行动者的制度创新，从而完善现有的文化产业治理模式。

文化企业是文化产业产品和服务供给的主体，文化企业在文化产业公共治理中不仅只注重实现自身利益最大化，还应自觉承担社会责任，有效实现经济效益和社会效益的统一。一是文化企业应充分认识到文化产品和服务具有较强的外部性这一特性，应自觉抵制生产和提供那些不健康的文化产品和服务。二是文化企业应自觉接受政府的引导和监督，并加强企业内部部门特别是产品研发部门的监督和管理。三是文化企业应自觉接受第三方组织的监督，及时与第三方组织进行沟通。四是文化企业应积极引导

---

① 多中心公共治理理论由诺贝尔经济学奖获得者奥斯特罗姆等所创立，这一理论突破了政府大包大揽的管理方式，强调政府、企业、第三方、公众共同参与管理公共事务，即治理的主体是多元化的。奥斯特罗姆多中心治理的思想详见 ［美］埃莉诺·奥斯特罗姆：《公共事务的治理之道：集体行动制度的演进》，余逊达、陈旭东译，上海三联书店，2000 年。

社会公民消费内容健康的文化产品和服务。

第三方组织在文化产业公共治理中应负担起监督和引导责任。一方面，第三方组织应自觉监督文化企业活动和政府的管制，通过舆论监督，揭露文化企业不合法的行为，以及政府的不作为、乱作为；另一方面，由于第三方组织拥有广泛和良好的社会基础，可以获取社会各方面的信息以及代表民众的需求，因此，第三方组织应为政府制定文化产业政策提供有益的信息，以及引导消费者树立正确的消费观念。

公民在文化产业公共治理中应承担公民责任。社会公民应关注社会公共利益，以自律、自治、参与、合作、信任、奉献等为己任。实践中，随着公民权利意识的增强，一方面，公民存在过多甚至不合理的要求，即公共权力提供足够多的、能够满足其精神需求的文化产品和服务；另一方面，对公共权力的扩张却有天然的排斥。这一困境只有通过公民承担文化产业治理中的公民责任并使其认识到自身的地位才可能获得破解。

## 三、文化产业公共治理的内容

文化产业公共治理的目标是鼓励原创、促进内容健康的文化产品和服务的生产和提供，最终推进文化产业的健康快速发展。为达到这一目标，文化产业公共治理的内容主要包括文化产品和服务的内容、文化产业知识产权、文化产业的运营等关键的治理问题。

文化产业公共治理首要关注的是文化产品和服务的内容。其根本原因在于文化产品和服务的意识形态和文化属性。通过对文化产品和服务的内容进行治理，将有助于维护文化产业的运行秩序、促进社会公共利益。为此，不同的公共治理主体应沟通协调，共同管理文化产品和服务的内容。作为元治理的政府部门应切实承担起对文化产品和服务的内容审查，对文化企业运营行为进行适当规制，并根据文化产业发展的变化而适时调整相关政策；文化企业应自觉对创新内容进行严格筛选，以多种方式生产和提供弘扬社会良好风气的产品和服务。第三方组织和社会公民应主动自觉承担对文化市场上的文化产品和服务的内容进行监督。

知识产权保护是文化产业可持续发展的基石。一方面，只有有效保护知识产权，才能切实维护版权所有者的合法权益，创造鼓励创新的社会氛围，进而从根本上促进文化产业的良性发展；另一方面，通过保护知识产权，才能使原创者切实取得原创辐射效应带来的收益，激发他们的创新热情，从而为消费者提供更丰富、更充足的文化产品和服务。由此，政府应适时实施文化产业知识产权保护法规，强化对文化产业中侵权行为的打击力度，支持文化企业维护其知识产权；文化企业应尊重他人知识产权，同时主动采取法律手段维护自己的知识产权；第三方组织应为尊重他人知识产权营造良好的社会氛围，引导文化企业保护其知识产权，培育消费者知识产权意识；社会公民应主动抵制侵权的文化产品和服务。

文化产业运营的公共治理主要针对文化产业的准入和退出机制的管理，以确保文化市场的公平、公正、开放和有序，进而提升整个社会的福利水平。文化产业运营的公共治理关键主体是政府部门。从产业业态看，政府应对不同类型的文化产业业态实施不同的运营管理策略。例如，政府显然应对博物馆和游戏企业实施不同的退出机制。从产业发展看，政府应根据产业发展态势特别是考虑新技术对产业发展的影响，在文化企业、第三方组织以及社会公民的参与下，适时修正、完善现有的文化市场的准入和退出管理制度。

# 第九章　中国案例

子路问："闻斯行诸？"子曰："有父兄在，如之何其闻斯行之？"冉有问："闻斯行诸？"子曰："闻斯行之。"公西华曰："由也问：'闻斯行诸？'子曰：'有父兄在。'求也问：'闻斯行诸？'子曰：'闻斯行之。'赤也惑，敢问。"子曰："求也退，故进之；由也兼人，故退之。"

《论语》先进篇第二十二

本章简要介绍一些中国文化经济领域实践的案例，包括竹编手工艺品企业、微电影制作企业、画廊以及创意区。[①]

# 第一节　成都画廊

作为对成都艺术品行业发展情况的一次接触，四川大学创意管理研究团队一行三人前往成都 C 画廊参观和调研，通过与画廊工作人员的交流，对 C 画廊基本运作情况和艺术品行业有了大致认识。[②]

## 一、C 画廊简介

C 画廊是成都某知名文化艺术有限公司旗下经营和推广艺术品的机

---

① 本章资料主要来源于四川大学创意管理研究所编写的《文化创意调研动态》中的相关内容。涉及的人名与企业名称均进行了适当处理，对他们的支持和领袖意识表示敬意。

② 本节内容由李光敏根据访谈整理得到，调研时间是 2013 年 1 月 10 日。

构，成立于 2010 年 6 月，拥有 2000 平方米的专业展厅。C 画廊以其专业规范的运作方式和准确的市场定位，为具有市场潜力的艺术家和投资、收藏爱好者提供了交流平台。

C 画廊已经有了一定的影响力和知名度，并得到了艺术家、观展公众以及藏家的充分认可，取得了良好的经济效益和社会效益。目前，已成为成都市场规模最大的艺术品经营机构，在中国西部初步确立了行业领导者地位。

C 画廊的业务主要包括：经营国画、油画、版画、书法、水彩、雕塑等艺术产品；销售瓷器、家庭软装饰品、名家艺术创作书籍等艺术衍生产品；策划和举办艺术作品展览。

画廊核心业务人员由展务人员、艺术品保管员、销售专员、艺术家经纪人等组成，其中销售人员居多，画廊所有员工统一接受公司管理。其中：

展务人员：根据公司要求，负责拟定展览主题；根据展览的主题选择并联系艺术家，选择展出的艺术作品；编写展务实施计划，负责展览中各项工作的推进。

艺术品保管员：负责画廊艺术品的出入库登记及保管工作，做好艺术品库存统计工作，协助销售总监做好销售工作。

销售专员：参加各种展览活动，对外联系客户、画廊、画家，发觉有潜质的艺术家；做好画廊经营工作，负责书画销售，完成画廊艺术品的销售任务；收集画廊信息、展览信息以及艺术家的相关信息，并将信息及时回馈公司。

艺术家经纪人：负责对外联系，将本画廊艺术家的作品推介到各种适合的高端展览及各种艺术博览会，以得到更多藏家的熟知和认可。当艺术家与其他画廊和机构合作时，处理相关的事务，如沟通、作品运输等；通过交流，向艺术家提供市场和学术界对艺术家创作和展览的反馈。

在用人时，C 画廊更看重员工的专业素养，员工要么是专业艺术院校出身，要么是有艺术行业相关从业经验，但在这二者之间作比较的话，其最看重的还是从业经验。目前，企业 80% 员工持有本科及以上学历；员工流失率较高，每年 30% 左右。

## 二、C画廊的功能定位及其在产业链中的作用

### （一）功能定位

C画廊主营画廊，以艺术品的经营展览、展示等活动为业务形式，其运作模式为代理+画家+活动，即和艺术家签订合作协议，取得作品的代理权；挖掘潜质艺术家，为签约艺术家定期举办展览或是推荐其作品在各种展会展出，进行艺术家的推广与包装；主动邀约知名艺术家到画廊办展，或是争取承办一些大型艺术展览活动，如2012年画廊承办了龙泉青瓷全球巡展成都站大型活动。在该运作模式下，C画廊的功能定位主要有以下两个：

第一，挖掘有潜力的艺术家，经营好现有艺术家。

C画廊是艺术家的"经纪人"，一方面，需要通过参加各种展览之类的活动，去挖掘潜质艺术家，为后期发展提前积蓄动力；另一方面，需要经营好旗下已签约的"艺术家"，让其保值增值。例如，何时该与艺术家商量办个人画展，将其阶段性的作品和成就完整呈献给大家；如何给艺术家作品定价（实际上，艺术家作品的价格是对艺术家本人价值的一种直接反馈），这是画廊工作人员和艺术家管理团队应做的工作。

通过展览会、博览会、新闻媒体、报纸杂志、艺术家自荐、毕业展等方式筛选出潜质艺术家，与之开展合作。在挖掘潜在艺术家方面，主要考虑艺术家本身和外部影响力。就艺术家本身而言，一是艺术家名气，师承和辈分。可通过展览会、新闻媒体、藏家和销售反馈等方式对艺术家受欢迎程度做大致判断，此外，师承名师的年轻艺术家在艺术天赋和专业素养上，更易得到认可。二是艺术家专业功底和文化底蕴。包括艺术家绘画功底、文化修养、绘画风格等，都是考察艺术家可塑性和上升空间的重要依据。一个好的艺术家，其创作离不开深厚的文化修养和扎实的专业功底。三是艺术家个人经历。包括艺术家工作或学习的单位、以往参展情况、获奖情况、入市年资等。就外部影响力而言，一是展览会。通过展览会对艺术家作品展出情况和受众接受程度的反馈，可对艺术家及其作品档次和受欢迎的程度做出最直接、最快速的判定和反馈。二是媒体。通过媒体

（网络、报纸）来了解艺术家及其作品的影响力、号召力等。总的来说，画廊在鉴定潜质艺术家过程中最看重艺术家的专业性和影响力。

第二，艺术品展出和交易平台。

艺术品的经营和展览是画廊的主要业务，画廊给艺术家们提供了作品展出平台，同时，通过展览的形式，又可为藏家、受众和艺术家本人提供交流、品鉴、学习和交易的机会。

### （二）产业链中的作用

在艺术品产业链中，画廊是聚合器和销售终端。C 画廊通过对艺术家的筛选和艺术作品的筛选，将优秀艺术家和优秀作品聚合后，通过展览方式等将其呈现给受众，最终实现对艺术家及其作品的包装和销售。

## 三、C 画廊的运作流程及关键环节

### （一）运作流程

运作流程由以下五部分构成：筛选合作艺术家（画廊主动寻找合作艺术家或是艺术家毛遂自荐等）——签订合作协议，确定合作方式（部分代理艺术家作品）——艺术家及其作品的推广和"包装"（推广和"包装"包括艺术家及其作品定价、展览会、媒体宣传等）——销售（画廊销售、拍卖行、艺术品超市等方式）——完善艺术品流通后续手续和服务（包括购买协议、收藏证书等协议的完善，以及帮客户代管艺术品、艺术品保值回购计划等服务方式的完善）。

### （二）关键环节

关键环节是艺术家的筛选、推广和包装。画廊以艺术品的经营展览和展示为主，艺术家水平和作品含金量直接决定画廊的水平与档次，这就需要鉴别出有能力的艺术家并对他们进行精心的经营和包装。打响画廊知名度，需要高艺术价值的艺术家的"名人效应"；维持画廊的长期运营，需挖掘潜质艺术家为后续发展补充动力，这些都需要诚信规范的运营为支撑。

## 四、C 画廊与艺术家的合作方式

C 画廊目前旗下签约艺术家有 400 多人，签约艺术家以巴蜀本土居多。多数签约艺术家除了在高校、美院教学外，还在中国美术家协会、四川省美术家协会、成都市美术家协会等各种美术机构中任职，学术活动与个人社会活动交叉进行。

C 画廊与艺术家的合作方式包括两类。一是签约代理。签约艺术家，代理其作品并进行包装销售，如办个展、为其作品定价；艺术家与其他画廊合作举办展览时，处理相关事宜，如沟通和作品运输；通过与外界专家、藏家、媒体的交流，为艺术家提供市场和学术界对其创作和展览的反馈；完善艺术家资料，艺术家档案整理。二是邀请或承办非签约艺术家到画廊举办展览，提升画廊名气。

## 五、画廊在经营艺术家方面的措施

在经营艺术家方面，主要采取以下措施：

第一，办个展。与艺术家签订合作协议后，将约定办个展的频率和时间，通过有节奏的个展规划，将艺术家的创作历程阶段性地完整呈现给客户和藏家。参加和举办各种作品展览是画廊为艺术家必须完成的任务，作品展览年表通常也成为艺术家简历的重要组成内容。

第二，组织参加博览会。艺术及经纪人负责对外联系，将本画廊艺术家的作品推介到各种适合的高端展览及各种艺术博览会，以得到更多藏家的熟知和认可。如 C 画廊签约艺术家董小庄在土耳其举办的第 33 届国际版画藏书票双年展上，获得了特别奖，成为该次参赛中国艺术家获得的最高奖项就是最好证明。

第三，与其他画廊合作，举办联展。

第四，组织文章批评。寻找业内有分量的批评家解读艺术家的作品，试图在学术和理论上给出某种概念，包括对艺术家创作类型和思想表达的解剖。

第五，媒体宣传。艺术家如果有个展，画廊会通过报纸杂志或是新闻网络媒体进行专项集中宣传。若无个展，会定期将艺术家作品推荐给多家媒体，做好艺术家的形象宣传。

第六，拍卖会。拍卖艺术家的艺术作品。

## 六、艺术品定价的影响因素

在对艺术品进行定价时，主要受三方面因素的影响：一是艺术家的名气、经历、资历和水平。这是决定艺术品价格最主要的因素。二是参考其他画廊定价情况。比如，以廊桥艺术空间等同类别作品价格为参考。三是艺术品本身。如艺术品采用何种媒介、尺寸、版数、作品类别及流行程度。

## 七、艺术市场的培育措施

在培育消费者爱好和艺术市场方面，C画廊通过展览会来吸引受众和客户注意力。以参与体验的方式为主，学术性和趣味性相结合。

第一，文化成都青苗计划。艺术超市推出"文化成都青苗计划——抚育万名成都小画家"，由专业画家给青少年提供免费培训，为成都艺术文化传承积蓄力量。

第二，文化节、购物节等方式让艺术品更亲切地走进生活。譬如画廊曾参与仁恒置地主办的购物节，与文轩美术馆、7788设计联盟机构共同推出文化艺术展，打造全城文化盛宴。

第三，趣味活动。例如，2012年在承办"水井坊·新星——2012全国五大美院优秀毕业作品汇展"时推出了"大家来看画"的趣味有奖活动，观众参与度很高。

第四，与西南艺术院校形成战略联盟，共同搭建一个长期展示和销售年轻艺术人才和教师作品的窗口，将学术与艺术结合，形成良好的学术氛围。

第五，艺术讲座，举办"艺术周末"公益讲座。

## 八、本地环境对画廊的影响

本地环境对画廊的影响既有积极方面也有消极方面。

积极影响方面。一是成都本地深厚的历史文化底蕴，如巴蜀文化，成为孕育艺术家的摇篮和艺术家创作灵感来源，为画廊签约艺术家和代理好作品创造了条件；二是成都是巴蜀艺术家聚集地，为签约艺术家和管理艺术家提供了便利条件；三是成都艺术品市场发展迅速，各类艺术机构、艺术区的落成，大大小小的艺术活动的举办，为画廊提供了更多发展机遇和机会；四是成都文化经济发展的程度较西部其他地方快，为艺术市场培育了较大的潜在客户群；五是成都各类艺术院校聚集，为画廊人才供给和培养提供动力，为艺术家学术造诣创造有利条件；六是当地政府政策倾斜。

消极影响方面。主要是区域的经济发展水平与艺术品市场发展状况不同步。成都经济发展水平较东部和沿海地区落后，但艺术品市场发展在全国处于领先水平，一定程度上限制了艺术品行业的快速发展，但这一状况随着成都经济圈的崛起正在得到积极改善。

# 第二节　青神竹编

青神竹编是四川省青神县特产，工艺历史悠久，技艺高超，无论是生活、生产用具还是竹编画，均达到了很高的艺术水平，该县有"中国竹编艺术之乡"的美誉。[①]

## 一、青神竹编工艺

竹编是指竹丝篾片的挑压交织，一般称被挑压的篾为"经"，而交织

---

① 本节内容由蔡大海根据访谈录音整理得到，调研时间是 2013 年 6 月 25 日。

的篾为"纬"。由经与纬的挑压和编织，可以制作出千变万化的图案，千姿百态的竹编产品。根据编织工艺的不同，竹编可分为平面竹编、立体竹编和混合竹编。用薄篾层编织出平面图形的叫平面竹编；用横截面为矩形的竹丝编制立体造型的竹编叫立体竹编；结合平面竹编和立体竹编编织工艺而编制成既有平面质感又有立体形状的竹编叫混合竹编。

为深入了解当地竹编产业的现状和发展趋势，四川大学创意管理研究团队一行四人来到青神县中国竹艺城园区知名竹编 A 企业进行考察。该企业成立于 1993 年，位于青神县南郊，专业从事竹制品艺术研发、生产和相关旅游业务，是眉山市竹编行业的龙头企业，其产值占青神县竹编产业的一半以上。以公司为龙头带动农户 2000 多户、共 5000 多人次长期从事竹编产业，其中公司编织的固定技术人员 200 多人，公司产品畅销东南亚、欧美等 20 多个国家和地区。

A 企业竹编属于平面竹编[①]，以看图编工艺为主，以书画和其他平面艺术品为内容基础，创作出一种新的竹编制品形式。其基本制作流程如下：

第一，选竹、锯竹。青神地区制作竹编的竹有慈竹、单竹、绵竹、青皮竹四种，最好的是慈竹和单竹。将居中间、节长的竹子砍下，经过 24 小时缩水后进入下一步骤。

第二，刮青、削平锯口、分块。刮青是指用工具把竹子表面的青色胶质去掉。然后将竹子头部的锯口削平以便后续分层，并按照竹筒大小分出不同宽度的竹块。

第三，分出薄篾层。从竹块表面开始，用刀剥出多层薄竹篾，一般可以分出 20 层左右。按照竹编制品粗细精致程度的不同，选取不同层次的竹篾。其中竹表层分出的几层竹篾纤维密实，分得薄如蝉翼，可用于制作十分精美的竹编品。

第四，三防处理、染色和分丝。将分好的竹篾脱脂增白后，经过防

---

① 平面竹编一般分为四种编织方式：仿编，即通过观察已编好的竹编样品进行复制性编织；心编，根据自身记忆和想象进行编织；坐标编，类似于十字绣，按照标有坐标的底稿进行编织；看图编，以具体的书画图像为底稿编织，是目前的主流编织技术。另外，2008 年还出现了彩色竹编工艺，即以染色过的竹篾进行编织。

虫、防麻斑、防霉的三防处理，以便长期保存和维持色泽不变。然后可以用染料染色，基本颜色是黑色，也可以用其他颜色染制以便制作彩色竹编。再利用排针进行分丝，得到最后实际编织需要的竹丝。

第五，编织。又可分为以下几个步骤：一是图案设计与再创作。以书法绘画等原作为基础进行修改和再创作，设计出保留原作精髓又适合竹编制作的蓝本作为编织底稿。二是起头。起头是整个作品的开始，用染色篾做经篾，未染色篾做纬篾与其垂直相交，不同图稿的起头有所不同。三是看图编织。其基本原理就是按照底稿的内容，以钩针进行挑丝（经篾）和钩丝（纬篾），选择有色竹丝覆盖有色图案部分，使上层竹编与底稿内容完全重合。

## 二、竹编大师的艺术之路

竹编大师陈先生是 A 企业的负责人。童年时期，陈先生就跟随祖父学习过编织竹背篓等简单竹编制品，青年时期在参加农业生产时，编织竹制水瓶套和背篓卖钱。1972 年中美建交之后，随着外贸的发展，青神竹制品开始向美国出口。青神农土公司招收陈先生进行竹编培训，随后派其组织办起农村外贸竹编作坊，负责生产竹编和在本村教授竹编工艺。

1984 年，陈先生成为青神县南城乡成人教育中心校的老师，继续教授竹编技艺。而后，学校申请成立了竹编工艺厂，陈先生担任厂长，将竹编的开发、销售和培训相结合。陈先生不断摸索新的竹编技艺，总结出看图编织法等新编织技法，创作出"赤壁赋"等书画竹编的创新作品，奠定了以后青神竹编的发展方向。同时，通过培训协议的方式，陈先生向外省广泛传播青神竹编技艺。另外，陈先生还参与了腊鸡盒等立体竹编的设计制作，开启了竹制包装等业务。

1987 年，陈先生通过与同行的技术交流，成功试制出第一批特精细竹丝，奠定了精档竹编的工艺基础，试制出著名的特精细竹编"百子图"，并于 1989 年创作出第一张 24 丝的"中国百帝图"竹编，震惊业内界，最后以 4.8 万美元售到国外。

1993 年，原竹编工艺厂改制为 A 企业，陈先生任董事长，并以早期积累的资金为主要基础，建立了中国竹艺城。发展初期，公司的主要盈利业务是竹制包装，竹编书画虽然有一定发展，但国内市场不大，产品销售主要依靠国外订单。

2000年起，在国际竹藤组织的支持下，陈先生等开始推动青神竹编工艺向世界传播。虽然陈先生多年以来研发了多种改进竹编工艺的专利技术，对青神竹编发展意义重大，但他在知识产权保护方面却不十分严格。本着"专利技术应该为社会服务"的想法，陈先生支持受培训员工自立门户创业，并热情地对他人进行技术传授。同时，他又非常重视竹编产品设计和工艺上的创新。A企业现有一个由其亲自带领的创作团队，专门负责新产品和工艺研发，近几年开发出彩色竹编这一新类型，目前在试图做竹编内容的自主创作。

## 三、A企业的经营与管理

### （一）公司的组织结构

身为董事长的陈先生主要负责公司运作和对外接洽，以及高档产品的创新和质量监督。其三个儿子分别负责市场和创作设计、竹编产品的生产组织、竹丝贴画①的创作生产。陈先生亲自教授技艺的十几名富有经验的高级技术人员作为公司的核心创作团队，负责新产品开发和高档竹编作品的制作。另有200多名固定员工在公司厂区从事规模化的竹编生产。

### （二）生产模式

A企业在竹编制作的不断实践中总结出了两个生产模式，它们分别是：

"公司+农户"模式：包括工厂集中生产和农户分散生产两种模式。前者是由公司提供厂房和必要生产条件等，召集工人进行集中编织生产。后者是由当地住户在家进行编织，再由公司按照标准收购。两种模式下，竹

---

① 竹丝贴画：一种以竹丝和竹片为主要材料，在平面上制作出图案的工艺品。

编产品均为按件计酬，价格高低主要依据作品内容本身的难度和竹编丝数①来确定。

"培训+生产"模式：公司通过与当地职业学校合作，设立竹编培训课程，教育培训相关技术人员。培训课程一般分几十天到两年不等。开展培训课程几年以来，公司累计培训了 8000 余名初、中、高级技术人才。生产方面，公司将培训毕业的优秀学员招收入场，组织专业人员进行新产品开发和推广。培训各个基点的总负责人编出合格产品，再由各基点负责人培训到户，由各户按照合格产品的技术要求进行生产。

## (三) 产品

A 企业的产品由四大类构成。一是竹编书画。该产品是公司的主要产品类型，该产品类型广泛借鉴了中国古代书法、绘画、刺绣等艺术形式，产品题材主要包括书法、花鸟、风景、人物等。二是竹制包装产品，类型包括各类礼盒、食品盒等。三是代工竹制时尚品，主要是面向海外市场代工生产竹编面料的便携包，如女士用坤包。目前该类产品已列为企业的新兴发展方向，由代工逐步转向自制。四是竹制家具等其他产品。

## (四) 市场

A 企业的产品市场由国内市场和国外市场构成。国外市场的产品由两类构成：一是各类平面竹编，公司生产具有自主品牌的产品，通过订单出口的方式销往欧洲、美国等国外市场。二是竹编坤包的代工业务，由国外公司贴牌并提供坤包轮廓和基础结构设计，A 企业负责包面竹编的设计制作。双方签署协议，该系列产品 A 企业不得在中国及其他未经国外公司允许的市场销售。

在国内市场中，具有收藏和审美价值的高档竹编（主要是名人书画竹编）面向国内注重审美需求的高收入群体。中低档竹编（如熊猫、鲤鱼等一般图画）和竹制包装与家具等，主要针对大众市场，特别是旅游市场。

---

① 丝数是指用于编织的 1cm 竹篾被分成的竹丝的数目，丝数越大，竹丝越细。丝数是竹编作品精细程度的主要决定因素，一般粗编图案在 10 丝以下，中高档竹编在 10~15 丝，精档竹编在 16 丝以上，一些顶级作品可达 24 丝。

### 四、青神竹编的社会效益

第一，农民增收。广泛的"公司+农户"模式带动了大量农业劳动力就业，按件计酬和在家生产的模式，实现了"忙时务农、闲时编织"的状态。目前青神竹产业总产值达到8亿元，其中竹编产业达到3亿元，带动农民增收2.5亿元。

第二，解决妇女在家就业问题。竹编生产特别能为青神当地妇女提供工作机会，吸引了外出打工的劳动妇女回流。"公司+农户"模式提供了大量妇女在家就业的可能，这使其可以在家照顾老人和儿童，进一步解决了留守老人和儿童的社会问题。

第三，可持续发展和环境保护。由于竹编工艺无污染低能耗的特点，以及其原材料具有快速可再生性特点，青神竹编几乎没有污染，且可实现持续发展。

# 第三节　东郊记忆微电影

经四川大学创意管理研究团队前期对成都东郊记忆的实地考察，为更深层次了解文化创意企业的发展现状和趋势，团队部分成员与东郊记忆重点推出的特色龙头企业，也是成都微电影的龙头B企业相关管理人员进行了专题座谈，以下内容是录音整理。[①]

### 一、微电影在中国的发展

1895年12月28日，法国卢米埃尔兄弟在巴黎卡普辛路14号咖啡馆放映成功之后，正式标志着电影时代的来临。1896年，卢米埃尔兄弟雇用了20个助手前往五大洲去放映电影，由此将电影传入了中国，微电影

---

[①]　本节内容由李光敏根据访谈录音整理得到，调研时间是2012年11月27日。

也在那时产生。微电影很难有一个准确的定义，它与传统电影的最大区别在于其规模大小、制作时长。以后的 100 多年里，微电影经历了一个较平稳的发展阶段，进入 2000 年后微电影迎来了发展小高潮。

目前微电影正在经历"百花齐放"的爆发性发展契机，这主要得益于以下原因：一是科技进步。摄影设备的改良和普及。例如，2008 年佳能 5D2 单反相机的上市，其优良的性价比，加速了微电影的大众化发展。二是微电影进入门槛低，这集中表现在微电影资金投入较少和对拍摄器材要求较低。三是微电影互动性、开放性和娱乐性强，符合当今受众的娱乐口味。

## 二、B 企业的发展历程

B 企业成立于 2010 年 10 月，2011 年 11 月公司办公大楼从喜年广场搬迁至成都东郊记忆火车头广场。旗下先后成立有个人爱情馆、27 号影像视觉、VERA 礼服馆、老电影咖啡吧、艺术走廊五个机构。B 企业在成都东郊记忆的三层办公大楼占地面积 6000 多平方米：一层为上千平方米的专业拍摄片场，火车头广场的铁轨与列车车厢直接延伸进大堂，更有完整保留的工业设备和极富岁月质感的金属铸件、匠心独具的自然采光与布光设计、直达三层的自动扶梯与垂直电梯。二层为公共服务区，个人电影发布中心、服装道具间、造型化妆间、休息区、客户接待区、艺术走廊等。三层为创作空间，囊括了前期编导团队、后期制作团队、创作交流区域。目前，公司正处于成长期。

## 三、B 企业的产品制作流程

B 企业的个人微电影拍摄的基本流程如表 9-1 所示。

表 9-1　个人微电影拍摄基本流程

| 序号 | 流程 | 具体操作方法 | 实施细则 |
|---|---|---|---|
| 1 | 明确客户需求，签订拍摄合同 | 客户与销售员进行沟通，通过销售人员对本公司产品介绍以及客户自身经济能力和需求等，确定客户所需电影类型、价位等信息，签订合同，客户缴纳定金 | 问卷表——挖掘客户基本信息和内心需求（如客户偏好的情节、场景等）——剧本素材（电影类型、价位、场景等） |
| 2 | 客户与编剧沟通；确定剧本内容，时限：1～3天 | 客户与编剧见面，针对客户对电影类型、情节场景的需求，量身定制剧本内容，编剧会对剧本进行初次修改 | 撰写（修改）剧本 ← <br> ↓　　　不满意 <br> 客户浏览 <br> ↓　　　满意 <br> 确定剧本 |
| 3 | 面见导演，完善拍摄方案，确定拍摄事宜 | 编剧、制片、导演、客户碰面，商讨微电影剧本情节、分场景、拍摄档期、拍摄成本等具体事宜，并进一步完善微电影拍摄方案 | 导演与客户沟通：了解客户基本情况（如客户表演功底，对剧本、场景的特殊要求等），以便安排后续拍摄事宜<br>导演与编剧沟通：针对客户实际情况，如客户表演功底、情节需求等，导演给编剧提供建议和意见，编剧针对导演意见再次修改剧本，并形成剧本的最终稿，导演根据剧本确定相关的分镜头<br>制片与编剧、导演沟通：制片对编剧和导演在剧情、场景、设备等涉及成本的环节给予意见，控制成本 |
| 4 | 定妆 | 依据流程3的实施方案，确定每个拍摄档期的场景、服装、造型等 | 依据剧本和分镜头的拍摄要求确定服装、妆容、场景、道具、灯光、照明等 |
| 5 | 拍摄 | 根据拍摄档期，进行拍摄 | 实施拍摄方案 |
| 6 | 审查素材，后期制作，时长：5天以内 | 完成拍摄后，由导演、摄像等进行后期素材审查，将选好的素材交由后期制作人员制作成片 | 素材审查：导演、摄像等对拍摄内容进行审查，看其是否符合规格、是否需要重拍，挑出有用素材供后期制作使用<br>后期制作：主要是对素材进行后期的剪辑与包装，制作成片（片头、字幕、配音等），并交由导演、后期总监审核 |

| 序号 | 流程 | 具体操作方法 | 实施细则 |
|---|---|---|---|
| 7 | 幕后制作与交片 | 给客户看成片，根据客户要求对成片进行修改与完善（3 天内），得到客户许可，进行幕后制作，交片 | 成片制作/修改 ← 不满意 ← 客户观看 → 满意 → 幕后制作/修改（字幕、动画、花絮等）→ 满意 / 不满意 → 客户观看 → 满意 → 交片 |

资料来源：根据访谈内容整理。

## 四、B 企业的主要产品及其定位

B 企业个人电影的目标消费群主要锁定在较年轻且有一定文化积淀的中高层收入人群，为这些人量身定制属于自己的故事。产品在成都主打高端路线，采用个性化定制与工业化生产方式相结合。电影类型包括爱情电影、企业领袖电影、3G 电影、艺术电影、家族电影、电影家书、MV 电影、圈层电影、发烧友电影、儿童电影等，涵盖爱情、亲情、青春、梦想、商业广告片等题材。目前主营电影类型以爱情电影为主、企业领袖电影次之，其中爱情电影占整个公司利润的 30%～40%。

## 五、B 企业的文化创意模式

好电影离不开好剧本，好剧本离不开好的编导团队。"戏"是微电影的核心部分，好的电影能够在情节跌宕起伏、张弛有度、深入人心。如何获取好的创意？运用问卷表能在一定程度上挖掘客户心理上、情节上的某些需求，但客户所给出的东西都较碎片化和模糊化，这就需要强大的编导团队针对客户所提供零星的点，加上自己的想法和创意，通过与客户反复沟通，明确客户的需求，和客户一起，共同完成剧本设计。

## 六、B 企业的营销方式

营销模式主要以门店的实体销售为主、多种销售渠道相结合。多种销售渠道包括：网络营销（团购）、口碑营销、媒体报纸电视等媒介广告宣传、展销（婚博会）、外包给广告（销售）单位等方式。目前，B 企业门店的实体销售效果最佳，这与微电影商品的体验性有很大关系。

## 七、B 企业的导演角色

### （一）调动演员

B 企业客户群是大众，表演能力远不及科班出身的表演者。这对导演的专业素养要求较高，如何激发这些大众演员的表演欲望、如何调动演员的表演积极性、采用何种方式给演员演示等，都是导演工作要关注的重点问题。

### （二）协调和统筹能力

微电影导演是整个电影制作的主线与核心，参与了微电影制作所有环节，从编剧—拍摄—后期制作—交片，导演都要亲自参与，并从自己专业的角度提出自己的建议和意见，以完善整个剧目的拍摄实施方案。这就要求导演必须具备较好的协调能力和统筹全局的能力。

## 八、B 企业的风险防范

### （一）拍摄前

主要是通过签订合同的方式，来减少后期拍摄的不确定性因素。合同中会对中途突发事件、拍摄的一些不确定性因素以及一些相关条件做成文约定，通过契约安排来降低不确定性。关于合同，B 企业现正处于完善阶段，每个月都会添加新的条款到合同中。

**（二）拍摄中**

主要是通过客户与工作人员现场协商，达成一致意见的方式来修改和完善拍摄过程中的纠纷和瑕疵。

**（三）拍摄后**

后期制作会在导演和摄像的引导下给客户呈现一个较为满意的视频效果。若客户不满，要求客户在三天时间内提出修改意见，根据客户修改意见，判别是合同范围内的内容还是新增的内容，通过控制成本或新增费用进行修改，直至客户满意。

# 第四节　创意区的实践

## 一、北京 798 创意区的形成

798 创意产业集聚区位于北京市朝阳区大山子，是利用 20 世纪 50 年代初苏联援建的工业项目遗址形成，属典型的包豪斯建筑风格。该区总建筑面积 23 万平方米，汇集了艺术家工作室、画廊、艺术展示空间、时尚店铺、文化迥异的餐饮酒吧等众多的创意机构。[①]

下面利用本书第七章第二节提出的创意产业集聚区形成的三阶段假说，分析 798 创意产业集聚区的形成过程与演化机理。

第一阶段：单元聚集。798 创意产业集聚区的出现始于 2000 年。[②] 艺术家和艺术机构之所以选择 798 聚集，就在于 798 有吸引他们的经济因子和身份因子。这些因子契合了他们的资源需求，从而对市场弱势力量形成吸附力，对市场强势力量形成拉动力（见图 9-1）。

（1）低成本因子。798 独特的包豪斯建筑为创意工作者提供了足够大

---

① 本小节主要摘自于杨永忠等：《创意产业集聚区的形成路径与演化机理》，《中国工业经济》，2011 年第 8 期。

② 当年中央美术学院雕塑系教授隋建国在 798 租下第一个工作室。以下关于 798 的部分资料、数据参考源自孔建华（2009）。

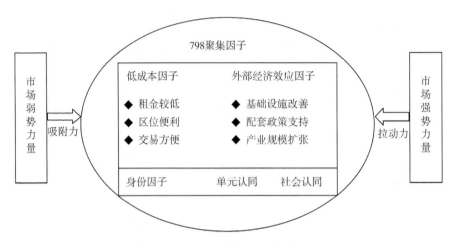

图 9-1　798 的单元聚集因子

的创作空间，而且 798 是废弃的工业遗址，因此极大降低了创作空间的租金成本，这对一些正在起步的艺术工作者（市场弱势力量）有极大的吸附力。此外，798 位于当时属于北京城郊的城乡接合部，区位便宜，交易成本较低。在 798 聚集的早期阶段，低成本是主导因子。正是由于低成本因子的吸附，才使艺术工作者（许多被称为"北漂"一族）不断向 798 聚集，才有艺术氛围的逐渐形成。

（2）外部经济效应因子。从 2006 年被列为北京市首批文化创意产业集聚区开始，798 得到了北京市政府的大力扶持。市政府每年安排的文化创意产业发展专项资金，设立的文化创意产业集聚区基础设施专项资金，使 798 的基础设施环境得到有效改善；同时，作为北京市首批文化创意产业集聚区，政府在准入、税收等方面也提供了配套的政策支持。随着集聚区内共享的硬环境和软环境改善，798 的产业规模不断扩张，外部经济日渐增强。这时外部经济效应因子逐渐取代低成本因子，成为进一步拉动市场强势力量（如大型的、知名的艺术机构）聚集的主导因子。

（3）身份因子。随着 798 越来越强烈的艺术氛围和艺术定位，身份因子也推动着创意产业的单元入驻。身份因子来自微观单元对 798 的认同，来自社会对 798 艺术群体的逐步认同。身份因子既降低了微观单元进入创意产业集聚区的心理成本，又提高了进入者的效用水平。

在798聚集的早期，单元合作程度低，技术、知识等信息的传播有限，演化程度不高。但是，在经济因子和身份因子越来越强有力的吸附与拉动下，随着单元的不断丰富、碰撞，也孕育着界面的出现。

第二阶段：界面构建。从2003年开始，以画廊、传媒机构等为主的上下游企业进入，促进了798单元的身份互动，单元界面开始显现。2006年以后，随着企业数量的进一步增加，特别是国际知名的艺术中心及创意机构增多所产生的引领作用，使企业间的身份互动更加活跃，单元间的信息共享程度和合作关系固化程度都得到发展，单元身份逐步清晰，分工与协作关系也逐渐形成，界面构建所产生的文化、经济的溢出效应也逐步显现。

（1）界面构建机制。798界面构建的正式机制主要是合约机制，如798集聚区内画廊与艺术家之间的界面就是通过合约机制实现的。在这一正式机制中，画廊往往充当的是"艺术品经纪人"身份，起着平台、桥梁的作用，为艺术家与藏家同时服务。画廊与艺术家签约，代理其艺术品，并通过艺术家发展计划进行展览、推广、出版和交易，从而实现艺术家的身份和价值。画廊向藏家提供显示质量的合约，从而也提高了藏家的身份和价值。

798界面形成的非正式机制表现为微观单元在非市场交易中基于社会身份建立的非契约的沟通机制。界面形成早期，创意阶层白天创作，晚上收拾各自工作室后，以艺术工作者的身份轮流请客，畅谈艺术。此后，798各类咖啡厅、酒吧和餐吧的兴起为非正式机制的构建提供了更广泛的场所。这种非正式机制对于以文化创意为特征的园区来说，在798形成过程中往往比正式机制更重要，它极大地促进了单元间的身份互动，为艺术家身份的形成提供了潜移默化的基础。微观界面的非正式沟通机制，对创意产业集聚区形成而言，是一种无法复制和难以正式规划的资产。

（2）单元身份特征。在界面机制的作用下，单元身份随着单元间合作的互动程度和紧密程度而不断变化。在798的萌芽时期，由于创意阶层属"自由人士"，交流带有随机特征，单元身份基本处于无意识的构建状态，属点型特征。当越来越多的创意机构在798聚集，创意区内出现了中介组织和支持机构，以及单元的互动增加，但此时单元间的身份还不稳定，或者说它们之间的互动并没有以一定的形式长期固定下来，此时以间歇型为主。之后，随着单元间的合作频率越来越大、信息交流越来越多，

798 创意产业集聚区内一些互补性强的微观单元，相互间逐步建立了具有稳定特征和较强排他性的连续型身份。在 798 形成中，高度一体化的身份还比较少见。

第三阶段：网络发展。随着 798 被列为北京市首批文化创意产业集聚区及 2008 年北京奥运会的刺激，艺术机构的入驻达到高潮，这极大地推动了微观单元的网络扩张，使 798 创意产业集聚区出现了竞争型、供需型和互补型兼有的网络系统特征。如 Pace 画廊与东京艺术工程、时态空间与空白空间、尤伦斯当代艺术中心与伊比利亚当代艺术中心之间形成的竞争型网络；由画廊与经纪人、经纪人与艺术家之间的上下游关系而形成的供需型网络；以及各类咖啡厅、酒吧和餐吧等辅助性单元与画廊、艺术中心等主导性单元形成的互补型网络。但这种混合型的网络系统在 798 尚处于初始和低层次状态，其原因是：798 虽有一定网络扩张，但单元两两之间的线性身份仍是主体，上下游身份的信任程度、供需程度均比较脆弱，消费者的合作创作更明显缺乏。虽然 798 已表现出信息共享程度和合作关系固化程度越来越强的网络特征，但显然还没有发展成为一个稳定的、能自我进化的高度融合的网络系统。

798 这一低层次的网络发展并未能有效演化下去。奥运会带来 798 入驻单元进入鼎盛的同时，也带来了 798 租金的不断上涨和商业氛围的日渐浓郁。迫于成本压力和商业氛围冲击，艺术创作者从 798 迁移出去显著增多。这种非合意性迁移所产生的裂变，对 798 的有序演化形成了巨大冲击。其原因是，在 798 长达十年的形成过程中，艺术创作者无疑是其内生的单元主体。单元主体的非合意性迁移，首先震荡的必然是 798 长期形成的以艺术创作者为核心的身份界面，致使 798 创意产业集聚区身份界面出现急剧波动和调整，从而导致一种体现消费型创意产业特征的新的身份界面在裂变中取代 798 业已形成的创作型创意产业特征的身份界面。一种新的身份界面构建必然要有一个演进和发展过程，才可能支撑随后的共生网络发展。因此，可以判断，在身份界面的巨大裂变下，798 已经从低层次的网络发展的第三阶段，重新回落到消费型创意产业集聚区取代创作型创意产业集聚区的后界面形成时期。

综上所述，我们用图 9-2 具体描述 798 的演化路径。其中，第一阶段的单元聚集大致出现在 2000 年，第二阶段的界面构建大约出现在 2003 年，第三阶段的低层次的网络发展出现在 2006 年以后。但在 2009 年左右由于单元身份界面的裂变，798 出现分化，如图 9-2 中点 A 所示，消费型创意产业随后进入繁荣，而创作型创意产业出现衰退，798 回落到消费型创意产业集聚区为主体特征的后界面构建时期。

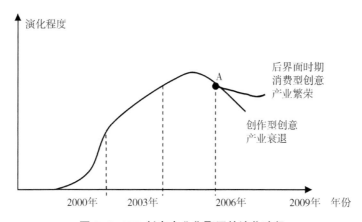

图 9-2　798 创意产业集聚区的演化路径

## 二、锦里古街

　　锦里古街位于四川省成都市武侯区武侯祠大街中段，北邻锦江，东望彩虹桥，毗邻武侯祠博物馆，分为一、二期。其中一期建筑面积 6500 平方米，街道长 350 余米，2004 年 10 月 31 日建成开放；二期（水岸锦里）于 2009 年 1 月对外开放，建筑面积 8000 多平方米，街道总长 500 米。锦里是以三国文化和川西民俗文化为主要内容的创意产业集聚区，其文化产业景象已悄然形成。下面利用本书第七章第二节提出的文化产业景象理论进行分析。[1]

---

　　① 本小节主要摘自林明华、杨永忠：《文化产业景象：以成都锦里为例》，2014 第十一届中国文化产业新年论坛的会议论文，北京大学，2014 年 1 月 11~12 日。

### （一）三国文化、川西民俗文化是锦里产业景象形成的引擎

文化氛围是文化产业景象形成的核心要素，锦里产业景象的形成与发展与其文化元素密切相关。成都是首批全国历史文化名城，有形的、无形的文化遗产十分丰富，但一直缺乏一个标志性的、贴近消费者市场的建筑符号（张丽君，2007），游客甚至成都居民也难以直观地感受到三国文化、川西民俗文化的文化底蕴。武侯祠是三国有形文化的典型代表，与武侯祠一墙之隔的锦里巷子自然在人们心中也留下三国文化的烙印。因此，具有区位优势的锦里由于集中并真实地展示了三国文化，川西民俗文化自然有可能得到市场的认可。

锦里建筑层高为一二层，其色彩以青黑、灰白、木黄为主色调；建筑外层采用白色抹灰墙面、青砖青瓦。这些建筑既保留了汉代建筑的特点，又融入了大量的川西民居元素，具有强烈的、典型的地域特色；而且，商铺经营商品颇具有地方特色，这些商品充分融入三国文化和川西民俗文化元素。锦里建筑和商品与锦里所独有的无形文化相得益彰，让参观者真正感受到浓浓的三国文化和川西民俗文化气息。

锦里的独特文化氛围使得越来越多的人前来参观、购物和休闲。调查表明，锦里 2005 年全年游客数量为 270 万人次，2006 年为 350 万人次，而 2010 年达到 580 余万人次。参观人数增长较快，这些游客踏上锦里古街就是为了目睹三国文化与四川民俗文化的魅力。与此同时，街内商铺也供不应求。据了解，锦里最初 87 家商家是锦里管理机构从上百家商家申请名单中挑选出来的，而锦里二期开工后更是有知名商家通过非正常关系传达了入驻锦里的意愿。调查中有些商家表示如果离开锦里，其商品或服务的价值将大打折扣甚至难以继续。从中可以看出，锦里的三国文化和川西民俗文化气氛吸引了各类群体，街内商业气氛日渐浓厚，良性循环似乎已然形成，这种特有的文化已成为锦里产业景象发展的原动力。

### （二）文化与技术、经济的有机融合推动了锦里产业景象的发展

锦里文化氛围为商家带来了巨大的利益。据了解，与商铺初始租金相比，2007 年锦里商铺租金已经平均上涨了 40%；锦里 2010 年的销售收入超过 1 亿元（萧菡，2012）。这主要是因为锦里商家所经营的商品大多数是具有三国文化符号和川西民俗文化元素，如以三国故事命名的菜品、

"三大炮"小吃等，这些商品满足了消费者的文化价值需求，显然提高了消费者对这些商品价值的评估，为商家带来源源不断的超额利润。实地考察也证明了这点，以特色小吃为例，相同的小吃在锦里的售价要比外面高出至少2元，但仍旧能吸引众多食客。这种文化与经济的有机融合，一方面吸引着更多的商家期待入驻，另一方面促使区内商家提高商品的质量和商品类型，进而又吸引更多的消费者。

技术的发展则为锦里产业景象持续繁荣插上了腾飞的翅膀。锦里管理机构创建了官方网站，通过网站使潜在消费者和商家对锦里文化有较为全面的了解，激发他们的参与兴趣；除网站外，锦里还在新浪和腾讯开通了官方微博，与网友及时互动，有利于培育和提高消费者的忠诚度。借助锦里官方网站这一平台，锦里主要商家开通了在线服务，如网上订餐、订房、网上购物。在线服务一方面拓展了商家的销售渠道，另一方面扩大和提高了品牌的知名度。

就具体的产品而言，以锦里的熊猫工艺品为例，生产该产品的熊猫屋公司充分挖掘大熊猫文化，结合不同类型的生产技术，目前成功研发了上百种不同类型的蕴含熊猫文化元素的产品，如书签、筷子、T恤、瓷器等。围绕技术进步，熊猫屋公司专门设置了生产制造技术员岗位，专人负责拟定产品生产技术标准、跟踪最新生产工艺、评估代工厂商的生产工艺水平、与代工厂商就生产工艺方面问题进行沟通等。同时，在经济层面，公司则根据产品生产工艺复杂性程度，基于成本—收益理论，采取了自主生产或委托代工的方式生产不同类型的产品，从而在保证产品质量的同时有效地降低了企业生产成本。从中可以看出，熊猫屋在研发、制造产品时注重文化与技术、经济的有机融合。当这种融合物—文化产品—与经营场所文化氛围产生共鸣时，显著地提高了交易频率，进而推动熊猫工艺品的良性发展。

综上，锦里文化氛围所产生的正经济效应，借助于现代技术对锦里及区内商家知名度的提升，吸引了更多的消费者和商家，促使锦里的商业氛围日渐浓厚，推动了锦里产业景象的可持续发展。

**（三）消费者合作创造是锦里产业景象持续发展的助推器**

消费者合作创造活动主要发生在锦里的民间工艺展示区和特色工艺品

展示区。消费者可以在锦绣馆内现场操作织机，切实地体验蜀锦文化的魅力。消费者也可以在吹糖人、蛋壳画、捏泥人和剪纸表演等民间工艺商铺里与工作人员形成互动，共同完成产品的制作，使参与人员对蕴含在这些产品的文化价值有更深的理解，从而吸引更多的顾客前来消费。

笔者通过实地考察也发现，那些与消费者形成互动的商铺面前总是聚集了众多潜在的消费者，消费者也更乐意购买这些商品。与消费者进行合作创造，除增加商品销售量外，这一过程也将使商家真正了解消费者的消费偏好、消费者新奇的想法等，通过这种方式所获取的一手资料为新产品的研发以及产品的改进提供了丰富的素材，同时节约了商家的市场调研费用。

另外，锦里管理机构也看到了与消费者互动不仅可以为商家带来利益，还能为锦里营造体验式消费的氛围，使锦里民俗文化在体验中更加获得消费者认同。为此，管理机构鼓励区内商家根据所经营的产品特性尽可能地让消费者参与、体验其经营项目。此外，管理机构每年都会定期举办各类民俗节庆，如端午节、七夕节、中秋节等，消费者参与的节目占节庆节目名单的比重逐年增多；并且节庆期间商家也千方百计迎合消费者想亲自参与的心理。通过这种体验式、互动式的各类民俗节庆使锦里的人气大增，增加了商家收入，也让消费者充分感受到了锦里的民俗文化气氛。

总之，消费者合作创造提高了人们消费的积极性，提高了参与人对锦里文化符号的理解；极大增加了区内商家的收入并且降低了这些商家的经营成本。可见，消费者合作创造成为了锦里产业景象发展的不可或缺的助推器。

# 参考文献

（一）英文文献

[1] Abbing, H.. Poverty and Support for Artists [C]. In Ruth Towse (ed.), A Handbook of Cultural Economics [A]. Cheltenham, UK and Northampton, MA, USA: Edward Elgar, 2011: 336-341.

[2] Abbing, H.. Why Are Artists Poor? The Exceptional Economy of the Arts [M]. Amsterdam: Amsterdam University Press, 2002.

[3] Abowd, J. and Ashenfelter, O.. Art Auctions: Prices, Indices and Sale Rates for Impressionist and Contemporary Pictures [Z]. Mimeo: Economics Department, Princeton University, 1988.

[4] Adler, M.. Stardom and Talent [C]. In Victor Ginsburgh and David Throsby (eds), Handbook of the Economics of Art and Culture [A]. Amsterdam: Elsevier Science Publishers, 2006.

[5] Akerlof, G. and Kranton, R.. Economics and Identity [J]. Quarterly Journal of Economics, Aug. 2000, 115 (3): 715-752.

[6] Alan, K.. The Economics of Real Superstars: The market for rock concerts in the material world [J]. Journal of Labor Economics, 2005, 23 (1): 1-30.

[7] Alan, J. and Skinner, M.. A Statistical Survey of Regularly Funded Arts Organizations 2002/3 [M]. London: Arts Council of England, 2005.

[8] Alper, N. O. and Wassall, G. H.. Artists' Careers and Their Labor Markets [C]. In V. A. Ginsburgh and D. Throsby (eds), Handbook of Art and Culture [A]. Amsterdam: Elsevier, 2006: 813-814.

[9] Armstrong, M.. Competition in Two-sided Markets [M]. Mimeo: University College London, 2004.

[10] Ashenfelter, O.. How Auctions Work for Wine and Art [J]. Journal of Economic Perspectives, 1989, 3 (3): 23-26.

[11] Ashenfelter, O. and Graddy, K.. Art Auctions [C]. In Ruth Towse (ed.), A Handbook of Cultural Economics [A]. Cheltenham, UK and Northampton, MA, USA: Edward Elgar, 2011: 11-19.

[12] Barrio, M. J. et al.. Measuring the Efficiency of Heritage Institutions: A case study of a regional system of museums in Spain [J]. Journal of Cultural Heritage, 2009, 10 (2): 258-268.

[13] Barzel, Y.. Economic Analysis of Property Rights [M]. Cambridge: Cambridge University Press, 1997.

[14] Basso, A. and Funari, S.. A Quantitative Approach to Evaluate the Relative Efficiency of Museums [J]. Journal of Cultural Economics, 2004, 28 (3): 195-216.

[15] Baumol, W. J. and Bowen, W. G.. Performing Arts: The economic dilemma [M]. New York: Twentieth Century Fund, 1966.

[16] Baumol, W. J.. Unnatural Value: Or art as a floating crap game [J]. American Economic Review, 1986, 76 (2): 10-14.

[17] Baumol, W. J. and Baumol, H.. On the Economics of Musical Composition in Morzart's Vienna [C]. In Morris, J. M. (ed.), On Morzart [A]. New York: Cambridge University Press, 1994.

[18] Becker, G.. Accounting for Tastes [M]. Cambridge, MA: Harvard University Press, 1996.

[19] Becker, G.. A Note on Restaurant Pricing and Other Examples of Social Influences on Price [J]. Journal of Political Economy, 1991, 99 (5): 1109-1116.

[20] Beggs, A. and Graddy, K.. Declining Values and the Afternoon Effect: Evidence from art auctions [J]. Rand Journal of Economics, 1997, 28 (3): 544-565.

[21] Benhamou, F.. The Opposition of Two Models of Labour Market Adjustment: The case of audiovisual and performing arts in France and in the United Kingdom [J]. Journal of Cultural Econimics, 2000, 24: 301–319.

[22] Benhamou, F.. Is Increased Public Spending for the Preservation of Historic Monuments Inevitable? The French Case [J]. Journal of Cultural Economics, 1996, 20 (2): 115–131.

[23] Bilton, C.. Management and Creativity: From creative industries to creative management [M]. Oxford: Wiley-Blackwell, 2007.

[24] Bishop, P. and Brand, S.. The Efficiency of Museums: A stochastic frontier production function approach [J]. Applied Economics, 2003, 35 (17): 1853–1858.

[25] Boons, F. A. and Baas, L. W.. Types of Industrial Ecology: The problem of coordination [J]. Journal of Cleaner Production. 1997, 5 (1–2): 79–86.

[26] Borghans, L. and Groot, L.. Superstardom and Monopolistic Power: Why media stars earn more than their marginal contribution to welfare [J]. Journal of Institutional and Theoretical Economics, 1998 (54): 546–571.

[27] Bourdieu, P.. Distinction: A social critique of the judgement of taste [M]. London: Routledge & Keegan Paul, 1984.

[28] Bourdieu, P.. The Forms of Capital [C]. In J. Richardson (Ed.), Handbook of Theory and Research for the Sociology of Education [A]. Westport, CT: Greenwood Press, 1986: 241–258.

[29] Bryant, W. D. A. and Throsby, D.. Creativity and the Behavior of Artists [C]. In Victor A. Ginsburgh and David Throsby (eds.), Handbook of the Economics of Art and Culture [A]. Amsterdam: Elsevier Science Publishers, 2006: 508–529.

[30] Burke A. E.. Small Firm Star-up by Composers in the Recording Industry [J]. Small Business Economics, 1997 (9): 463–471.

[31] Burke A. E.. The Dynamics of Product Differentiation in the British Record Industry [J]. Journal of Cultural Economics, 1994, 20 (2): 145–

164.

[32] Burke A. E.. Employment Prospects in the Irish Popular Music Industry [J]. Journal of the Statistical and Social Inquiry Society of Ireland, 1995, XXVII (2): 93-120.

[33] Burke, A. E.. The Music Industry [C]. In Ruth Towse (ed.), A Handbook of Cultural Economics [A]. Cheltenham, UK and Northampton, MA, USA: Edward Elgar, 2011: 289-295.

[34] Cameron, S.. On the Role of Critics in the Culture Industry [J]. Journal of Cultrual Economics, 1995 (19): 321-331.

[35] Cameron, S.. Rational Addiction and the Demand for Cinema [J]. Applied Economics Letters, 1999 (6): 617-620.

[36] Cheng. Sao-Wen. Cultural Goods Production, Cultural Capital Formation and the Provision of Cultural Services [J]. Journal of Cultural Economics, 2006 (30): 263-286.

[37] Chisholm, D. C.. Motion Picture [C]. In Ruth Towse (ed.), A Handbook of Cultural Economics [A]. Cheltenham, UK and Northampton, MA, USA: Edward Elgar, 2011: 274-281.

[38] Chung, K., Cox, R.. A Stochastic Model of Superstardom: An application of the Yule distribution [J]. Review of Economics and Statistics, 1994 (76): 771-775.

[39] Coase R. H.. The Problem of Social Cost [J]. Journal of Law and Economics, 1960 (3): 1-44.

[40] Coase, R. H.. The Federal Communictaions Commission [J]. Journal of Law and Economics, 1959 (2): 1-40.

[41] Colbert, F.. Marketing the Arts [C]. In Ruth Towse (ed.), A Handbook of Cultural Economics [A]. Cheltenham, UK and Northampton, MA, USA: Edward Elgar, 2011: 258-264.

[42] Corbett, A. R.. Software Bullet is Sought to Kill Musical Piracy [N]. New York Times, 2003, May 4.

[43] Courty, P.. An Economic Guide to Ticket Pricing in the Entertain-

ment Industry [J]. Louvain Economic Review, 2000, 66 (1): 167-191.

[44] Courty, P.. Some Economics of Ticket Resale [J]. Journal of Economic Perspectives , 2003, 17 (2): 85-97.

[45] Cowen, T.. Creative Industries [C]. In Ruth Towse (ed.), A Handbook of Cultural Economics [A]. Cheltenham, UK and Northampton, MA, USA: Edward Elgar, 2011: 122.

[46] Cowen, T.. Why Women Succeed, and Fail in the Arts [J]. Journal of Cultural Economics, 1996, 20 (2): 93-113.

[47] Cuccia, T.. Contingent Valuation [C]. In Ruth Towse (ed.), A Handbook of Cultural Economics [A]. Cheltenham, UK and Northampton, MA, USA: Edward Elgar, 2011: 90-99.

[48] Cwi, D. and Lyall, C.. Economic Impacts of Arts and Cultural Institutions: A model for assessment and a case study in Baltimore [Z]. Research Division, National Endowment for the Arts, Washington, DC, 1977.

[49] Davies, G.. The Future Funding of the BBC [R]. In Report of the Independent Review Panel, DCMS, 1999: 202-208.

[50] Di Maggio, P. and Stenberg, K.. Why Do Some Theatres Innovate More Than Others [J]. Poetics, 1985, 14: 107-122.

[51] Diamond, P. R. and Hausman, J. A.. Contingent Valuation: Is some number better than no number? [J]. Journal of Economics Perspectives, 1994, 8 (4): 45-64.

[52] Dibadj, R. R.. Rescuing Regulation [M]. New York: State University of New York Press, 2007.

[53] Dowling, R.. Planning for Culture in Australia [J]. Australian Geographical Studies, 1997, 35 (1): 23-31.

[54] Downs, A.. An Economic Theory of Democracy [M]. New York: Harper & Row, 1957.

[55] Doyle, G.. Understanding Media Economics [M]. London: Stage Publications, 2002.

[56] Dupuit, J.. De la Mesure de l′utilite′ des Travaux Publics [M].

Reprinted in Jules Dupuit, De l´utilite´ et de sa Mesure, Torino, la Roforma so-ciale, 1933.

[57] Durant, A.. A New Day for Music? Digital Technologies in Contem-porary Music-making [C]. In Philip Hayward (ed.), Culture, Technology and Creativity in the Late Twentieth Century [A]. London: John Libbey, 1990: 175-196.

[58] Ehrlich, C.. The Music Profession in Britain since the Eighteenth Century: A social history [M]. London: Oxford University Press, 1985.

[59] Ek, G.. Jamforelser as Teatrarnas Produktivitet- en Matning av In-stitutionsteatrarnas 'Inre effektivitet' via Icke-parametriska Produktionsfronter [M]. Stockholm: PM Statskontoret, 1991.

[60] Ellmeier, A.. Cultural Entrepreneurialism: On the changing rela-tionship between the arts, culture and employment [J]. International Journal of Cultural Policy, 2003, 9 (1): 3-16.

[61] Erik, L. and Schulze, G.. What Does It Take to be a Star? The Role of Performance and the Media for German Soccer Players [J]. Applied Economics Quarterly, 2008, 54 (1): 59-70.

[62] Evans, D. S. and Schmalensee, R.. The Industrial Organization of Markets with Two-sided Platform [Z]. NBER Working Paper, No. 11603, Is-sued in September 2005.

[63] Favaro, D. and Frateschi, C.. A Discrete Choice Model of Con-sumption of Cultural Goods: The case of music [J]. Journal of Cultural Eco-nomics, 2007, 31: 205-234.

[64] Feld, A. L., O'Hare, M. and Schuster, M.. Patrons Despite Themselves: Taxpayers and cultural policy [M]. New York: New York Univer-sity Press, 1983.

[65] Fernández-Blanco, V. and Prieto-Rodríguez, J.. Museums [C]. In Ruth Towse (ed.), A Handbook of Cultural Economics [A]. Cheltenham, UK and Northampton, MA, USA: Edward Elgar, 2011: 282-288.

[66] Florida, R.. The Rise of the Creative Class: And how it's transfor-

ming work, lesure, community and everyday life [M]. New York: Basic Books, 2002.

[67] Foster, P. et al.. Gatekeepers Search and Selection Strategies: Relational and network governance in a cultural market [J]. Poetics, 2011, 39 (4): 247-265.

[68] Frank, R. H. and Cook, P. J.. The Winner-take-all Society [M]. New York: The Free Press, 1995.

[69] Frey, B. S. and Eichenberger, R.. On the Return of Art Investment Return Analyses [J]. Journal of Cultural Economics, 1995 (19): 207-220.

[70] Frey, B. S. and Pommerehne, W.. Muses and Markets: Explorations in the economics of the arts [M]. Oxford: Basil Blackwell, 1989.

[71] Frey, B. S.. Public Support [C]. In Ruth Towse (ed.), A Handbook of Cultural Economics, Cheltenham, UK and Northampton, MA, USA: Edward Elgar, 2011: 362-369..

[72] Frey, B. S.. Not Just for the Money [M]. Cheltenham, UK and LYME, USA: Edward Elgar, 1997.

[73] Frey, B. S. and Vantravers, I.. Special Exhibitons and Festivals: Culture's booming path to glory [C]. In Bruno S. Frey (ed.), Arts and Economics: Analysis and cultural policy [A]. Berlin: Springer, 2000: 67-93.

[74] Gainer, B.. Marketing Arts Education: Parental attitudes towards arts education for children [J]. Journal of Arts Management, Law and Society, 1997, 26 (4): 253-268.

[75] Gapinski, J. H.. The Production of Culture [J]. The Review of Economics and Statistics, 1979 (2): 578-586.

[76] Gayer, A. and Shy, O.. Copyright Protection and Hardware Taxation [J]. Information Economics and Policy, 2003 (15): 467 -483.

[77] Gayer, A. and Shy, O.. Freeware, Downloading, and Piracy in Markets for Digital Media [M]. Mimeo: University of Haifa, 2001b.

[78] Gayer, A. and Shy, O.. Copyright Protection and Hardware Taxation [M]. Mimeo: University of Haifa, 2001a.

[79] Gibbon, F. and Heather, M.. From Prints to Poster: The production of artistic value in a popular world [J]. Symbolic Interaction, 1987, 10 (1): 111-128.

[80] Ginsburgh, V.. Art Markets [C]. In Ruth Towse (ed.), A Handbook of Cultural Economics [A]. Cheltenham, UK and Northampton, MA, USA: Edward Elgar, 2003: 40-55.

[81] Globerman, S. and Book, S. H.. Statistical Cost Functions for Performing Arts Organizations [J]. Southern Economic Journal, 1974, 40 (4).: 668-671.

[82] Gorz, A.. Crique of Economic Reason [M]. London: Verso, 1989.

[83] Goudrian, R. and Eind, G. J.. To Fee or Not to Fee: Some effects of introducing and mission fees in four museums in Rotterdan [C]. In Owen, V. L. and Hendon, W. S. (eds.), Association for Cultural Economics [A]. Akron, Ohio: 1985: 103-109.

[84] Hagiu, A.. Two-sided Platforms: Pricing and social efficiency [Z]. RIETI Discussion Paper Series, 2004.

[85] Hamlen, W.. Superstardom in Popular Music: Empirical evidence [J]. Review of Economics and Statistics, 1991 (73): 729-733.

[86] Hamlen, W.. Variety and Superstardom in Popular Music [J]. Economic Inquiry, 1994 (32): 395-406.

[87] Hanemann, M. W.. Valuing the Environment Through Efficiency of Double-bounded Dichotomous Choice Contingent Valuation [J]. American Journal of Agricultural Economics, 1994 (73): 1255-1263.

[88] Heilbrun, J. and Gray, C. M.. The Economics of Art and Culture [M]. Cambridge: Cambridge University Press, 2001.

[89] Hemlen, W.. Superstardom in Popular Music: Empirical evidence [J]. The Review of Economics and Statistics, 1991, 73 (4): 729-733.

[90] Henten, A. and Tadayoni, R.. Digitalization [C]. In Ruth Towse (ed.), A Handbook of Cultural Economics [A]. Cheltenham, UK and Northampton, MA, USA: Edward Elgar, 2011: 190-200.

［91］Hirshcman, E. and Pieros, A.. Relationships Among Indicators of Success in Broadway Plays and Motion Pictures ［J］. Journal of Cultural Economics, 1985（9）: 35-63.

［92］Hjorth-Anderson, C.. Publishing ［C］. In Ruth Towse（ed.）, A Handbook of Cultural Economics ［A］. Cheltenham, UK and Northampton, MA, USA: Edward Elgar, 2011: 370-377.

［93］Hoffman, B. T.. Art and Cultural Heritage: Law, policy, and practice ［M］. Cambridge: Cambridge University Press, 2006.

［94］Howard, E. S. and William, F.. External Economies and Diseconomies ［J］. The American Economic Review, 1943, 33（3）: 493-511.

［95］Hutter, M. and R. Shusterman, R.. Value and the Valuation of Art in Economic and Aesthetic Theory ［C］. In V. A. Ginsburgh and D. Throsby（eds.）, Handbook of the Economics of Art and Culture ［A］. Amsterdan: Elsevier, 2006: 169-208.

［96］Hutter, M. Experience Goods ［C］. In Ruth Towse（ed.）, A Handbook of Cultural Economics ［A］. Cheltenham, UK and Northampton, MA, USA: Edward Elgar, 2011: 211-215.

［97］Jackson, R.. A Museum Cost Function ［J］. Journal of Cultural Economics, 1988（12）: 41-50.

［98］Kahle , C.. How to Become a Cultural Entrepreneur ［J］. City Arts, March 26, 2010.

［99］Kahneman, D. and Knetsch, J., T.. Fairness as a Constraint on Profit Seeking: Entitlements in the market ［J］. American Economic Review, 1986, 76（4）: 728-741.

［100］Kogut, B. and Singh, H.. The Effect of National Culture on the Choice of Entry Mode ［J］. Journal of International Business Studies, 1988, 19（3）: 411-432.

［101］Krebs, S. and Pommerehne, W.. Politics-economic Interaction of German Public Performing Arts Institutions ［J］. Journal of Cultural Economics, 1995, 19（1）: 17-32.

［102］Kremer, M.. Patent Buyouts: A mechanism for encouraging innovation ［J］. Quarterly Journal of Economics , 1998 (11): 1137-1167.

［103］Landes, W. M. and Posner, R. A.. The Economic Structure of Intellectual Property Law ［M］. Cambridge: Harvard University Press, 2004.

［104］Landes, W. and Posner, R. A.. Indefinitely Renewable Copyright ［J］. University of Chicago Law Review, 2003 (70): 471-518.

［105］Landes, W. and Lichtman, D.. Indirect Liability for Copyright Infringement: Napster and Beyond ［J］. Journal of Economic Perspectives, 2003, 17 (2): 113-124.

［106］Landes, W. and Posner, R. A.. An Economic Analysis of Copyright Law ［J］. Journal of Legal Studies, 1989 (18): 325-366.

［107］Landes, W. M.. Copyright ［C］. In Ruth Towse (ed.), A Handbook of Cultural Economics (Second Edition) ［A］. Cheltnham: Edward Elgar, 2011: 92-105.

［108］Lange, M., et al.. Cost Functions for Symphony Orchestras ［J］. Journal of Cultural Economics, 1985, 9 (2): 71-85.

［109］Lee, K. and Lim, C.. Technological Regimes, Catching-up and Leapforgging: Findings from the Korean industries ［J］. Research Policy, 2001 (30): 459-483.

［110］Legros, P.. Copyright, Art and Internet: Blessing the curse? ［C］. In Ginsburg, V. A. and Throsby, D. (eds.), Handbook of the Economics of Art and Culture ［A］. Cambridge: Cambridge University Press, 2006: 285-308.

［111］Lehmann, E. E. and Schulze, G. G.. What does It Take to Be a Star? The Role of Performance and the Media for German Soccer Player ［J］. Applied Economics Quarterly, 2008, 54 (1): 59-70.

［112］Lichtman, D.. Copyright as a Rule of Evidence ［Z］. University of Chicago Law School Working Paper in Law and Economics, 2001.

［113］Liebowitz, S. J.. Record Sales, MP3 Downloads, and the Annihilation Hypothesis ［EB/OL］. http: //levine. sscnet. ucla. edu/archive/leibowitz. pdf .

［114］ Lucifora, C. and Simmons, R.. Superstar Effects in Sport: Evidence from Italian soccer ［J］. Journal of Sports Economics, 2003（4）: 35-55.

［115］ Luksetich, W.. Orchestras ［C］. In Ruth Towse（ed.）, A Handbook of Cultural Economics ［A］. Cheltenham, UK and Northampton, MA, USA: Edward Elgar, 2011: 312-317.

［116］ MacDonald, G.. The Economics of Rising Stars ［J］. American Economic Review, 1988（78）: 155-166.

［117］ Mairesse, P.. Les Limites D'analyse D'efficacitè Dans le Secteur des Musèes Actes ［R］. Paper Presented at the Fourth AIMAC Conference, San Francisco, 1997.

［118］ Mark, C. and Tollison, R.. Consumer Choice and the Popular Music Industry: A tale of the superstar theory ［J］. Empirica, 2002（29）: 1-9.

［119］ Marshall, A.. Principles of Economics ［M］. London: Macmillan, 1962.

［120］ Maule, C.. Television ［C］. In Ruth Towse（ed.）, A Handbook of Cultural Economics ［A］. Cheltenham, UK and Northampton, MA, USA: Edward Elgar, 2011: 405-411.

［121］ Menger, P.. Artistic Labor Market: Contingent work, excess supply and occupational risk management ［C］. In: Ginsburg, V. A. and Throsby, D.（eds.）, Handbook of the Economics of Art and Culture ［A］. 2006: 762-811.

［122］ Mokyr, J.. Cultural Entrepreneurs and the Origins of Modern Economic Growth ［J］. Scandinavian Economic History Review, 2013, 61（1）: 1-33.

［123］ Montias, J. M.. Cost and Value in Seventeenth-century Dutch Art ［J］. Art History, 1987, 10: 455-466.

［124］ Mortensen, D. T.. Job Search, the Duration of Unemployment, and the Phillips Curve ［J］. The American Economic Review, 1970, 60（5）: 847-862.

[125] Moulin, R.. The French Art Market: A sociological view [M]. New Brunswick: Rutgers University Press, 1967.

[126] Navarro, P.. Why do Corporations Give to Charity? [J]. Journal of Bussiness, 1988, 61 (1): 65-93.

[127] Navrud, S. and Ready, R. C.. Valuing Cultrual Heritage: Applying environmental valation techniques to historic buildings, monuments and artefacts [M]. Cheltenham: Edward Elgar, 2002.

[128] Noonan, D. S.. Contingent Valuation and Cultural Resources: A meta-annalytic review of the literature [J]. Journal of Cultural Economics, 2003, 27 (3-4): 159-176.

[129] Nordhaus, W. D.. Invention, Growth, and Welfare: A theoretical treatment of technological change [M]. Cambridge, MA: MIT press, 1969.

[130] O'Hagan, J.. The State and the Arts: An analysis of key economic policy issues in Europe and the United States [M]. Cheltenham, UK and Lyme, USA: Edward Elgar, 1998.

[131] Olson, M.. The Logic of Collective Action: Public goods and the theory of groups [M]. Cambridge, MA: Harvard University Press, 1965.

[132] Orbach, B. Y.. Antitrust and Pricing in the Motion Picture Industry [EB/OL]. American law and economics association annual meetings Paper 40, http://law.bepress.com/alea/14th/art40.

[133] Ottaviano G. and Thisse J. F.. Intergation, Agglomeration and the Political Economics of Factor Mobility [J]. Journal of Public Economics. 2002, 83 (3): 429-456.

[134] Paulus, O.. Approche des Couts des Musees [C]. Paper Presented at the Second AIMAC Conference, Jouyen-Josas, France, 1993.

[135] Paulus, O.. Museums Efficiency [C]. Paper Presented at the Second AIMAC Conference, Jouycn-Josas, France, 1995.

[136] Peacock, A. and Rizzo, I.. The Heritage Game: Economics, policy and practice [M]. Oxford: Oxford University Press, 2008.

[137] Picard, R. G.. Media Economic: Concepts and issues [M].

Newbury Park, Calif.: Sage Publications, 1989.

[138] Png, I. and Lehman, D.. Managerial Economics [M]. New York: Wiley-Blackwell, 2007.

[139] Poincaré, H.. The Foundations of Science [M]. Washington DC: Universtiy Press of America, 1982.

[140] Posner, R. A.. When Is Parody Fair Use [J]. Journal of Legal Studies, 1992, 21 (2): 67-78.

[141] Potts, J., Cunningham, S., Hartley, J. and Ormerod, P.. Social Network Markets: A new definition of creative industries [J]. Journal of Cultural Economics, 2008, 32 (3): 167-185.

[142] Potts, J.. Creative Industries and Economics Evolution [M]. United Kingdom : Edward Elgar, 2011.

[143] Prieto-Rodriguez, J. and Fernandez-Blanco, V.. Optimal Pricing and Policies for Museums [J]. Journal of Cultural Economics, 2006, 30 (3): 169-181.

[144] Prieto-Rodriguez, J. and Fernandez-Blanco, V.. Are Popular and Classical Music Listeners the Same People? [J]. Journal of Cultural Economics, 2000 (24): 147-164.

[145] Rengers, M.. Economic Livers of Artists [D]. Utrecht: PHD Thesis, University of Utrecht, 2002.

[146] Richter, W. and Schneider, K.. Competition for Stars and Audiences: An analysis of alternative institutional settings [J]. European Journal of Political Economy, 1999, 15: 101-121.

[147] Riley, J. C. and Samuelson, W. F.. Optimal Auctions [J]. American Economics Review, 1981 (71): 381-392.

[148] Rizzo, I.. Heritage Conservation: The role of heritage authorities [C]. In I. Rizzo and R. Towse (eds.), The Economics of the Heritage: A study in the political economy of culture in sicily [A]. Cheltenham: Edward Elgar, 2002: 31-47.

[149] Rizzo, I. and Throsby, D.. Cultural Heritage: Economic analysis

and public policy [C]. In Victor A. Ginsburgh and and David Throsby (eds.), Handbook of the Economics of Art and Culture [A]. Amsterdam: Elsevier Science Publishers, 2006: 983-1016.

[150] Rizzo, I. and Towse, R.. The Economics of the Heritage: A study in the political economy of culture in Sicily [M]. Cheltenham, UK and Northampton, MA, USA: Edward Elgar, 2002.

[151] Rizzo, I.. The Relationship between Regional and National Policies in the Arts [C]. In Victor A. Ginsburgh (ed.), The Economics of the Art and Culture [A]. Amsterdam: Elsevier, 2004: 203-219.

[152] Rizzo, I.. Heritage Conservation: The role of heritage authorities [C]. In Ilde Rizzo and Ruth Towse (eds.), The Economics of Heritage: A study in the political economy of culture in Sicily [A]. Cheltenham: Edward Elgar, 2002: 31-47.

[153] Rochet, J. C. and Tirole, J.. Two-sided Markets: An overview [Z]. IDEI, University of Toulouse Working Paper, 2004.

[154] Rosen, S.. Hedonic Prices and Implicit Markets: Product differentiation in pure competition [J]. Journal of Political Economy, 1974, 82 (1): 34-55.

[155] Rosen, S.. The Economics of Superstars [J]. American Economic Review, 1981 (71): 845-858.

[156] Rosen, S.. The Theory of Equalizing Differences [C]. In O. Ashenfelter and R. Layard (eds), Handbook of Labour Economics, Vol. 2 [A]. Amsterdam: Elsevier Science Publishers, 1986: 641-692.

[157] Ross, A.. Nice Work if You Can Get It: Life and labor in precarious times [M]. New York : New York University Press, 2009.

[158] Rushton, M.. Pricing the Arts [C]. In R. Towse (ed.), A Handbook of Cultural Economics, Second edition [A]. Cheltenham, Edward Elgar, 2011: 342-347.

[159] Sagot-Duvauroux, D.. Art Prices [C]. In Towse, R. (ed.), A Handbook of Cultural Economics, Second Edition [A]. Cheltenham: Edward

Elgar, 2011: 35-40.

[160] Samuelson, P. A.. The Pure Theory of Public Expenditure [J]. The Review of Economics and Statistics, 1954, 36 (4): 387-389.

[161] Santagata, W.. Cultural Districts, Property Rights and Sustainable Economics Growths [J]. International Journal of Urban and Regional Research, 2000, 26 (1): 9-23.

[162] Santagata, W.. Cultural Districts [C]. In Ruth Towse (ed.), A Handbook of Cultural Economics [A]. Cheltenham, UK and Northampton, MA, USA: Edward Elgar, 2011: 139-144.

[163] Schulze, G. G.. International Trade in Art: A tale of cultural proximity and secondary markets [Z]. University of Freiburg, Rev. Manuscript, 2002.

[164] Schulze, G. G.. Superstars [C]. In Ruth Towse (ed.), A Handbook of Cultural Economics, Second Edition [A]. Cheltenham: Edward Elgar, 2011: 401-407.

[165] Schuster, M.. Tax Incentives in Cultural Policy [C]. In V. A. Ginsburgh and D. Throsby (eds.), Handbook of the Economics of Art and Culture [A]. Amsterdan: Elsevier, 2006: 1254-1298.

[166] Schuster, M. J. Making a List: Information as a tool of historic preservation [C]. In Victor A. Ginsburgh (ed.), The Economics of the Art and Culture [A]. Amsterdam: Elsevier, 2004: 221-240.

[167] Scotchmer, S.. Innovation and Incentives [M]. Cambridge: MIT Press, 2004.

[168] Scott, A. J.. The Cultural Economy of Cities [M]. London: SAGE Publcation, 2000.

[169] Scott, M.. Cultural Entrepreneurs, Cultural Entrepreneurship: Music producers mobilizing and converting Bourdieu's alternative capitals [J]. Poetics, 2012, 40 (3): 237-255.

[170] Seldes, G.. The Seven Lively Arts [M]. New York: Sagmore Press, 1957.

[171] Sen, A. K.. Goals, Commitment, and Identity [J]. Journal of Law, Economics, and Organization, 1985 (1): 341-355.

[172] Shy, O., Thisse, J. F.. A Strategic Approach to Software Protection [J]. Journal of Law and Ecoagement Strategy, 1999, 8 (2): 163-190.

[173] Smith, Thomas. The Addiction to Culture [C]. Paper Presented on the Biannual Meeting of the Association for Cultural Economics International in Barcelona, 1998, June: 14-17.

[174] Smith, T.. Value and Form: Formations of value in economics, art and architecture [C]. Paper Presented to Conference on the Market and the Visual Arts, Duke University, 12-13 June, 1999.

[175] Snowball, J.. Measuring the Value of Culture: Methods and examples in cultural economics [M]. Dordrecht: Springer, 2008.

[176] Solhjell, D.. Poor Artists in a Welfare State: A study in the politics and economics of symbolic rewards [J]. Cultural Policy, 2000, 7 (2): 319-354.

[177] Stabler, M.. Research in Progress on the Economic and Social Value of Conservation [C]. In P. Burman (ed.), The Economics of Architectural Conservation [A]. York: Institute of Advanced Architectural Studies, 1996: 33-50.

[178] Stigler, G. and Becker, G.. De Gustibus non est Disputandum [J]. American Economic Review, 1977 (67): 76-90.

[179] Stoker, G.. Governance as Theory: Five proposition [J]. International Social Science Journal, 1998, 50 (1): 17-28.

[180] Storper, M.. The Transition to Flexible Specialization in the U. S. Film Industry: External economies, the division of labor and the crossing of industrial divides [J]. Cambridge Journal of Economics, 1989 (13): 178.

[181] Theodroson, G. A.. A Modern of Dictionary of Sociology [M]. New York: Ty Crowell Co. 1969.

[182] Throsby, D. and Thompson, B.. The Artists at Work: Same further results for the 1988 survey of individual artists [M]. Redfern: Australia

Council, 1995.

[183] Throsby, D. and Withers, G. A.. The Economics of the Performing Arts [M]. New York: St. Martin's, 1979.

[184] Throsby, D.. Culture Capital [C]. In Ruth Towse (ed.), A Handbook of Cultural Economics, Second edition [A]. Cheltenham: Edward Elgar, 2011: 134-144.

[185] Throsby, D.. A Work-preference Model of Artist Behaviour [C]. In A. Peacock and I. Rizzo (eds.), Cutural Economics and Cultural Policies [A]. Dordrecht: Kluwer Academic Publishers, 1994: 69-80.

[186] Throsby, D.. Seven Question in the Economics of Cultural Heritage [C]. In M. Hutter and I. Rizzo (eds.), Economic Perspectives on Cultural Heritage [A]. London: Macmillan Press, 1997: 13-30.

[187] Throsby, D.. Economics and Culture [M]. Cambridge: Cambridge University Press, 2001.

[188] Towse, R.. Creativity, Copyright and the Creative Industries Paradigm [J]. Kyklos, 2010, 63 (3): 483-500.

[189] Towse, R.. Human Capital and Artists' Labour Market [C]. In Ginsburgh, V. A. and Throsby, D. (eds.), Handbook of the Economics of Art and Culture [A]. Amsterdan: Elsevier, 2006: 865-894.

[190] Towse, R.. A Handbook of Cultural Economics, Second Edition [M]. Cheltenham: Edward Elgar, 2011.

[191] Towse, R.. The Earnings of Singers: An economic analysis [C]. In R. Towse and and A. Khakee (eds.), Cultural Economics [A]. Berlin : Springer-Verlag, 1992: 209-217.

[192] Velthuis, O.. Talking Prices: Symbolic meaning of price on the market for contemporary art [M]. Princeton, NJ: Princeton University Press, 2005.

[193] Weil, S.. Tax Policy and Private Giving [C]. In S. Benedict (ed.), Public Money and the Muse: Essays on Government Funding for the Arts [A]. New York: W. W. Norton, 1991: 153-181.

［194］ White, L. A.. The Concept of Culture ［J］. American Anthropologist, 1959, 61（2）: 227-251.

［195］ Williams, R.. Culture ［M］. New York : Schocken Books, 1981.

［196］ Withers, G. and Alford, K.. Boadcasting ［C］. In Towse, R. (ed.), A Handbook of Cultural Economics, Second Edition ［A］. Cheltenham: Edward Elgar, 2011: 68.

［197］ Worthington, A. C. and Higgs, H.. Art as an Investment: Risk, return and portfolio diversification in major painting market ［J］. Accounting and Finance, 2004, 44（2）: 257-272.

［198］ Zieba, M.. Full Income and Price Elasticities of Demand for German Public Theatre ［J］. Journal of Cultural Economics, 2009（33）: 82-108.

（二）中文文献

［199］［英］G. 勃罗德彭特:《符号·象征与建筑》,乐民成等译,中国建筑工业出版社,1991年。

［200］［美］H. 克雷格·彼得森、W. 克里斯·刘易斯:《管理经济学》(第4版),吴德庆译校,中国人民大学出版社,2003年。

［201］［美］阿维纳什 K. 迪克西特、苏姗·斯克丝:《策略博弈》(第2版),蒲勇健、姚东旻译,中国人民大学出版社,2009年。

［202］［美］埃莉诺·奥斯特罗姆:《公共事务的治理之道:集体行动制度的演进》,余逊达、陈旭东译,上海三联书店,2000年。

［203］［英］爱德华·伯内特·泰勒:《原始文化》,连树声译,广西师范大学出版社,2005年。

［204］［英］安东尼·吉登斯:《现代性与自我认同》,赵旭东等译,三联书店,1998年。

［205］安海尔:《对文化企业家的新的界定》,载于杨永忠主编:《创意成都》,福建人民出版社,2012年。

［206］［美］保罗·萨缪尔森、威廉·诺德豪斯:《微观经济学》(第16版),萧琛主译,华夏出版社,1999年。

［207］［英］贝拉·迪克斯:《被展示的文化:当代"可参观性"的

生产》，冯悦译，北京大学出版社，2012年。

［208］［英］布罗尼斯拉夫·马凌诺斯：《文化论》，费孝通译，华夏出版社，2002年。

［209］曹毅立：《浅谈电视业制播分离》，《魅力中国》，2014年第16期。

［210］陈柳钦：《分工协作、交易费用与产业集群》，《西华大学学报》（哲学社会科学版），2006年第5期。

［211］程恩富、方家良等：《文化经济学通论》，上海财经大学出版社，1999年。

［212］程恩富：《文化经济学》，中国经济出版社，1993年。

［213］［日］池上嘉彦：《符号学入门》，张晓云译，国际文化出版公司，1985年。

［214］崔国斌：《著作权集体管理组织的反垄断控制》，《清华法学》，2005年第6期。

［215］［美］大卫·赫斯蒙德夫：《文化产业》，张菲娜译，中国人民大学出版社，2007年。

［216］［美］戴安娜·克兰：《文化生产：媒体与都市艺术》，赵国新译，译林出版社，2012年。

［217］［澳］戴维·思罗斯比：《文化政策经济学》，易昕译，东北财经大学出版社，2013年。

［218］丹增：《文化产业发展论》，人民出版社，2008年。

［219］丁海珊等：《数字复合出版工程在科技期刊信息服务中的应用》，《编辑学报》，2012年第1期。

［220］丁俊杰、黄升民：《中国广播产业报告：产业发展与经营管理创新》，中国传媒大学出版社，2005年。

［221］［美］菲利普·科特勒等：《营销管理》（第14版），王永贵等译，中国人民大学出版社，2012年。

［222］冯德连：《中小企业与大企业共生模式的分析》，《财经研究》，2000年第1期。

［223］［美］弗里茨·马克卢普：《美国的知识生产与分配》，孙耀

君译，中国人民大学出版社，2007年。

[224] 高书生：《让文化资源"活起来"》，《光明日报》，2014年5月29日第14版。

[225] 顾兆贵：《艺术经济学》，生活·读书·新知三联书店，2013年。

[226] 过勇、胡鞍钢：《行政垄断、寻租与腐败》，《经济社会体制比较》，2003年第2期。

[227] 国际唱片业协会：2014数字音乐报告 [EB/OL]. http：//www. ifpi. org/downloads/dmr2014 chinese. pdf.

[228] 何频：《论区域经济中的文化生产力》，四川大学博士学位论文，2007年。

[229] 胡飞、杨瑞：《设计符号与产品语意》，中国建筑出版社，2003年。

[230] 胡惠林、李康化：《文化经济学》，上海文艺出版社，2003年。

[231] 胡惠林：《文化政策学》，书海出版社，2006年。

[232] 胡江伟：《中国动漫产品生命周期延伸探析》，湖南大学硕士学位论文，2010年。

[233] 胡晓鹏：《技术创新与文化创意：发展中国家经济崛起的思考》，《科学学研究》，2006年第1期。

[234] 胡正荣等：《广播的创新与发展》，北京广播学院出版社，2003年。

[235] 黄健青、辛乔利：《"众筹"——新型网络融资模式的概念、特点及启示》，《国际金融》，2013年第9期。

[236] 黄娟娟：《我国网络游戏产业盈利模式研究》，华中师范大学硕士学位论文，2013年。

[237] 黄民礼：《双边市场与市场形态的演进》，《首都经济贸易大学学报》，2007年第3期。

[238] 黄永林：《从资源到产业的文化创意》，华中师范大学出版社，2012年。

[239] [荷] 吉尔特·霍夫斯泰德、格特·扬·霍夫斯泰德：《文化

与组织》，李原、孙健敏译，中国人民大学出版社，2011 年。

［240］［英］吉姆·麦圭根：《重新思考文化政策》，何道宽译，中国人民大学出版社，2010 年。

［241］纪汉霖、管锡展：《双边市场及其定价策略研究》，《外国经济与管理》，2006 年第 3 期。

［242］江琴宁：《广播媒介管理学》，浙江大学出版社，2004 年。

［243］蒋三庚、王晓红等：《创意经济概论》，首都经济贸易大学出版社，2009 年。

［244］解学芳：《网络文化产业的公共治理：一个网络生态视角》，《毛泽东邓小平理论研究》，2012 年第 3 期。

［245］金祥荣、朱希伟：《专业化产业区的起源与演化》，《经济研究》，2002 年第 8 期。

［246］［美］克里斯·安德森：《长尾理论 2.0》，乔江涛、石晓燕译，中信出版社，2009 年。

［247］孔建华：《北京 798 艺术区发展研究》，《新视野》，2009 年第1 期。

［248］赖茂生：《从电子出版到数字出版》，《中国电子出版》，2000 年第 2 期。

［249］［美］劳伦斯·莱斯格：《免费文化》，王师译，中信出版社，2009 年。

［250］雷跃捷：《网络新闻传播概论》，北京广播学院出版社，2001 年。

［251］李光敏：《基于经济、技术、社会三维分析的中国电视企业发展模式研究》，四川大学硕士学位论文，2015 年。

［252］李海舰、王松：《文化与经济的融合发展研究》，《中国工业经济》，2010 年第 9 期。

［253］李金波：《认同经济学研究综述》，《商业研究》，2008 年第549 期。

［254］李思屈：《数字娱乐产业》，四川大学出版社，2006 年。

［255］李媛、潘明率：《数字博物馆与传统博物馆的共生》，《山西建

筑》，2005 年第 3 期。

［256］［美］理查德·E. 凯夫斯：《创意产业经济学：艺术的商业之道》，孙绯译，新华出版社，2004 年。

［257］厉无畏：《创意产业导论》，学林出版社，2006 年。

［258］林明华、杨永忠：《创意产品：文化、技术与经济的融合物》，《科技进步与对策》，2013 年第 3 期。

［259］林明华、杨永忠：《创意产品开发模式：以文化创意助推中国创造》，经济管理出版社，2014 年。

［260］林明华、杨永忠：《文化产业景象：以成都锦里为例》，2014 第十一届中国文化产业新年论坛的会议论文，北京：北京大学，2014 年 1 月 11~12 日。

［261］林兴宅：《艺术魅力的探讨》，四川人民出版社，1985 年。

［262］刘刚：《浅谈虚拟博物馆的技术构成》，《中国文物报》，2006 年 11 月 17 日。

［263］刘佳：《音乐价值链的三维治理研究》，四川大学博士学位论文，2014 年。

［264］娄成武、谭羚雁：《西方公共治理理论研究综述》，《甘肃理论学刊》，2012 年第 2 期。

［265］陆地：《制播分离还是分立？》，《声屏世界》，2009 年第 9 期。

［266］［美］罗伯特·G. 皮卡德：《媒介经济学：概念与问题》，赵丽颖译，中国人民大学出版社，2005 年。

［267］［美］罗杰·A. 凯林等：《市场营销》，董伊人等译，世界图书出版公司，2012 年。

［268］吕庆华：《文化资源的产业开发》，经济日报出版社，2006 年。

［269］［德］马克思：《资本论》（第 1 卷）（中译本），中共中央马克思恩格斯列宁斯大林著作编译局编译，人民出版社，1975 年。

［270］［美］曼昆：《经济学原理》（第 5 版），梁小民等译，北京大学出版社，2009 年。

［271］孟晓梅：《有线电视资费问题初探》，《广播电视信息》，2000

年第 12 期。

[272] [法] 米歇尔·福柯：《词与物：人文科学考古学》，莫伟民译，上海三联书店，2001 年。

[273] 祁庭林：《传统出版该如何应对数字出版的挑战》，《编辑之友》，2007 年第 4 期。

[274] 全国出版业专业职业资格考试办公室：《数字出版与数字出版产品》，上海辞书出版社，2011 年。

[275] 任声策、陆铭、尤建新：《公共治理理论评述》，《华东经济管理》，2009 年第 11 期。

[276] 芮明杰等：《MP3 技术与美国音乐产业演化》，《中国工业经济》，2005 年第 2 期。

[277] 孙有中等：《美国文化产业》，外语教学与研究出版社，2007 年。

[278] 汤晖、黎永泰：《浅析以开发频率为划分标准的文化资源类型》，《中华文化论坛》，2010 年第 1 期。

[279] 唐燕、[德] 克劳斯·昆兹曼等：《创意城市实践：欧洲和亚洲视角》，清华大学出版社，2013 年。

[280] 仝建国：《基于图像的模型重构方法及其在虚拟博物馆中的应用》，哈尔滨工业大学硕士学位论文，2006 年。

[281] 佟雪娜：《产业价值链视角下的移动音乐》，《福建论坛》，2012 年第 8 期。

[282] 汪迎忠：《三网融合背景下政府监管广播电视节目内容的研究——以杭州市为例》，复旦大学硕士学位论文，2011 年。

[283] 王伯鲁：《技术究竟是什么——广义技术世界的理论阐释》，科学出版社，2006 年。

[284] 王恒、朱幼文：《虚拟现实技术与虚拟博物馆（二）》，《中国青年科技》，1999 年第 6 期。

[285] 王俊豪：《政府管制经济学导论》，商务印书馆，2008 年。

[286] 王莉：《我国数字娱乐产业研究述评》，《湖南行政学院学报》，2013 年第 4 期。

[287] 王昭慧：《基于双边市场理论的电信双边市场应用及规制研

究》，北京邮电大学博士学位论文，2009 年。

［288］王兆华：《循环经济：区域产业共生网络》，经济科学出版社，2007 年。

［289］［德］韦伯：《工业区位论（1909）》，李刚剑译，商务印书馆，2010 年。

［290］邬建中：《大数据时代我国互联网电视产业的发展策略》，《现代传播》，2013 年第 12 期。

［291］吴风：《艺术符号美学》，河南美术出版社，1999 年。

［292］吴克宇：《试论电视产品的经济性质》，《当代经济研究》，2003 年第 5 期。

［293］吴圣刚：《文化资源及其利用》，《山西师大学报》，2005 年第 11 期。

［294］吴圣刚：《文化资源及其特征》，《河南师范大学学报》（哲学社会科学版），2002 年第 4 期。

［295］［奥］西格蒙德·弗洛伊德：《弗洛伊德文集》（第四、六卷），车文博译，长春出版社，2004 年。

［296］奚声慧：《网络游戏产业之经济学分析》，上海社会科学院博士学位论文，2007 年。

［297］肖洋：《我国数字出版产业发展战略研究——基于产业结构、区域、阶段的视角》，南京大学博士学位论文，2013 年。

［298］萧菡：《成都锦里商业街：变脸的老字号》，《南都周刊》，2012 年第 4 期。

［299］谢洪军、任玉珑：《技术效率研究中的前沿分析方法及其比较》，《科技管理研究》，2006 年第 8 期。

［300］徐琦等：《中国有线数字电视广告经营现状、困境与策略研究》，《现代传播》，2013 年第 10 期。

［301］严荔：《四川文化资源产业化开发研究》，经济科学出版社，2010 年。

［302］杨江云：《创意、创新、创造、创意定价与创意产业》，《黎明职业大学学报》，2012 年第 3 期，第 23-27 页。

［303］杨永忠、蔡大海：《文化企业家的文化价值偏好：决策模型与影响因素》，《财经问题研究》，2013 年第 12 期。

［304］杨永忠、黄舒怡、林明华：《创意产业聚集区的形成路径与演化机理》，《中国工业经济》，2011 年第 8 期。

［305］杨永忠、吴昊：《电视传媒产业分析的 SCPR 框架：对产品黑箱的初步打开与新有效竞争理论的提出》，《四川大学学报》（哲学社会科学版），2013 年第 1 期。

［306］杨永忠：《创意产业经济学》，福建人民出版社，2009 年。

［307］杨永忠：《创意成都》，福建人民出版社，2012 年。

［308］杨永忠：《民族文化创意的经济分析》，《青海社会科学》，2013 年第 1 期。

［309］姚林青、杨文：《双边市场下数字出版产业赢利模式》，《产经论坛》，2012 年第 14 期。

［310］易华：《创意阶层理论研究述评》，《外国经济与管理》，2013 年第 3 期。

［311］尹斌：《中国广播电视规制研究》，湖南大学博士学位论文，2007 年。

［312］于今：《狂欢季节——流行音乐世纪飓风》，广东人民出版社，1999 年。

［313］于淼、尚志红：《版权技术保护措施的限制》，《经济研究导刊》，2012 年第 3 期。

［314］余继宏：《基于符号学理论的家具形态研究》，南京林业大学博士学位论文，2009 年。

［315］俞建章、叶舒宪：《符号：语言与艺术》，上海人民出版社，1988 年。

［316］袁纯清：《共生理论——兼论小型经济》，经济科学出版社，1998 年。

［317］［英］约翰·霍金斯：《创意经济——如何点石成金》，洪庆福等译，上海三联书店，2006 年。

［318］昝胜锋、朱文雁：《双边市场非对称定价策略：以南京报业竞

争为例》，《科学与管理》，2009 年第 6 期。

［319］昝廷全、高亢：《手机"碎片时间"价值的"长尾理论"分析》，《现代传播》，2013 年第 11 期。

［320］［美］詹姆斯·S. 科尔曼：《社会理论的基础》，邓方译，社会科学文献出版社，1999 年。

［321］［美］詹姆斯·海尔布伦等：《艺术文化经济学》（第 2 版），詹正茂译，中国人民大学出版社，2007 年。

［322］张海云：《加拿大虚拟博物馆的运作策略》，《中国文化报》，2011 年 11 月 19 日。

［323］张立：《数字出版相关概念的比较分析》，《中国出版》，2006 年第 12 期。

［324］张丽君：《发展文化产业是构建和谐文化的重要途径》，http：// scnews. newssc. org/system/2007/01/28/010252006. shtml.

［325］张迺英、笪祖秀：《我国创意阶层的崛起及构建对策》，《经济论坛》，2010 年第 11 期，第 143–146 页。

［326］张濮：《个人数字复合出版环境的构建》，《出版发行研究》，2010 年第 3 期。

［327］张维等：《数字出版的发展现状及我国科技期刊的应对措施》，《编辑之友》，2013 年第 2 期。

［328］张维迎：《博弈论与信息经济学》，格致出版社，2012 年。

［329］张晓春：《论文化资源》，《企业科技与发展》，2008 年第 24 期。

［330］赵国昂：《剧院核心功能探讨》，《演艺科技》，2011 年第 7 期。

［331］［日］植草益：《微观规制经济学》，朱绍文、胡欣欣译，中国发展出版社，1992 年。

［332］周正刚：《论文化资源的可持续性开发》，《求索》，2004 年第 11 期。

［333］朱振中、吕廷杰：《双边市场经济学研究的进展》，《经济问题探索》，2005 年第 7 期。

# 后 记

本书提交出版社时已是第 16 稿。从最初产生构想到提交历经了整整 4 年时间。

那时候，我刚刚到澳大利亚布里斯班访学。最初对创意经济的研究构想仍然是沿着产业的老路关注文化创意的发展。但通过认识昆士兰科技大学热情而好客的 Keane 教授和昆士兰大学年轻而帅气的 Potts 博士，我接触到了悉尼麦考瑞大学的 Throsby 教授，也由 Throsby 教授认识了英国的 Towse 教授、瑞士的 Frey 教授。他们从现代经济学视角出发关于文化经济的研究深深吸引了我，而由他们领头的关于文化经济学的最新研究成果更是让我感受到其中的博大精深。

从那时候起，我就萌生了一个念头，将他们的思想好好吸收，在中国出版一本立足现代经济学视角并能反映本土特色的文化经济学书籍。我把相关的文献资料发送给四川大学在读的我的博士后、博士生和硕士生，由大师兄林明华负责，带领刘佳、鲍学东、蔡大海、王学人等师弟师妹学习。他们十分认真，每一次的学习都形成了一份书面材料，发送给我，再交流彼此的意见。

就这样，始于远隔万里的联系，以及万里与万里之遥的神交，从国外到回国，从学习到开始撰写，从最早的六个人到更多同行和更多同学的参与，本书在一点一点的累积中。今天本书能够提交出来，首先应归功于四川大学创意管理研究团队的孜孜以求和不懈努力。全书由杨永忠负责策划和统筹，并负责修改与定稿。林明华负责撰写第一章并协助统稿；蔡大海、杨永忠负责撰写第二章；黄晓懿、杨永忠负责撰写第三章；林明华、鲍学东负责撰写第四章；黄杰阳、李光敏负责撰写第五章；黄杰阳、刘佳、林明华负责撰写第六章；杨永忠、林明华负责撰写第七章；陈睿、陈利、杨永忠负责撰写第八章；杨永忠、林明华、蔡大海、李光敏负责撰写第九章。罗丹在后期的整理与摘要翻译中也做出了积极贡献。

在本书的写作过程中，得到了许多人的帮助。记得刚从福建引进到四川大学工作，杨江院长希望我结合商学院的学科背景，重新思考研究的定位与方向，并亲自开车带我与学院同事一起到成都创意企业考察和交流。出国前，徐玖平院长赠送了两本厚厚的他的研究专著，鼓励我抓住机会、大胆借鉴、为我所用，让我感受到一份沉甸甸的期待。回到国内，在文创企业调研中，许多企业给予了热情支持，赵长轶副教授、杨芳副教授、研究生张颖和钟丽蓉也给予了积极帮助，在此一并表示感谢。

在国内的各种学术交流和书信交流中，一些观点又得到了国家行政学院祁述裕教授，中国人民大学金元浦教授，清华大学熊澄宇教授，东华大学高长春教授，复旦大学苏勇教授，北京大学陈少峰教授、向勇教授，上海交通大学胡惠林教授、单世联教授、李康化教授，武汉大学傅才武教授等的启迪，在此也一并致以诚挚的谢意。

本书借鉴和引用了国内外学者的诸多研究成果，由于篇幅所限未能一一注明或有疏漏之处，恳求批评指正！

时间仓促，在提交书稿的同时，我们同样感到有许多地方还有待进一步探索。对学者而言，这是一种永恒的遗憾！也因为如此，才鞭策我们不断努力。

最后，用拉姆斯菲尔德的话作为这本书最后的结尾：

"这里要传达的信息是，存在'已知的已知'，存在'已知的未知'，但还存在一些'未知的未知'"。

**杨永忠**

2015 年 5 月于成都清水河畔